DK 385/388 : 338.971

FORSCHUNGSBERICHTE DES WIRTSCHAFTS- UND VERKEHRSMINISTERIUMS NORDRHEIN-WESTFALEN

Herausgegeben von Staatssekretär Prof. Dr. h. c. Leo Brandt

Nr. 421

Oberregierungsrat Diplomvolkswirt Dr. H. Rogmann

Die Erforschung der Verkehrskonjunktur und der langzeitigen Dynamik in der Verkehrswirtschaft

Zusammenfassung der eingegangenen Stellungnahmen und Vorschläge

Als Manuskript gedruckt

WESTDEUTSCHER VERLAG · KÖLN UND OPLADEN

1957

ISBN 978-3-663-03435-3 ISBN 978-3-663-04624-0 (eBook)
DOI 10.1007/978-3-663-04624-0

Gliederung

V o r w o r t

In seiner Studie "Verkehrskonjunktur und langzeitliche Dynamik in der Verkehrswirtschaft" hat der Leiter der "Verkehrsbeobachtung" des Ministeriums für Wirtschaft und Verkehr des Landes Nordrhein-Westfalen, Oberregierungsrat Dr. ROGMANN, einen Versuch unternommen, die mit dem Thema verknüpfte Problematik darzulegen. Die Studie wurde nicht auf Grund einer dienstlichen Anweisung bearbeitet und veröffentlicht, sondern beruhte völlig auf der privatwissenschaftlichen Initiative des Verfassers. Die Prüfung der in der Studie dargebotenen Gedanken und Vorschläge durch das Ministerium führte zu der Einsicht, es sei nützlich, das Forschungsanliegen nunmehr auch dienstlich aufzugreifen. Das in der Studie behandelte Thema ist in der Literatur bisher kaum untersucht worden. Aus diesem Grunde schien es geboten, Stellungnahmen aus allen Fachkreisen einzuholen.

Zahlreiche Verkehrs- und Wirtschaftsorganisationen, Verkehrsverwaltungen, Verkehrsministerien und andere Ministerien, Abgeordnete aus den Parlamenten, Vertreter der Verkehrswissenschaft und aller Gebiete der Wirtschaftswissenschaften haben sich geäussert. Es ist mir ein Bedürfnis, allen diesen Persönlichkeiten und Institutionen für ihre Bemühungen meinen herzlichen Dank zum Ausdruck zu bringen.

Sämtliche Stellungnahmen bejahen die Notwendigkeit, mehr als bisher der Erforschung der Verkehrskonjunktur und der langzeitigen Dynamik in der Verkehrswirtschaft die Wege zu ebnen und wissenschaftsorganisatorische Lösungen zu finden, die es ermöglichen, das thematische Forschungsanliegen nunmehr systematisch in Angriff zu nehmen. Der Verfasser hatte in seiner Studie ein alternatives Verfahrensprogramm entworfen. Er war sich dabei durchaus der Tatsache bewußt, daß es sich hier um nicht mehr als ein Herantasten an Möglichkeiten, nicht dagegen um die endgültige Fixierung von Vorschlägen handeln konnte. Erwartungsgemäß sind die Stellungnahmen zu den Vorschlägen aus den verschiedenen Bereichen unterschiedlich ausgefallen. Zum Teil wurden neuartige Vorschläge vorgebracht. Es ist auch heute noch nicht zu übersehen, welche wissenschaftsorganisatorischen Lösungen den Vorzug verdienen.

Sinn und Zweck der hiermit vorgelegten Schrift ist es, der Fachwelt und einem breiteren Interessentenkreis einen Überblick über die dem Ministerium zugegangenen Stellungnahmen und Vorschläge zur Verfügung zu stellen.

Vor allem soll diese Schrift als Beratungsgrundlage für die Konferenz der Verkehrsminister der Bundesrepublick Deutschland dienen. Ich hoffe, daß die Schrift diesen Zweck erfüllen wird.

Ein besonderes Bedürfnis ist es mir, dem Herrn Bundesminister für Verkehr, der die Dringlichkeit der Erforschung der Verkehrskonjunktur und der langzeitigen Zusammenhänge schon vor längerer Zeit betont hat, für seinen Vorschlag zu danken, die Gesamtfrage auf der Verkehrsminister-Konferenz vorzutragen und mit dem Ziele zu erörtern, eine sinnvolle Förderung dieses Forschungsanliegens sicherzustellen.

Die verkehrspolitischen Linien in der Bundesrepublik Deutschland seit Ende des zweiten Weltkrieges bis zur Gegenwart sind nicht einheitlich verlaufen. Es ist ein großes Verdienst aller um den Verkehr bemühten Institutionen und Persönlichkeiten, insbesondere des Herrn Bundesministers für Verkehr, daß der Wiederaufbau des deutschen Verkehrswesens in einem so hohen Grade, wie es heute vor uns steht, gelungen ist. Dennoch gibt es manche Bruchstelle in der verkehrspolitischen Konzeption und viele ungeklärte Probleme, deren wissenschaftliche Aufhellung bisher nicht hinreichend gelungen ist. Das Forschungsanliegen der Verkehrskonjunktur und der langzeitigen Dynamik in der Verkehrswirtschaft gehört zu den wichtigsten wissenschaftlichen Aufgaben, die noch der Lösung bedürfen. Ich habe die Zuversicht, daß es unserm vereinten Bemühen, unter Zurückstellung persönlicher oder gruppenmäßiger Gesichtspunkte in erster Linie nur der Sache zu dienen, gelingen wird, die beste wissenschaftsorganisatorische Lösung zu finden.

Professor Dr.med.h.c. BRANDT, Staatssekretär

A. Aufriß der Problematik

In seiner im Mai 1956 veröffentlichten Studie "Verkehrskonjunktur und langzeitliche Dynamik in der Verkehrswirtschaft" (Heft Nr. 10 der Buchreihe des Instituts für Verkehrswissenschaft an der Universität Köln, herausgegeben von Professor Dr. Dr. BERKENKOPF / Verkehrsverlag J. Fischer, Düsseldorf) hat Verfasser die Problematik des Forschungsanliegens in gedrängter Kürze dargelegt.

Ausgehend vom "Wesen des Verkehrs", befaßte sich die Studie kursorisch zunächst mit den "Konjunkturschwankungen" und den "Konjunkturtheorien". Dieser Abschnitt schloß mit folgender Bemerkung: "Eine Entscheidung darüber, an welche Konjunkturtheorie eine etwaige spezielle Theorie der Verkehrskonjunktur und der langzeitlichen Verkehrsdynamik anzuschliessen hätte, ist vorerst überhaupt nicht möglich. Es kann sogar der Eindruck nicht unberechtigt sein, daß keine der bisherigen Theorien sich hierfür eignet. Aber ebensowenig vermag man zu sagen, ob es Mittel und Wege gibt, eine spezielle Theorie der Verkehrskonjunktur und der langzeitlichen Verkehrsdynamik zu erarbeiten, und ob sie als Grundlage für die praktische Verkehrskonjunktur- und Verkehrsforschung unter allen Umständen gefordert werden muß. Einigermaßen bedrückend ist aber die Tatsache, daß die Verkehrswirtschaft und der Verkehr, die für jede Volkswirtschaft von fundamentaler Bedeutung sind, innerhalb der nationalökonomischen Theorien weder über die wünschenswerte spezielle theoretische Fundierung des Konjunkturprozesses, noch über ein Modell verfügen, das uneingeschränkt als Vorbild für Analyse und Diagnose der verschiedenartigen Schwankungen der Verkehrswirtschaft und für prognostische Zwecke verwendbar wäre."

Der nächste Abschnitt der Studie galt den "Allgemeinen und speziellen Forschungen zur Verkehrskonjunktur und zu den langzeitlichen Änderungen in der Verkehrswirtschaft". Hier wurden die "Allgemeine Forschung" und die "Forschungen der Verkehrswissenschaft", deren Leistungen auf dem thematischen Forschungsgebiet bedeutsam sind, nur gestreift, dagegen wurde die "Spezielle Verkehrskonjunkturforschung" eingehender beleuchtet. Es ergab sich, daß für die künftige systematische Erforschung der thematischen Zusammenhänge vielfältige Ansätze zur Verfügung stehen. Die Betrachtung der Tätigkeit der Institute für Wirtschaftsforschung ergänzte das Bild und führte zu der Feststellung, es seien zwar sowohl vor als auch nach dem zweiten Weltkrieg hier und da wesentliche Erkenntnisse über

Wesen und Verlauf der Verkehrskonjunktur sowie über ihre Zusammenhänge mit der allgemeinen Wirtschaftskonjunktur gewonnen worden, indes seien sie - bis in die Gegenwart hinein - nicht ausreichend gewesen, um der Verkehrslegislative, Verkehrsexekutive und Verkehrspraxis das dringlich benötigte Rüstzeug echter Verkehrsdiagnosen und Verkehrsprognosen systematisch und regelmäßig an die Hand zu geben. Die Institute für Wirtschaftsforschung, denen Verfasser einen ausführlichen Fragebogen vorgelegt hatte, haben in ihren z.T. recht eingehenden Ausführungen diese Feststellung bestätigt und darauf hingewiesen, die ungenügende Ausgestaltung ihrer Forschung sei in erster Linie durch das zu geringe Maß der ihnen zur Verfügung stehenden Forschungsmittel bedingt.

Im nächsten Abschnitt der Studie hat Verfasser sein Augenmerk den "Langzeitlichen Entwicklungs- und Umschichtungsprozessen in der Verkehrswirtschaft" zugewandt und zur Verdeutlichung der Probleme vor allem die Entwicklungsprozesse in den USA herangezogen. Die Hauptprobleme des modernen Verkehrswesens in den USA unterscheiden sich zwar temporär, nicht jedoch ihrem Wesen nach von den europäischen und deutschen Problemen. Deshalb lassen sich die amerikanischen Erfahrungen und Lösungsversuche, besonders auch soweit sie den langzeitigen Wachstumsprozessen nachgehen, in vielen Fällen als Studienvorlagen und Entwicklungsmodelle verwenden.

Ein weiterer Abschnitt der Studie befaßte sich mit dem Problem der "Verkehrskrisen". Verfasser beschränkte sich hier bewußt auf eine vorwiegend kasuistische Betrachtung. Gewiß werde kaum mehr mit der früheren "klassischen" Regelmäßgkeit der Perioden, Wechsellagen und Phasen zu rechnen sein. Es scheine auch Tatsache zu sein, daß sich der zyklische Komplex immer mehr in Einzelbewegungen auflöse, und daß das Instrumentarium der modernen Konjunkturforschung und der modernen Konjunkturtherapie zuverlässigere Mittel der Konjunkturbeeinflussung als früher darbiete. Aber dennoch bestehe z.B. gegenwärtig nur die Hoffnung, nicht aber die Gewißheit, daß die Phase der Hochkonjunktur nicht einmal doch wieder durch einen Abstieg und zuletzt vielleicht sogar durch eine Krise abgelöst werde. In der Zukunftsbeurteilung von Wirtschafts- und Verkehrsentwicklung in einer so von Dynamik geladenen Zeitepoche, in der West- und Ostblock in weltweitem Maßstab um Gleichgewicht und Obsiegen ringen, in einer Epoche, da die Interdependenz der volkswirtschaftlichen Märkte in diesen Blocksystemen besonders große Risiken für die Randvolkswirtschaften, wie etwa das export- und importmäßig überaus stark abhängige Deutschland, in sich berge, in einer Epoche, in der die "zweite technische Revolution" und die Entwicklung der Kernenergie auf allen Gebieten marschiere, sei es schwer, daran zu glauben, es werde künftighin Krisen nicht mehr geben (Die Suezkrise und die Ereignisse in Ungarn haben inzwischen gezeigt, welche Bedeutung externe Faktoren für die Wirtschafts- und Verkehrsentwicklung gewinnen können). Man dürfe in dieser Situation die Dringlichkeit der regelmäßigen Erarbeitung von Analysen, Diagnosen und Prognosen über zyklische und langzeitige Vorgänge in der Verkehrswirtschaft nicht verkennen.

Es war für Verfasser ein aus seiner beruflichen Tätigkeit erwachsenes besonders dringliches Bedürfnis, in einem weiteren Abschnitt die Aufgabenstellung der "Verwaltungseigenen allgemeinen Verkehrsbeobachtung" gegenüber der Aufgabenstellung der autonomen Wissenschaft deutlich abzugrenzen. Nach seiner Meinung kann die regelmäßige und systematische Erarbeitung von Verkehrsanalysen, -diagnosen und -prognosen nicht Aufgabe der verwaltungseigenen allgemeinen Verkehrsbeobachtung sein, da hierfür weder personell noch sachlich die erforderlichen Voraussetzungen bestehen. In der autonomen Wissenschaft und ihren Spezialinstituten liegen günstigere Voraussetzungen vor. Hier richtet sich der forschende Blick auf die volkswirtschaftlichen Zusammenhänge - sei es in kausaler, funktionaler oder finaler Problemstellung -, nicht lediglich auf die einzelnen Spezialbereiche der Volkswirtschaft, wie etwa Land- und Forstwirtschaft, Industrie, Verkehrswirtschaft, Banken, Elektrizitäts-, Gas- und Wasserversorgung, Wohnungswirtschaft usw. in deren jeweils singular-sektoralen Bedeutung. Die empirische Konjunkturforschung zielt volkswirtschaftlich auf das Ganze der konjunkturellen und langzeitig-dynamischen Phänomene. Aber innerhalb dieser großzügigen und umfassenden Problemstellung sind bisher nach Ansicht des Verfassers Spezialfragen, wie etwa nach der Verkehrskonjunktur und nach den langzeitigen Prozessen in der Verkehrswirtschaft, meist nur insoweit herangezogen und untersucht worden, als es für die Erkenntnis der kausalen und funktionalen Zusammenhänge der verschiedenen Bereiche im volks- und weltwirtschaftlichen Ganzen und für Aussagen darüber erforderlich erschien. Die Bedürfnisse der gestaltenden Verkehrspolitik wurden aber nicht ausreichend befriedigt. Ein Kernproblem der Verkehrspolitik ist u.a. die Frage der Investitionen. Es kann ohne regelmäßige Konjunkturanalysen und -diagnosen und ohne die wissenschaftlich-objektive Deutung der künftigen langzeitigen Wachstums- und Umgliederungsprozesse volkswirtschaftlich optimal nicht gelöst werden. Eine volkswirtschaftlich optimale Verkehrspolitik ist nach Meinung des Verfassers überhaupt nur möglich, wenn die der Verkehrswissenschaft obliegende wissenschaftliche Klärung nicht nur der jeweils aktuellen und grundsätzlich bedeutsamen Fragen gelingt, sondern wenn zugleich aus der empirischen Konjunkturforschung ständig systematisch erarbeitete Spezialanalysen, Spezialdiagnosen und Spezialprognosen des Verkehrs zur Verfügung gestellt werden. Demgegenüber kann und soll die allgemeine verwaltungseigene Verkehrsbeobachtung in bezug auf die empirische Konjunkturforschung lediglich eine Vermittlungsstelle zur Höchstnutzung der gewonnenen Erkenntnisse, nicht aber zugleich Forschungsstelle sein. Prinzipiell kann keine amtliche Verkehrsbeobachtung die Diskussion und Entscheidung von Grundfragen so vorwärts treiben, wie es die Sache selbst erfordert. Hier muß ständig der lebendige Impuls aus dem unabhängigen, wirklich wissenschaftlichen Raum der allgemeinen verkehrswissenschaftlichen und nationalökonomischen Forschung sowie der empirischen Konjunkturforschung am Werke sein.

Es war nicht möglich und nicht die Absicht dieser Ausführungen, den gedanklichen Gehalt der Studie auch nur annähernd vollständig wiederzugeben. Für den Zweck der vorliegenden Schrift, die ausschließlich der Darlegung der eingegangenen wissenschafts-organisatorischen Stellungnahmen und Vorschläge gilt, mußte die Heraushebung einiger wesentlicher Gesichtspunkte genügen (ohnedies werden den Teilnehmern an der deutschen Verkehrsministerkonferenz die benötigten Exemplare der ersten Studie zur Verfügung gestellt werden).

Dagegen scheint es unerläßlich zu sein, die Vorschläge, mit denen Verfasser seine erste Studie abschloß, im Wortlaut wiederzugeben. Denn die Stellungnahmen und Vorschläge, die seit Veröffentlichung jener Studie beim Ministerium für Wirtschaft und Verkehr des Landes Nordrhein-Westfalen eingegangen sind, und die in dieser Schrift dargeboten werden, gehen meist von den Vorschlägen des Verfassers aus, kritisieren sie oder wandeln sie ab oder stimmen mit ihnen mehr oder minder überein. Manche Stellungnahme und mancher Vorschlag sind erfolgt, ohne daß ihnen das Studium der Schrift selbst vorausgegangen ist.

Der letzte Abschnitt der Studie hatte unter dem Titel "Schlußfolgerungen und Vorschläge" folgenden Wortlaut:

"Nach Würdigung der volkswirtschaftlichen Bedeutung des Verkehrs haben wir uns bemüht, das wissenschaftliche Sondergebiet der Verkehrskonjunkturforschung und der Erforschung der langzeitlichen Dynamik in der Verkehrswirtschaft unter Berücksichtigung von Theorie und Empirie in einem ziemlich weit gespannten Rahmen, doch zugleich unter Beachtung der einer Studie gesetzten Raumbegrenzung, darzulegen. Ohne die gewonnenen Einzelerkenntnisse wiederholen oder auf die zahlreichen Fragen eigene Antworten oder gar Lösungen anbieten zu wollen, darf man zusammenfassend feststellen, daß die wissenschaftlichen Bemühungen um die Klärung der Problemgesamtheit manche hervorragende Leistung und viele erfolgversprechende Ansätze erbracht haben, die es nun stärker als bisher zu nutzen und auszubauen gilt. Es besteht keine Gewähr für die Verwirklichung der Hoffnung, daß es künftighin Konjunkturzyklen und Krisen nicht mehr geben wird, sicher aber ist, daß die mit dem letzten Weltkrieg begonnene zweite technische Revolution und andere Großzusammenhänge regional-kontinentaler und materiell-technischer Art in einem stürmisch-dynamischen langzeitlichen Prozeß die Wahrscheinlichkeit erheblicher Strukturwandlungen der Wirtschaft und auch des Verkehrs umschließen. Ohne eine systematische und vertiefte Erforschung der konjunkturellen und strukturellen sowie der langzeitlich-dynamischen Wechselbeziehungen zwischen Verkehr und Wirtschaft wird es nicht gelingen, eine im innersten Wesen und in der kurz- und langfristigen Zielsetzung empirisch und theoretisch ausreichend fundierte, wirklich fruchtbare und optimale Verkehrspolitik durchzuführen. In einer unzureichenden Verkehrspolitik aber liegen Gefahren volkswirtschaftlichen Ranges von unübersehbarem Ausmaß. Der Bundesminister für Verkehr hat vor kurzem in Hamburg ausgeführt: "Die Wachstumsperioden und die Umtriebszeiten (im Verkehr) sind lang und nicht von kurzen Zeiträumen her zu überblicken. Wir ernten heute, was Generationen vor uns säten, und wir alle sollten uns der Verantwortung bewußt sein, daß das, was wir heute säen, für unsere Nachfahren von entscheidender Bedeutung ist. Im allgemeinen lassen wir uns in der Unrast unserer Tage zu wenig Zeit, diesen Entwicklungsgesetzen nachzuspüren....". Aus dieser Einsicht und den Ergebnissen der Studie resultieren, wenn von allen Einzelheiten abgesehen wird, folgende - privatwissenschaftlichen, nicht offiziellen - Vorschläge des Verfassers:

1) Die Frage, ob es möglich sein wird, in enger Verbindung mit gesamtwirtschaftlichen Forschungszielen eine moderne Theorie des Verkehrs und

darin eine spezielle Theorie der Verkehrskonjunktur sowie der langzeitlichen Dynamik des Verkehrs zu entwickeln, ist der Prüfung wert und kann nur von der autonomen Forschung beantwortet werden.

2) Gleichgültig, ob jene Frage bejaht oder verneint wird, erscheint die Bearbeitung eines die neueren verkehrswissenschaftlichen Erkenntnisse berücksichtigenden Standard-Lehr- oder Handbuches, in dem auch auf alle wesentlichen Forschungsergebnisse über die Verkehrskonjunktur und die langzeitliche Dynamik des Verkehrs ausführlich eingegangen werden sollte, oder die Bearbeitung eines speziellen Lehrbuches über die Wechselbeziehungen zwischen der Verkehrskonjunktur sowie der langzeitlichen Verkehrsdynamik einerseits und der Wirtschaftskonjunktur sowie der langzeitlichen Wirtschaftsdynamik andererseits im Intersse von Wissenschaft, Verkehrslegislative, Verkehrsexekutive und Verkehrspraxis erforderlich.

3) Es wäre wünschenswert, in Forschung und Lehre den Fragen der Verkehrskonjunktur und der langzeitlichen Dynamik des Verkehrs künftig stärkere Beachtung zu schenken, um auf diese Weise der Verkehrspolitik, der Verkehrspraxis und der Heranbildung eines mit diesen Problemen hinreichend vertrauten wissenschaftlichen Nachwuchses mehr als bisher zu dienen.

4) Es ist nicht Aufgabe der Verkehrsministerien und der Behörden, durch eigene Institute die Verkehrskonjunktur und die langzeitliche Dynamik des Verkehrs zu erforschen. Sie bedürfen dagegen einer regelmäßigen und systematischen Verkehrsbeobachtung als Voraussetzung für Verkehrslegislative, Verkehrspolitik und Verkehrsexekutive. Eine zweckvolle und erfolgreiche Verkehrsbeobachtung muß neben ihren vielfältigen sonstigen Aufgaben ständig die von der Wissenschaft erarbeiteten Diagnosen und Prognosen sowie andere wesentliche Forschungsergebnisse auswerten. Daher sollten das Bundesministerium für Verkehr, die Verkehrsministerien der Länder und die in Betracht kommenden behördlichen sowie sonstigen Stellen die Bemühungen der Wissenschaft um die Klärung der Probleme fachlich und notfalls auch finanziell unterstützen. Eine angemessene finanzielle Unterstützung würde sich in den zu erwartenden günstigen Wirkungen, die aus einer optimalen Verkehrspolitik resultieren, bald bezahlt machen.

5) Die Institute für Wirtschaftsforschung (bezüglich Struktur und Trend auch andere geeignete Wissenschaftsinstitute) sollten nunmehr die Wechselbeziehungen zwischen den konjunkturzyklischen und den langzeitlichen Wirtschaftsschwankungen sowie den strukturellen Wirtschaftsprozessen

einerseits und den entsprechenden Schwankungen und Strukturprozessen in der Verkehrswirtschaft andererseits nachdrücklich und systematisch erforschen. Die Forschungsergebnisse, besonders auch Diagnosen und Prognosen, sollten laufend und regelmäßig den Verkehrsausschüssen des Bundestages, des Bundesrates und der Länderparlamente, dem Bundesverkehrsministerium und den Verkehrsministerien der Länder (Verkehrsbeobachtung), allen anderen fachlich interessierten Institutionen von Legislative und Exekutive sowie schließlich allen Institutionen der Verkehrspraxis und der öffentlichen Meinungsbildung zur Verfügung gestellt werden.

6) Die europäische und übernationale Betrachtungsweise darf weder in der Erforschung und Deutung der verkehrskonjunkturellen und der langzeitlichen Vorgänge in der Verkehrswirtschaft, noch im systematischen Austausch der Forschungsergebnisse vernachlässigt, sondern sollte mehr als bisher gepflegt werden.

7) Es wäre zu wünschen, daß eine von Vertretern der Verkehrswissenschaft, der Institute für Wirtschaftsforschung, der verkehrswissenschaftlichen Vereinigungen, des Bundesministeriums für Verkehr und der Wirtschafts- und Verkehrsministerien der Länder, der großen Hauptverwaltungen und Hauptverbände des Verkehrs sowie der großen Wirtschaftsverbände (z.B. Deutscher Industrie- und Handelstag, Bundesverband der Deutschen Industrie) und der Gewerkschaften zu bildende "Verkehrswissenschaftliche Spezialkonferenz" - Verfasser erlaubt sich, als Vorsitzenden Herrn Professor Dr. Dr. BERKENKOPF vorzuschlagen - das gesamte Problem der Verkehrskonjunkturforschung und der Erforschung der langzeitlichen Prozesse der Verkehrswirtschaft in wissenschafts-organisatorischer Hinsicht prüft und Vorschläge erarbeitet. Nach Realisierung der Vorschläge dürfte ein Fortbestehen dieser Konferenz nicht mehr oder wenigstens nicht mehr mit der Zielsetzung, etwa jährlich eine Tagung abzuhalen, erforderlich sein. Es würden, falls das Fortbestehen dieser Konferenz für zweckmäßig gehalten werden sollte, Tagungen in größeren Zeitabständen genügen.

8) Doch sollte schon bald aus Verkehrswissenschaftlern der Universitäten und Hochschulen, der Institute für Wirtschaftsforschung und der verwaltungseigenen Verkehrsbeobachtung entweder ein "Forschungsrat für Verkehrskonjunktur und langzeitliche Verkehrsdynamik" gebildet oder erwogen werden, den "Verkehrswissenschaftlichen Beirat beim Bundesminister für Verkehr" durch Einbeziehung wenigstens eines Vertreters der empirisch

arbeitenden Institute zu ergänzen. Aufgabe des "Forschungsrates" sollte es sein, aus der ständigen Verbindung von Experten der Verkehrswissenschaft, der empirischen Verkehrsforschung und von Wissenschaftlern der verwaltungseigenen Verkehrsbeobachtung insbesondere hinsichtlich der Verkehrskonjunkturforschung und der Erforschung der langzeitlichen Verkehrsdynamik Problemstellungen zu entwerfen und durch wissenschaftliche Erkenntnisgewinnung der Verkehrspolitik und der Verkehrspraxis unerläßliche Dienste zu erweisen.

9) Sollten die Vorschläge zu den Punkten 7 und 8 nicht realisiert werden können, so würde es sich empfehlen, das Gesamtanliegen unserer Thematik auf der dies- oder nächstjährigen Tagung der "Deutschen Verkehrswissenschaftlichen Gesellschaft" zu erörtern und konkrete Vorschläge in einer Entschliessung zusammenzufassen.

10) Unabhängig von den Regelungen und Entscheidungen zu den Punkten 7, 8 und 9 würden Stellungnahmen führender Verkehrspolitiker des Bundestages, des Bundesrates und der Länderparlamente dazu beitragen können, daß schließlich Lösungen gefunden werden, die auch übergeordneten gesamtpolitischen Gesichtspunkten entsprechen."

B. Stellungnahmen und Vorschläge

I. Vorbemerkung

Wie im Vorwort zu dieser Schrift bereits ausgeführt wurde, hat das Ministerium für Wirtschaft und Verkehr des Landes Nordrhein-Westfalen unmittelbar nach Veröffentlichung der ersten Studie des Verfassers beschlossen, die Klärung der wissenschaftsorganisatorischen Lösungsmöglichkeiten dienstlich fortzuführen.

1) Im Mai 1956 erging an alle vorerst in Betracht kommenden Persönlichkeiten und Institutionen ein Rundschreiben, in dem allerdings nur die Vorschläge 7, 8 und 9 der ersten Studie im Wortlaut angeführt wurden. Der Schluß dieses Rundschreibens hatte - auszugsweise - folgenden Wortlaut:

"Herr Professor Dr.Dr. BERKENKOPF und einige Wissenschafts-Institute haben empfohlen, bei den interessierten Stellen schon jetzt Stellungnahmen zu den Vorschlägen 7, 8 und 9 einzuholen. Es ist beabsichtigt, nach Eingang der Stellungnahmen eine Besprechung im kleinen Kreise im Institut für

Verkehrswissenschaft an der Universität Köln durchzuführen. In dieser Besprechung soll aufgrund der eingegangenen Stellungnahmen darüber Beschluß gefaßt werden, ob und für welchen Termin die vorgeschlagene "Verkehrswissenschaftliche Spezialkonferenz" einberufen werden soll bzw. ob sich eher die Bildung des alternativ vorgeschlagenen "Forschungsrats für Verkehrskonjunktur und langzeitliche Verkehrsdynamik" empfiehlt, oder ob andere organisatorische Lösungen in Betracht zu ziehen sind.

Vorerst handelt es sich also lediglich um eine Vorklärung der Ansichten. Die endgültige Entscheidung kann erst später (voraussichtlich im Herbst 1956) vor allem auf Grund der Auffassung des Herrn Bundesministers für Verkehr, aber auch der übrigen interessierten Bundesministerien, der Länderministerien, der parlamentarischen Gremien, der Wissenschaft sowie der großen Verwaltungen und Verbände des Verkehrs erfolgen."

Im Anschluß an dieses Rundschreiben gingen in den nächsten Monaten zahlreiche Stellungnahmen beim Ministerium ein (vergleiche weiter unten B. II. 1. bis 4.).

2) Hinweise in einigen Stellungnahmen und die Überzeugung, daß die Erforschung der Verkehrskonjunktur und der langzeitigen Dynamik in der Verkehrswirtschaft nicht in isolierter Behandlung, sondern nur in Verbindung mit den analogen, aber umfassenderen Forschungsanliegen der nationalökonomischen Wissenschaft Erfolg zu versprechen schien, waren die Veranlassung, in einem weiteren Rundschreiben des Ministeriums (vom Juli 1956) namhafte Vertreter der allgemeinen Nationalökonomie, der Volkswirtschaftspolitik und der Finanzwissenschaft um ihre Ansicht zu bitten. Dieses Rundschreiben hatte - auszugsweise - folgenden Wortlaut:

"Die kontinuierliche Sicherung eines dynamischen relativen Gleichgewichts zwischen den Komponenten der Wirtschaftsentwicklung und den Faktoren der Verkehrsentwicklung ist schon in früheren Jahrzehnten als volkswirtschaftliche Notwendigkeit erkannt worden. Das Studium der Entwicklung seit dem ersten Weltkriege und verstärkt seit dem zweiten Weltkriege führt zu der Erkenntnis, daß die neuzeitliche Verkehrspolitik jener volkswirtschaftlichen Forderung nicht mehr in gleichem Grade Rechnung zu tragen vermocht hat wie in früheren Zeiten. Die gegenwärtige Hochkonjunktur der Wirtschaft hat seit Mitte 1955 zu einstweilen noch zeitlich und regional begrenzten Spannungen zwischen Verkehrsnachfrage und Verkehrsangebot geführt, die, wenn sie nicht rechtzeitig überwunden werden, empfindliche Störungen der volkswirtschaftlichen Entwicklung zur Folge haben können. Von noch größerer Bedeutung sind die langzeitlichen Entwicklungsprozesse. Die Gefahr von Fehlinvestitionen im Verkehr ist im Hinblick auf das Tempo der technischen Dynamik besonders groß. Auch der Herr Bundesminister für Verkehr hat auf diese Gefahr erst vor kurzem hingewiesen.

Namhafte Vertreter der Verkehrswissenschaft und der Verkehrspolitik haben schon früher, aber wiederholt auch in neuerer Zeit die Notwendigkeit der Erforschung der Verkehrskonjunktur und der langzeitlichen Dynamik in der Verkehrswirtschaft - beide selbstverständlich in Verbindung mit der Konjunkturbewegung und der langzeitlichen Entwicklung der Volkswirtschaft - betont. Herr Oberregierungsrat Dr. ROGMANN hat in seiner im Mai 1956 veröffentlichten Studie "Verkehrskonjunktur und langzeitliche Dynamik in der Verkehrswirtschaft" die Gesamtfrage geprüft und abschließend bestimmte Schlußfolgerungen und Vorschläge dargelegt. Ich füge eine Inhaltsübersicht der Studie und den Wortlaut der Vorschläge bei. Ich nehme an, daß die Studie selbst in Ihnen zugänglichen Bibliotheken zur Verfügung steht.

Ich habe im Mai/Juni 1956 Stellungnahmen zur Gesamtproblematik und zu den Vorschlägen der Studie von namhaften Vertretern der Verkehrswissenschaft, der Verkehrsministerien, der großen Hauptverwaltungen und Organisationen des Verkehrs sowie auch von einigen Stellen der Wirtschaft erbeten. Von mehr als 70 bisher eingegangenen Stellungnahmen - darunter auch die Stellungnahme des Herrn Bundesministers für Verkehr - sprechen sich über 90 % für die Intensivierung und Systematisierung der Erforschung der Verkehrskonjunktur und der langzeitlichen Entwicklungsprozesse des Verkehrs aus. Die Besprechungen der Studie in der Fachpresse lauten günstig. Die Stellungnahmen zu den Vorschlägen beschränken sich auf die Punkte 7 bis 9 der Studie und sind nicht einheitlich ausgefallen. Dies ist kein Nachteil. Man wird versuchen müssen, die beste wissenschaftsorganisatorische Lösung zu finden.

Die vorliegenden Stellungnahmen gehen verständlicherweise ausschließlich oder doch stark überwiegend vom Aspekt des Verkehrs aus. Es kommt aber sehr darauf an, die Problematik, die in der Studie dargelegt worden ist, zugleich vom Standpunkt der allgemeinen Nationalökonomie, der Volkswirtschaftspolitik und der Finanzwissenschaft zu beurteilen und auch von dieser Warte aus die Vorschläge zu prüfen. Nur aus der Synthese der speziellen Meinungen der Verkehrswissenschaft sowie der Institutionen des Verkehrs auf der einen Seite und der Auffassungen der Nationalökonomie, der Volkswirtschaftspolitik und der Finanzwissenschaft auf der anderen Seite kann schließlich die beste wissenschaftsorganisatorische Lösung entwikkelt werden.

Ich wende mich an Sie als einen hervorragenden Vertreter der letztgenannten Wissenschaftsbereiche mit der Bitte, die in der Studie dargelegte Gesamtproblematik wenigstens überschläglich prüfen und dann kurz auch zu den Lösungsvorschlägen Stellung nehmen zu wollen."

Wiederum gingen beim Ministerium zahlreiche Stellungnahmen ein (vergl. weiter unten B. II. 5.).

3) Zwischenzeitlich lief zwischen dem Ministerium für Wirtschaft und Verkehr des Landes Nordrhein-Westfalen einerseits und dem Herrn Bundesminister für Verkehr sowie Herrn Professor Dr.Dr. BERKENKOPF als dem Vorsitzenden des Wissenschaftlichen Beirats beim BMV ein besonderer Schriftwechsel (vergl. weiter unten B.II. 2. und 4.).

4) Schließlich erfolgte im Oktober 1956 das bisher letzte Rundschreiben des Ministeriums für Wirtschaft und Verkehr des Landes Nordrhein-Westfalen. Es richtete sich an alle Persönlichkeiten und Institutionen, die Stellungnahmen zur Verfügung gestellt hatten. Das Rundschreiben lautete (auszugsweise) wie folgt:

" Sie waren so liebenswürdig, zu den Problemen der Verkehrskonjunktur und der langzeitigen Dynamik in der Verkehrswirtschaft und auch zu der Frage der besten wissenschaftsorganisatorischen Lösung Stellung zu nehmen. Ich darf Ihnen hierfür meinen besonderen Dank zum Ausdruck bringen. Ihre Stellungnahme ist für die weitere Behandlung der Angelegenheit sehr bedeutungsvoll.

Es sind überaus zahlreiche Stellungnahmen eingegangen. Die Notwendigkeit einer systematischen und verstärkten Erforschung der Zusammenhänge wurde unterschiedslos bejaht. Die Gedanken, die Herr Oberregierungsrat Dr. ROGMANN in seiner im Verkehrsverlag Fischer, Düsseldorf, veröffentlichten Studie dargelegt hat, wurden (z.T. unter übergeordneten wirtschaftswissenschaftlichen Perspektiven) erweitert und vertieft. Dagegen haben die Stellungnahmen z.T. bedeutsame Meinungsunterschiede hinsichtlich der besten wissenschaftsorganisatorischen Lösung ergeben. Mehrere Vorschläge sind völlig neuartig. Die zahlreichen Stellungnahmen und Vorschläge bedürfen einer sorgfältigen Abstimmung.

Der Herr Bundesminister für Verkehr hat die Absicht, die Systematisierung und Intensivierung der Erforschung der Verkehrskonjunktur und der langzeitigen Verkehrsdynamik als besonderen Punkt der Tagesordnung auf der übernächsten Verkehrsministerkonferenz zur Eröterung zu stellen.

Bis dahin sollen die eingegangenen Stellungnahmen und Vorschläge in einer besonderen Schrift zusammengefaßt werden, die in der Schriftenreihe "Forschungsberichte" des Ministeriums erscheinen wird. Ich darf annehmen, daß Sie mit der inhaltlichen oder textlichen Wiedergabe Ihrer Stellungnahme einverstanden sind. Sollten Sie noch Ergänzungen Ihrer Stellungnahme für erforderlich halten, so darf ich Sie um Zusendung bis spätestens Mitte November bitten, da dann im Hinblick auf den Termin der Verkehrsministerkonferenz die redaktionelle Bearbeitung zu Ende geführt werden muß.

Die Schrift wird Ihnen nach Veröffentlichung zugehen."

Bis zum Redaktionsschluß der vorstehenden Schrift wurde dem Ministerium eine Reihe wertvoller Ergänzungen zur Verfügung gestellt (vergl. weiter unten B.II. 1. bis 5.).

II. Inhalt der Stellungnahmen und Vorschläge

Die beim Ministerium für Wirtschaft und Verkehr des Landes Nordrhein-Westfalen eingegangenen Stellungnahmen und Vorschläge werden in den nachfolgenden Abschnitten teils im Wortlaut, teils inhaltlich wiedergegeben. Auf die Wiedergabe von nicht unmittelbar das Forschungsanliegen betreffenden Ausführungen ist verzichtet worden.

1. Verkehrs- und Wirtschaftsorganisationen, Verkehrsverwaltungen

a) Binnenschiffahrt

1) Zentralausschuß der deutschen Binnenschiffahrt e.V. (Dr. WULFF, Schreiben vom 28.6.1956)

"Die in Ihrem Schreiben vorgebrachte Anregung, Untersuchungen über die langzeitliche Entwicklung im Verkehr vorzunehmen, ist grundsätzlich zu begrüßen, wenn man sich über die Möglichkeiten und Grenzen solcher Untersuchungen im Klaren ist. In erster Linie wird es sich dabei um die Verlängerung von Trendreihen aus der Vergangenheit über die Gegenwart hinaus in die Zukunft handeln. Man wird also aufgrund statistischer Daten und unter bestimmten Hypothesen auf die voraussichtliche Entwicklung von Wirtschaft und Verkehr in der Zukunft schließen. Für die Durchführung solcher Arbeiten dürfte es u.E. nicht notwendig sein, eine besondere "Verkehrswissenschaftliche Spezialkonferenz" einzuberufen; denn ein solches Gremium könnte höchstens allgemeine Richtlinien festlegen, niemals aber die für die Untersuchungen erforderlichen praktischen statistischen Arbeiten vornehmen. Aus dem gleichen Grunde erscheint es uns auch nicht zweckdienlich, einen besonderen "Forschungsrat für Verkehrskonjunktur und langzeitliche Verkehrsdynamik" ins Leben zu rufen. Man sollte überhaupt keine neuen Organisationen gründen. Wir erlauben uns vielmehr zu empfehlen, allgemeine Richtlinien für diese Forschungen durch den Verkehrswissenschaftlichen Beirat beim Bundesverkehrsministerium aufstellen zu lassen, mit der praktischen Arbeit jedoch das am besten ausgerüstete verkehrswissenschaftliche Universitäts-Institut zu betrauen, bzw. zu diesem Zweck eine Arbeitsgemeinschaft aller hierfür in Frage kommenden verkehrswissenschaftlichen und wirtschaftswissenschaftlichen Institute unter Federführung beispielsweise des Kölner verkehrswissenschaftlichen Instituts zu bilden.

Eine Erörterung dieser Fragen im Rahmen der Verkehrswissenschaftlichen Gesellschaft dürfte sich unter diesen Umständen erübrigen, zumal wir diese Gesellschaft nicht als ein Forum ansehen, das sich mit Erfolg mit solchen Fragen befassen könnte."

2) Arbeitsgemeinschaft der Rheinschiffahrt e.V. (Dr. DÜTEMEYER, Schreiben vom 24.8.1956)

"Mit besonderem Interesse hat die Arbeitsgemeinschaft der Rheinschiffahrt von den in Ihrem Schreiben vom 24.5.1956 gegebenen Anregungen Kenntnis genommen. Wir gestatten uns jedoch den Hinweis, daß es sich bei unserer Organisation um einen Zusammenschluß der internationalen Rheinschiffahrt handelt, der in erster Linie die Verwirklichung der Empfehlungen der Straßburger Wirtschaftskonferenz 1952, also die Ordnung des internationalen Rheinschiffahrtsverkehrs bezweckt. Wir möchten annehmen, daß die vorgeschlagene Erforschung der Verkehrskonjunktur und der langzeitlichen Dynamik in der Verkehrswirtschaft bzw. die Bildung eines entsprechenden Gremiums zunächst nur für den deutschen Bereich ins Auge gefaßt worden ist.

Ungeachtet dieses Bedenkens mehr formeller Natur wird auch von uns eine eingehende wissenschaftliche Verkehrsforschung durchaus begrüßt. Allerdings macht sich u.E. bisher gerade auf dem Gebiet des Verkehrs ein außerordentlicher Mangel an Wissenschaftlern und insbesondere an wissenschaftlichen Nachwuchskräften bemerkbar. Es kann nicht erwartet werden, daß die Ministerien des Bundes und der Länder, die Verkehrsexperten in Organisationen, Verbänden usw. die rein wissenschaftliche Arbeit auf die Dauer leisten können, da sie sich mit den immer umfangreicher werdenden Aufgaben der Praxis bzw. der Gesetzgebung und Verwaltung, d.h. also mit praktischen Tagesfragen befassen müssen. Aus diesem Grunde erscheint es notwendig, den vorhandenen verkehrswissenschaftlichen Instituten - schon im Interesse der Nachwuchswerbung - eine stärkere Unterstützung als bisher zuteil werden lassen. Diese sollte nicht nur in der Zuwendung größerer finanzieller Mittel bestehen, sondern sich auch darin auswirken, daß diesen Instituten geeignete Aufgaben übertragen werden. Unter diesem Gesichtspunkt erscheint es empfehlenswert, anstelle der Neugründung verkehrswissenschaftlicher Institute sich in erster Linie der vorhandenen Einrichtungen zu bedienen, wobei es erwägenswert wäre, die Arbeiten der verschiedenen verkehrswissenschaftlichen Institute mehr als bisher aufeinander abzustimmen und eine zweckentsprechende Aufgabenteilung bei größeren Forschungsaufträgen anzuregen."

3) Verband Deutscher Binnenhäfen (Schreiben vom 19.7.1956)

"Die von Herrn Oberregierungsrat Dr. ROGMANN gemachten Vorschläge sind in ihrer Zielsetzung nach unserer Auffassung anzuerkennen. Es erscheint uns allerdings zunächst richtig, die Behandlung gemäß Vorschlag 9. der Deutschen Verkehrwissenschaftlichen Gesellschaft zu übertragen, wobei zu beachten wäre, an diesen Erörterungen in jedem Falle auch Praktiker aus der verladenden Wirtschaft und der Verkehrswirtschaft zu beteiligen. Für die öffentliche Hafenwirtschaft benennen wir als Vertreter bei den fraglichen Beratungen unseren Verbandsvorsitzenden, Herrn Oberstadtdirektor Dr. NAGEL, Neuss 1)"

1. Oberstadtdirektor Dr. NAGEL führte in seiner Abhandlung "Wasserstraßen und Binnenhäfen - Die Probleme um Mosel und Maas" (in "Internationales Archiv für Verkehrswesen", Nr. 18/1956) u.a. folgendes aus: "Wirtschafts- und Verkehrskonjunktur müssen in der volkswirtschaftlichen Entwicklung, wenn sie sich auch gegenseitig bedingen, doch von unterschiedlichen Standpunkten aus betrachtet werden. Verbesserung und Ausbau (Forts.s.S. 25)

4) Verband Deutscher Reeder (Schreiben vom 20.6.1956)

"Der Verband Deutscher Reeder ist gleich Ihnen der Auffassung, daß die wissenschaftlichen Untersuchungen über die strukturellen und konjunkturellen Entwicklungen auf dem Gebiete der Verkehrswirtschaft einer Vertiefung und Intensivierung bedürfen. Daher werden alle Pläne, die sich dieses Ziel zur Aufgabe setzen, auch grundsätzlich von uns befürwortet.

Wissenschaftliche Forschungen und Untersuchungen, die sich auf den Sektor Verkehr beziehen, werden auch Untersuchungen über die Entwicklung des Seeverkehrs einzuschließen haben. Hier jedoch sehen wir uns leider veranlaßt, gewisse Bedenken zu äußern, die einmal darin beruhen, daß - wie uns aus eigener Anschauung bekannt ist - sich gerade der Bereich Seeverkehr sehr schwer einer systematischen wissenschaftlichen und statistischen Erforschung unterziehen läßt, und weil zum anderen aus der weltweiten Bezogenheit der Seeschiffahrt nationale Faktoren nur bis zu einem gewissen Grade von Bedeutung für die allgemeine Entwicklung in der Seeschiffahrt sind. Auf Grund dieser Bedenken möchten wir im augenblicklichen Zeitpunkt, in dem sich zudem noch nicht klar überblicken läßt, ob und inwieweit mit einer Einbeziehung der Seeschiffahrt in die Untersuchungen zu rechnen sein wird, davon Abstand nehmen, zu den in Ihrem Schreiben unter Punkt 7 bis 9 aufgeführten Fragen im einzelnen Stellung zu nehmen.

Wir möchten betonen, daß wir damit nicht eine grundsätzliche Ablehnung für die Berechtigung der von Ihnen gemachten Vorschläge zum Ausdruck bringen wollen, sondern daß wir Ihnen vielmehr sehr zu Dank verbunden wären, wenn Sie uns weiterhin über die von Ihnen gegebenenfalls in die Wege geleiteten Schritte in Kenntnis setzen würden, damit wir unsererseits dann noch einmal Gelegenheit hätten, Ihnen unsere Ansicht zu übermitteln."

---

1. der Verkehrseinrichtungen sind nur dann von volkswirtschaftlicher Bedeutung, wenn sie dem technischen und wirtschaftlichen Fortschritt dienen und dazu beitragen, sowohl der Bewältigung des Güterverkehrs als auch seiner Verbilligung dienen. In jeder Verkehrsplanung liegt eine Gefahr, was ihre Rentabilität anbelangt. Aber wie in der Wirtschaft, so gehört auch zur Verkehrswirtschaft Mut und Vertrauen. Zu einer laufenden, systematischen Erforschung der Verkehrskonjunktur und der langzeitlichen Umgliederungs- und Wachstumsprozesse des Verkehrs hat das Land Nordrhein-Westfalen aufgerufen, das auch durch seine industrielle und verkehrspolitische Lage hierzu besonders berufen ist. Bei dieser Problemstellung wird naturgemäß die Frage des Wasserstraßenbaues aufgerufen. Der Argumente für und wider gibt es viele. Man könnte fast sagen, daß sie "weltanschaulich" bedingt sind ....."

Auf dem "Deutschen Reedertag" im November 1956 stand ein Vortrag von Dir. BERTRAM des Norddeutschen Lloyd, Mitglied des Präsidiums des Verbandes Deutscher Reeder, über das Thema "Seeschiffahrt in der Konjunktur" im Mittelpunkt der Hauptveranstaltung. Dir. BERTRAM führte (lt."Deutsche Verkehrs-Zeitung" vom 22.11.1956) u.a. folgendes aus:

"Ratenseigerungen und Mangel an Schiffsraum sind die äußeren Merkmale der gegenwärtigen Konjunktursituation in der internationalen Seeschiffahrt. Die deutschen Reeder sind sich durchaus über die Störungen im klaren, die sich daraus für den Außenhandel ergeben müssen. Aber nur durch eine Ausweitung des Tonnageangebotes und energische Anstrengungen zur Rationalisierung und Kostensenkung kann den Wirkungen der gegenwärtigen Lage auf dem Seeverkehrsmarkt begegnet werden. Deshalb muß sowohl die deutsche Linientonnage als auch die Tramp- und Tanktonnage weiter ausgebaut werden. Erst dann wäre der Transport der deutschen überseeischen Ex- und Importgüter gesichert", erklärte Dir. Richard BERTRAM." Die deutschen Reeder", so fuhr Dir. BERTRAM fort, "sind selbst daran interessiert, daß der Außenhandel flüssig und ohne Schwierigkeiten abgewickelt werden kann, und daß die Raten ein wirtschaftlich vertretbares Maß nicht überschreiten. Der Seeschiffahrt geht es letztlich nur dann gut, wenn der Außenhandel nicht behindert wird."

In einer Analyse der Konjunktursituation der internationalen Seeschiffahrt, die vereinfacht dargestellt, einer zu großen Nachfrage gegenüber einem zu geringen Angebot an Schiffsraum gleichkommt, wies Direktor BERTRAM darauf hin, daß sich gegenüber 1936 der Weltaußenhandel um etwa 82 % erhöht hätte, daß die Welttonnage im gleichen Zeitraum jedoch nur um 55 % gewachsen sei. Die durch den technischen Fortschritt erzielte Leistungssteigerung der Schiffe sei jedoch durch längere Verkehrswege und andere Hemmnisse aufgehoben worden.

"Jede Maßnahme, die hilft, das Tonnageangebot in der Welt zu vergrößern" so sagte Direktor BERTRAM , "wird damit zu einem Faktor, die Auswirkungen der Weltschiffahrtskonjunktur zu verringern." Hierbei sollte man zwischen den Auswirkungen auf die Transportmöglichkeiten und auf die Transportpreise, also die Raten, unterscheiden. Dieses sei wichtig, weil die Raten in der Linienfahrt Kostenpreise, die Raten in der Trampfahrt Marktpreise seien. Eine Einflußnahme auf die Frachtraten kann deshalb sowohl durch eine Erhöhung des Tonnageangebotes als auch durch eine Senkung der Kosten erreicht werden.

Im Verlauf seiner Ausführungen über die Möglichkeiten der Erhöhung des Tonnageangebotes und der Kostensenkungen ging Direktor BERTRAM auch auf die Fragen des Einsatzes der "eingemotteten" Schiffe aus der US-Reserveflotte und auf den Neubau von Schiffen mit immer größerer Tragfähigkeit ein. "Die Indienststellung von "eingemotteten" Schiffen aus der US-Reserveflotte sei für die Reedereien, die nur auf den Reedereibetrieb angewiesen sind und nicht gleichzeitig Interessen an anderen Wirtschaftszweigen haben, ein großes Problem. Mit der Indienststellung der Schiffe sind außerordentlich hohe Kosten verbunden, so daß ein erfolgreicher Einsatz mit dem Ziel der Ratensenkung zweifelhaft ist.

Der Neubau und Einsatz von Schiffen mit größerer Tragfähigkeit hat demgegenüber den Vorteil, daß er sowohl zu Kostendegressionen und damit zur Rationalisierung führt, als auch durch die Erhöhung des Tonnageangebotes einen Druck auf die Raten ausübt.

Allerdings ist die Verwendung dieser größeren Schiffe praktisch nur im Trampgeschäft möglich, da die Linienreedereien noch mehr als die Trampfahrt auf die beengten Hafenverhältnisse angewiesen sind. Problematisch ist ebenfalls, ob sich jeweils der stoßweise hohe Anfall von Ladung in den Empfängerwerken mit dem Produktionsprozeß in Einklang bringen läßt.

Die Möglichkeiten, auf die Steigerung der Raten durch Einsatz von Neubautonnage einzuwirken, finden jedoch ihre Begrenzung in der Kapazität der Werften. Die Werften der Welt sind heute so stark belegt, daß man im Durchschnitt mit Lieferzeiten von 4 - 5 Jahren rechnen muß. Um so bedeutungsvoller ist es daher, auf dem Umweg über Kostensenkungen die Ratenhöhe zu beeinflussen. In diesem Zusammenhang wies Direktor BERTRAM eindringlich auf die erheblichen Kostenbelastungen durch die anomal lange Dauer der Rundreisen hin. "Die Beschleunigung des Lade- und Löschvorganges und die Verkürzung der Hafenliegezeiten ist eine wesentliche Möglichkeit, um Kosten zu sparen und gleichzeitig den für Transporte zur Verfügung stehenden Schiffsraum zu vergrößern.

Wie sehr sich Beschleunigungen kostensenkend auswirken, machen die Tageskosten eines modernen Frachtschiffes im Linienverkehr deutlich. Sie betragen ca. DM 10 000 pro Tag".

Die angebotserhöhende Wirkung machte Direktor BERTRAM an einem fiktiven Beispiel klar: "Wenn man im Durchschnitt 50 % Hafenliegetage und 50 % Fahrttage bei der gesamten Weltschiffahrt zugrunde legt und es gelänge, die Hafentage um 20 % zu senken, könnte damit die Rundreisedauer um 10 % verringert werden. Bei einer Welttonnage von 100 Mill. BRT würde dies schon einen Zuwachs von 10 Mill.BRT und damit einer Investitionssumme von etwa 15 Milliarden DM gleichkommen." Auch die verladende Wirtschaft kann durch verstärkte Zusammenarbeit mit den Reedereien hier ihren Beitrag leisten. Direktor BERTRAM verwies auf den Einsatz von Behältern, Paletten, Bau von Behälterschiffen, Roll on/Roll off-Verkehr."

5) Verband deutscher Rheinreeder e.V. (Geschäftsführer Dr. H. WERNER, Schreiben vom 7.6.1956)

"Angesichts der gegenwärtigen Überlastung der Verkehrswirtschaft durch Verhandlungen mit den bereits bestehenden Behörden und Organisationen im In- und Ausland haben wir gewisse Bedenken gegen die Bildung eines neuen Gremiums, sei es in Form einer Verkehrswissenschaftlichen Spezialkonferenz oder eines besonderen Forschungsrats für Verkehrskonjunktur und langzeitliche Verkehrsdynamik. Die im Zusammenhang mit der gegenwärtigen Verkehrskonjunktur auftretenden Fragen werden bereits innerhalb der Verkehrsministerien des Bundes und der Länder wie auch innerhalb der Europäischen Verkehrsministerkonferenz erörtert. Außerdem beschäftigen sich die verschiedenen nationalen und internationalen Organisationen, wie z.B. der Deutsche Industrie- und Handelstag, der Bundesverband der Deutschen Industrie, die Internationale Handelskammer und die internationalen Spitzenverbände des Verkehrs bereits mit diesen Fragen, so daß es u.E. zunächst wohl richtiger ist, von neuen Organisationsformen abzusehen und die weitere Entwicklung abzuwarten."

6) Binnenschiffahrtsverband Elbe e.V. in Hamburg (Geschäftsführer WERSCHE, Schreiben vom 9.7.1956)

"Die Elbeschiffahrt nimmt jedoch, bedingt durch die Zonentrennung, eine Sonderstellung innerhalb des Verkehrs der Bundesrepublik ein. Sie ist weitgehend abhängig von Verkehrsplanungen außerhalb der Bundesrepublik und insbesondere von der jeweiligen Gestaltung der politischen Beziehungen zur DDR und auch zur CSR. So sehr daher für die Verkehrstreibenden der Bundesrepublik die Bildung einer Verkehrswirtschaftlichen Spezialkonferenz oder eines besonderen Forschungsrats für Verkehrskonjunktur und langzeitliche Verkehrsdynamik vielleicht ratsam erscheinen mag, dürften solche Einrichtungen für den eigentlichen Elbeverkehr ohne Bedeutung sein."

b) Straßenverkehr

1) Zentralarbeitsgemeinschaft des Straßen-Verkehrsgewerbes (Generalsekretariat: Assessor KRÜGER, Schreiben vom 25.7.1956)

"An einer Verbesserung der Forschungsarbeit auf dem Gebiet des Verkehrs ist die ZAV durchaus interessiert. Es wird jedoch nicht die Auffassung vertreten, daß der Forschungsarbeit durch die Bildung neuer Forschungsstellen gedient werden kann. Es wird vielmehr davon ausgegangen, daß die notwendige Forschungsarbeit auf diesem Gebiet nur Aufgabe der bereits bestehenden Universitäten oder sonstigen Forschungsinstitute sein kann. Die Bildung einer "Verkehrswissenschaftlichen Spezialkonferenz" wird deshalb nicht befürwortet.

Auch die Bildung eines "Forschungsbeirats für Verkehrskonjunktur und langzeitliche Verkehrsdynamik" erscheint nach hier vertretener Auffassung nicht notwendig. Die Erfahrungen, die in der Vergangenheit mit derartigen Konferenzen oder anderen wissenschaftlichen Beiräten und Gremien gemacht worden sind, sprechen gegen einen solchen neu zu gründenden Forschungsbeirat. Der gleichen Einstellung begegnet die angeregte Erweiterung des wissenschaftlichen Beirats beim Bundesverkehrsministerium. Als allein zweckmäßiges Mittel für eine Intensivierung und Verbesserung der Forschung auf dem Gebiet der Verkehrskonjunktur würde unserer Ansicht nach eine Abstimmung zwischen den Arbeiten der vorhandenen Institute anzusehen sein."

2) Arbeitsgemeinschaft Güterfernverkehr im Bundesgebiet e.V. (Schreiben vom 26.6.1956)

"Nach Abstimmung mit einer Reihe von an dieser Frage interessierten Organisationen kommen wir zu dem Ergebnis, daß die Schaffung einer besonderen Institution für die Beobachtung der Entwicklung der Verkehrskonjunktur entbehrlich erscheint. Verkehrskonjunkturliche Untersuchungen halten wir dagegen durchaus für zweckmäßig und notwendig. Wir sind aber der Meinung, daß solche Untersuchungen von den bereits bestehenden verkehrswissenschaftlichen Instituten durchgeführt werden sollten, zumal es sich um die laufende Beobachtung und Erfassung zahlreicher Einzeltatbestände handelt. Die Ausarbeitung eines Programms hierzu wäre im Wege der Anhörung der interessierten Organisationen gegebenenfalls durch Einberufung einer besonderen Sitzung möglich.

Für eine Mitarbeit in diesem Rahmen stehen wir gern zur Verfügung."

3) Arbeitsgemeinschaft Güternahverkehr e.V. (Hauptgeschäftsführer i.V. KREFT, Schreiben vom 6.7.1956)

"Unter Voraussetzung der Schaffung eines arbeitsfähigen Gremiums, dessen Grundgedanken auf eine sinnvolle Koordinierung der Verkehrsträger mit der Anerkennung des Prinzips der Erstellung der wirtschaftlichsten Verkehrsleistung ausgerichtet sind, werden die in Ihrem Schreiben vorgeschlagenen Arbeiten voll befürwortet. Im Interesse einer weitgehenden Abstimmung und Ausarbeitung konkreter Vorschläge dürfen wir die Bildung einer unter Punkt 7 genannten "Verkehrswissenschaftlichen Spezial-Konferenz" aus Vertretern der dort genannten Gruppen empfehlen. Je nach den aus dieser "Verkehrswissenschaftlichen Spezial-Konferenz" resultierenden Vorschlägen könnte alsdann den in den Punkten 8 und 9 aufgeführten Vorschlägen Rechnung getragen bzw. in dieser Richtung ergänzende Maßnahmen getroffen werden.

Mit unserer Stellungnahme ist gleichzeitig die Befürwortung einer noch intensiveren Forschung auf dem Sektor der Verkehrswissenschaft verbunden."

4) Deutsche Kraftwagen-Spedition G.m.b.H. (Dr. CREMER, Schreiben vom 6.7.1956)

"Angesichts der bereits zahlreich vorhandenen Gremien, die sich mit gleichen Fragen befassen, bezweifeln wir, daß die Praxis ein vordringliches Interesse daran hat, eine neue Institution in Form der vorgeschlagenen "Verkehrswissenschaftlichen Spezialkonferenz" ins Leben zu rufen. Die bereits unverbindlich erfolgte Nominierung eines künftigen Vorsitzenden einer solchen Konferenz ist insofern ungewöhnlich, als es nach unserer Erfahrung üblich ist, daß etwa zur Mitarbeit bereite Herren aus ihrem eigenen Kreise den Vorsitzenden wählen.

Wenn wir mit vorstehenden Ausführungen dem vorgeschlagenen Programm unsere Zustimmung nicht geben können, so stellen wir trotzdem fest, daß wir zu programmatischen Besprechungen verkehrswissenschaftlicher Absichten stets gern zur Verfügung stehen."

5) Dipl.Volkswirt Dr. Georg M. PRECHT, Vorstandsmitglied der Arbeitsgemeinschaft Deutscher Kraftwagenspediteure e.GmbH., (Schreiben vom 5.6.1956)

"Im Grundsatz steckt in den Anregungen von Herrn Dr. ROGMANN zweifellos ein Kern, der dringend der Verwirklichung bedarf. Diese Notwendigkeit ist nicht zuletzt dadurch offenbar geworden, daß das Bundesverkehrsministerium bisher keine planmäßige Marktbeobachtung betreibt, wie dies die anderen mit wirtschaftlichen Fragen befaßten Bundesministerien tun. Die Schwäche des Bundesministeriums für Verkehr im Bundeskabinett dürfte nicht zuletzt darauf zurückzuführen sein, daß eine kontinuierliche und objektive Beobachtung der Ablaufe im Verkehrssektor fehlt. Obwohl derartige Ansätze mehrfach unternommen wurden, ist es noch nicht einmal zur Einrichtung eines entsprechenden Generalreferats in der allgemeinen Abteilung gekommen.

Zweifellos könnte die Anregung von Herrn Dr. ROGMANN hier eine gewisse "Ersatzlösung" auch für die laufenden Entscheidungen der Verkehrspolitik vermitteln. Die Gründlichkeit, mit der diese Fragen bisher in Ihrem Hause laufend und zielbewußt beobachtet wurden, würde schon allein als Beweis für die Notwendigkeit einer solchen Einrichtung auf Bundesebene genügen.

Der Vorschlag von Herrn Dr. ROGMANN vermischt jedoch m.E. zwei nicht unbedingt gleichzeitig und von der gleichen Stelle durchzuführende Marktbeobachtungsaufgaben:

1. die zentrale, aktuelle, kurzfristig ausgewertete Beobachtung aller Vorgänge des Verkehrsmarktes aller Verkehrsträger,
2. die Beobachtung langzeitlicher Vorgänge und Umwälzungen. Ich bin durchaus der Auffassung, daß die unter 2. genannte Aufgabe gerade in der gegenwärtigen Zeit der Erschütterung des gesamten Verkehrsmarktes eine große Bedeutung besitzt. Die Voraussetzung für eine wirksame von allen Beteiligten, politischen, wissenschaftlichen und wirtschaftlichen Gruppen zu erarbeitende Beurteilung dieser Vorgänge, wäre aber gerade die Bereitstellung des objektiven und laufend erarbeitenden Zahlenmaterials nach Ziffer 1.

Ohne eine Institution auf Bundesebene, die die mühsame Arbeit, die der Zusammenführung und analytischen Verarbeitung des Zahlenmaterials übernimmt, wird auch eine verkehrswissenschaftliche Spezialkonferenz nur unbestimmte, größenordnungsmäßig anfechtbare Erkenntnisse und Empfehlungen erarbeiten können.

Ich würde mich sehr gerne selbstverständlich auch für eine solche Arbeit zur Verfügung stellen und habe hierfür auch die Unterstützung des Kraftverkehrs bereits in Aussicht gestellt erhalten. Ohne eine objektive und zahlenmäßig einwandfreie Beratungsgrundlage, wie sie allein durch eine Aufbereitung der genannten Art zu beschaffen wäre, befürchte ich jedoch auch von einer solchen Spezialkonferenz nur Ergebnisse nach Art vieler Ausschüsse der zurückliegenden Jahre erwarten zu können.

Wenn ich mir eine Anregung zu dem Schreiben vom 23. Mai 1956 erlauben darf, dann würde es deshalb die sein, daß durch eine entsprechende Position im Bundeshaushalt, im Bundesverkehrsministerium oder bei einer der Bundesanstalten, die diesem Haus angeschlossen sind, eine Institution geschaffen wird, die, ähnlich wie das volkswirtschaftliche Generalreferat des Bundesministeriums für Finanzen oder wie die entsprechende Gruppe in der Grundsatzabteilung des Bundeswirtschaftsministeriums, laufend und in aller Intensität Marktbeobachtung im Verkehr und ihre Analyse betreibt.

Langzeitliche Bewegungsvorgänge in der Verkehrswirtschaft, Strukturumstellungen und ähnliche Erscheinungen sowie Sonderuntersuchungen bestimmter Vorgänge, die aus dem allgemeinen Rahmen herausfallen, sollten m.E. im Interesse der Objektivität und Schnelligkeit der Bearbeitung den hierfür geeigneten wissenschaftlichen Instituten durch einen entsprechenden Auftrag des Bundes übertragen werden.

Einer verkehrswissenschaftlichen Spezialkonferenz nach Art der von Herrn Dr. ROGMANN vorgeschlagenen, könnten schließlich grundlegende Beratungen und Empfehlungen übertragen werden, die anhand des erarbeiteten Materials im Zuge der großen verkehrspolitischen Entscheidungen notwendig werden.

Das würde nicht ausschließen, daß die Konferenz gemäß Ziffer 8 der Vorschläge von Herrn Dr. ROGMANN die Steuerung der Aufgabenstellung und die frühzeitige Ausrichtung der langfristigen Untersuchungen auf fällig werdende Entscheidungen durch regelmäßige gemeinsame Beratungen übernimmt.

Der Kern der Anregungen von Herrn Dr. ROGMANN, auch auf dem Gebiete des Verkehrs, soweit es irgend möglich ist, durch Marktbeobachtung und Marktanalyse zu klaren zahlenmäßigen Vorstellungen zu gelangen, kann nur begrüßt werden."

6) Deutscher Kraftverkehr GmbH. (Direktor KNIEBAUM, (Schreiben vom 27.6.1956)

"Wir erlauben uns daher mitzuteilen, daß wir die Bildung einer "Verkehrswissenschaftlichen Spezialkonferenz" gemäß Punkt 7 für zweckmäßig halten würden.

Als Zwischenlösung käme auch nach unserer Auffassung die baldige Einberufung eines "Forschungsrates für Verkehrskonjunktur und langzeitliche Verkehrsdynamik" in Frage, wie von Ihnen in Punkt 8 vorgeschlagen ist."

7) Verband Öffentlicher Verkehrsbetriebe (Dr. E. MÜLLER, Schreiben vom 21.7.1956)

"Wir haben mit großem Interesse von den Ausführungen in Ihrem oben bezeichneten Schreiben und darüberhinaus von dem gesamten Inhalt der Studie "Verkehrskonjunktur und langzeitliche Dynamik in der Verkehrswirtschaft" des Herrn Oberregierungsrat Dr. ROGMANN Kenntnis genommen. Auch wir sind der Meinung, daß den konjunkturellen und langzeitlich dynamischen Entwicklungen und Prognosen auf dem Gebiet des Verkehrs mehr als bisher Aufmerksamkeit geschenkt werden sollte. Da die Verkehrsinvestitionen zu einem großen Teil sehr langfristiger Natur sind, würden prognostische Forschungen auf dem Gebiet des Verkehrswesens und der den Verkehr beeinflussenden Wirtschaftsverhältnisse für die Investitionstätigkeit der einzelnen Verkehrsträger von großer Bedeutung sein können. Auch könnten hieraus die Verkehrsträger in ihrem Bemühen, ihre Kapazität dem Verkehrsbedarf rechtzeitig anzupassen, wertvolle Hinweise erhalten.

Zu der Frage, ob es zweckmäßig ist, zur Prüfung der Notwendigkeiten und Möglichkeiten für eine verkehrskonjunkturelle Forschung eine "Verkehrswissenschaftliche Spezialkonferenz" einzuberufen sowie darüberhinaus zur Förderung und Koordinierung solcher Forschungsarbeiten einen "Forschungsrat für Verkehrskonjunktur und langzeitliche Verkehrsdynamik" zu bilden, möchten wir jedoch vorerst noch nicht Stellung nehmen. Wir halten es vielmehr für richtig, daß zunächst in eine mündliche Erörterung im kleineren Kreise eingetreten wird, in der diese Frage einer intensiven Diskussion unterzogen werden sollte. Wir würden uns gern an der von Ihnen bereits empfohlenen Erörterung dieser Art beteiligen und halten uns zu Ihrer Verfügung."

8) Arbeitsgemeinschaft Personenverkehr (Geschäftsführung: Dr. SCHWARTZ, Schreiben vom 30.6.1956)

"Die Arbeitsgemeinschaft Personenverkehr ist gern bereit, sich - im Sinne des Vorschlages 7 des Herrn Oberregierungsrat Dr. ROGMANN - an einer "Verkehrswissenschaftlichen Spezialkonferenz" zu beteiligen. Ihr liegt sehr daran, die Problematik der Verkehrskonjunktur und langzeitlichen Prozesse in der Verkehrswirtschaft von einer Warte aus betrachtet zu sehen, die auch dem praktischen Verkehr Erfolge verspricht.

Die "Verkehrswissenschaftliche Spezialkonferenz" sollte u.E. zu einem Beginn werden, dessen Verlauf ein sicheres Urteil über die Zweckmässigkeit der Weiterbehandlung erlaubt."

9) Dr.-Ing. Dr.-Ing. E.h. F. LADEMANN, Vorsitzender des Vorstandes der Hamburger Hochbahn AG. (Schreiben vom 20.6.1956)

"Leider kenne ich die von Herrn Oberregierungsrat Dr. ROGMANN verfaßte Studie nicht, und ich kann daher nicht ohne weiteres beurteilen, welche Prozesse in "wissenschaftsorganisatorischer Hinsicht" geprüft werden sollten. Ich schlage vor, daß von der anregenden Seite zunächst einmal ein Programm entworfen und zur Diskussion gestellt und gegebenenfalls auf einer ersten Zusammenkunft, an der ich dann teilnehmen könnte, näher erörtert wird."

c) Verkehrswirtschaftliche Organisationen

1) Deutsche Straßenliga e.V. (MACKENROTH, Schreiben vom 15.6.1956)

"Zu o.a. Betreff teilen wir mit, daß wir den in Ihrem Schreiben angeführten Vorschlägen zur Behandlung der verkehrswissenschaftlichen Gesamtprobleme in allen Teilen zustimmen. Wir würden es außerordentlich begrüßen, wenn diese Dinge sobald als irgend möglich praktisch in Angriff genommen würden und stellen unsere Mitarbeit dafür in vollem Umfang zur Verfügung."

2) Automobilclub von Deutschland e.V.
Der Generalsekretär: (ROSENTHAL, Schreiben vom 2.7.1956)

"In der vorbezeichneten Angelegenheit möchten wir nicht empfehlen, ein neues Gremium zur Erforschung einer speziellen Verkehrsfrage zu gründen.

Sollte dessen ungeachtet die Bildung von Gremien beschlossen werden, wie sie in dem Rundschreiben vom 30.5.1956 angeregt wurde, so sind wir selbstverständlich zur Mitarbeit gern bereit."

3) Verband der Automobilindustrie e.V. (VORWIG und Dr. v. BRUNN, Schreiben vom 23.7.1956)

"Wir hegen keinen Zweifel, daß eine Intensivierung der Erforschung der Konjunkturentwicklung im Verkehr wünschenswert ist. Eine solche Arbeit kann aber nach unserer Auffassung zweckmäßig nur in ständiger Berührung mit allgemeinen Aufgaben im Bereich der Konjunkturforschung gelöst werden. An Instituten, die sich mit diesen Aufgaben befassen, besteht wohl kein Mangel. Ebenso wenig fehlt es an speziell auf die Probleme der Verkehrswirtschaft ausgerichteten Instituten. Es könnte sich also nur darum handeln, die Zusammenarbeit zwischen einigen verkehrswissenschaftlichen Instituten und einigen mit allgemeinen Konjunkturforschungsproblemen befaßten Instituten sicherzustellen und für eine zweckmäßige Verteilung der Aufgaben Sorge zu tragen. Für diese vorbereitende Tätigkeit bedarf es u.E. nicht der von Herrn Dr. ROGMANN vorgeschlagenen "verkehrswissenschaftlichen Spezialkonferenz". Ob zur Koordinierung der einmal eingeleiteten Arbeiten sich die Bildung eines besonderen Forschungsbeirates als notwendig erweist, läßt sich wohl kaum endgültig entscheiden. Es erscheint uns aber mindestens zweifelhaft. Sicherlich könnte diese koordinierende Tätigkeit nicht durch eine Erweiterung des wissenschaftlichen Beirates erreicht werden.
Wir dürfen unsere Ansicht dahin zusammenfassen, daß wir die vorgeschlagenen Arbeiten als solche für wünschenswert halten, daß wir aber zu ihrer Durchführung weder die Schaffung besonderer Institutionen noch eine Erweiterung des wissenschaftlichen Beirates für zweckmäßig ansehen."

4) Mineralölwirtschaftsverband e.V. (Dr. WEBER, Schreiben vom 2.7.1956)

"Zu den in dem o.a. Schreiben gemachten Vorschlägen gestatten wir uns, Ihnen mitzuteilen, daß wir grundsätzlich die Notwendigkeit der Erforschung der Verkehrskonjunktur und langzeitlichen Dynamik in der Verkehrswirtschaft bejahen. Um diese Arbeiten voranzutreiben, bedarf es aber unserer Auffassung nach nicht der Schaffung neuer Gremien, da sie von Universitäten, Hochschulen und wissenschaftlichen Forschungsinstituten wahrgenommen werden, die mit Hilfe ihrer vorgebildeten Fachkräfte die Voraussetzungen für die Durchführung wissenschaftlicher Untersuchungen und der zu leistenden Kleinarbeit bieten.

Die Bildung einer "Verkehrswissenschaftlichen Spezialkonferenz", deren Fortbestand auch von Herrn Oberregierungsrat Dr. ROGMANN nach Erarbeitung von Vorschlägen für Umfang und Durchführung der zu lösenden Aufgaben nicht für notwendig gehalten wird, halten wir nicht für erforderlich, da die Aufstellung eines Forschungsprogramms in Zusammenarbeit der an den Verkehrsproblemen interessierten Behörden und Organisationen erfolgen könnte.

Ebenso halten wir einen "Forschungsrat für Verkehrskonjunktur und langzeitliche Verkehrsdynamik" für überflüssig, dem doch wohl in der Hauptsache nur eine koordinierende Tätigkeit zufallen würde, die man einem der verkehrswissenschaftlichen Institute übertragen könnte.

Soweit wir unterrichtet sind, gehören dem "Verkehrswissenschaftlichen Beirat beim Bundesminister für Verkehr" bereits Leiter von verkehrswissenschaftlichen Instituten an, so daß wir uns auch in dieser Beziehung dem Vorschlag zu einer Ergänzung dieses Beirats nicht anschließen möchten, zumal erfahrungsgemäß die Arbeitsfähigkeit eines Gremiums mit zunehmender Zahl seiner Mitglieder abnimmt.

Bei unserer Stellungnahme haben wir uns nicht zuletzt auch von dem Tatbestand leiten lassen, daß es auf verkehrspolitischem Gebiet bereits eine Reihe von Organisationen gibt, von deren Vermehrung man absehen sollte, wenn nicht wirklich zwingende Gründe vorliegen, die u.E. aber nicht gegeben sind."

d) Industrie- und Handelskammern, Deutscher Industrie- und Handelstag

Es sind von zahlreichen Industrie- und Handelskammern Stellungnahmen und Vorschläge eingegangen. Für die Gesamtheit aller Industrie- und Handelskammern hat sich der Deutsche Industrie- und Handelstag geäußert. Stellungnahmen einzelner Industrie- und Handelskammern werden nachstehend nur insoweit wiedergegeben, als sie einen besonders wesentlichen gedanklichen Beitrag zur Thematik dieser Schrift enthalten oder sich in wichtigen Einzelheiten von anderen Stellungnahmen unterscheiden. Die Auswahl ist demnach nicht das Ergebnis einer Wertbeurteilung, sondern in starkem Maße durch Raumgründe bedingt.

1) Deutscher Industrie- und Handelstag (Dr. KOLATH, Schreiben vom 20.6.1956)

"Grundsätzlich halten wir es für erwünscht, wenn auf dem Gebiete der Verkehrskonjunktur und der langzeitlichen Dynamik in der Verkehrswirtschaft die Forschungsarbeit intensiviert würde. Wir sind allerdings nicht der Auffassung, daß die Bildung neuer Gremien hierzu den geeigneten Weg darstellt. Die Erforschung der Verkehrskonjunktur erfordert eine laufende Beobachtung und Auswertung zahlreicher Einzeltatbestände. Sie kann ihrer Art nach daher nur Aufgabe von Universitäts- oder anderen Forschungsinstituten sein. Die Bildung einer "Verkehrswissenschaftlichen Spezialkonferenz" als bleibende Institution möchten wir daher nicht befürworten.

Die Gründung eines "Forschungsbeirates für Verkehrskonjunktur und langzeitliche Verkehrsdynamik" scheint uns ebenfalls nicht unbedingt erforlich zu sein. Die Aufgabe dieses Beirats wäre ja vornehmlich, die Arbeit der verschiedenen Institute zu koordinieren. Dieses Ziel dürfte u.E. aber auch ohne Bildung eines besonderen Gremiums erreichbar sein. Gegen einen solchen Forschungsbeirat für Verkehrskonjunktur und langzeitliche Dynamik spricht ferner, daß die Fragen der Verkehrskonjunktur nicht isoliert von den Fragen der allgemeinen Konjunktur einerseits, der verkehrswissenschaftlichen Zusammenhänge andererseits behandelt werden können. Die Herauslösung aus den übrigen Forschungsgebieten, wie sie mit einem solchen gesonderten Forschungsbeirat vollzogen würde, birgt daher die Gefahr einer zu einseitigen Betrachtungsweise in sich.

Gegenüber einer Erweiterung des Wissenschaftlichen Beirats beim Bundesverkehrsministerium und Einschaltung dieses Gremiums in die Verkehrskonjunkturforschung möchten wir die gleichen Bedenken anmelden wie gegenüber der Verkehrswissenschaftlichen Spezialkonferenz. Auch dieses Gremium wäre kaum in der Lage, die eigentliche Forschungsarbeit zu leisten, da es sich hierbei vor allen Dingen um umfangreiche laufende Ermittlungs- und Auswertungsarbeiten handelt. Zudem umfaßt der Wissenschaftliche Beirat nur einen Teil der Institutionsleiter, deren Institute für eine

Beobachtung der Verkehrskonjunktur in Frage kämen. Er könnte somit eine Koordinierung auch nicht gewährleisten.

Die Intensivierung der Forschung auf dem Gebiete der Verkehrskonjunktur und der langzeitlichen Dynamik wäre u.E. am besten dadurch zu erreichen, daß eine Koordinierung zwischen den Arbeiten der vorhandenen verkehrswissenschaftlichen und Konjunkturforschungsinstitute herbeigeführt wird, wobei es wahrscheinlich am zweckmäßigsten wäre, wenn lediglich ein oder zwei verkehrswissenschaftliche und ein Konjunkturforschungsinstitut gemeinsam mit diesen Forschungen beauftragt würden."

2) Industrie- und Handelskammer Bremerhaven (Der Hauptgeschäftsführer, Schreiben vom 30.5.1956)

"Nach meiner Auffassung - die nicht zuletzt von meiner eigenen stärkeren Beanspruchung getragen ist - sollte kein neues Gremium zur Untersuchung kurz- und langfristiger verkehrskonjunktureller Fragen zusammentreten, sondern der Verkehrswissenschaftliche Beirat beim Bundesminister für Verkehr durch eine Verstärkung aus Kreisen der Praxis in den Stand versetzt werden, über die ihm obliegenden aktuellen Aufgaben hinaus auch solche von vorerst theoretisch- planerischer Art zu bewältigen. Darin würde ich eine denkbar arbeitsfähige Mischung denkerischer und erfahrener Fachkräfte sehen."

3) Industrie- und Handelskammer Darmstadt (Die Geschäftsführung: i.V. REICH, Schreiben vom 26.6.1956)

"Die Notwendigkeit einer entsprechenden Forschungsarbeit wird auch von uns durchaus bejaht. Wir halten allerdings die Bildung neuer Gremien hierzu nicht für zweckmäßig. Die vorhandenen Universitäts- und andere Forschungsinstitute dürften durchaus genügen. Eine Koordinierung der Forschungsarbeiten ist wohl auch ohne die Bildung neuer Gremien möglich."

4) Industrie- und Handelskammer zu Dortmund (Dr. W. BONZIO, Schreiben vom 26.6.1956)

"Wie auf anderen Gebieten der modernen Wirtschaftsentfaltung wäre es auch im Verkehrswesen erwünscht, durch eine Intensivierung der Forschungsarbeit zu neuen Erkenntnissen über die langzeitlichen Probleme der Verkehrswirtschaft im Hinblick auf zukünftige Entwicklungsmöglichkeiten zu gelangen.

Ich glaube jedoch, daß dazu die Bildung neuer Gremien, wie sie von Herrn Oberregierungsrat Dr. ROGMANN vorgeschlagen wurde, nicht erforderlich ist. Für diese Aufgabe kommen m.E. vornehmlich die Universitäten in Betracht, die aus der Vielzahl von Einzeltatbeständen das Gesamtbild der Verkehrswirtschaft von morgen zu erforschen hätten. Es gibt auch bereits zahlreiche verkehrswissenschaftliche und andere Institute, die sich mit Grund- und Zukunftsproblemen unserer Verkehrswirtschaft befassen. Es würde allerdings der Gewinnung exakter wissenschaftlicher Erkenntnisse auf den obenangeführten Gebieten sehr dienlich sein, wenn diese Arbeiten besser als bisher koordiniert werden könnten. Vielfach werden die verkehrswissenschaftlichen Fragen noch zu einseitig und ohne engeren Kontakt mit anderen, auch für die Verkehrsentwicklung bedeutsamen Forschungsgebieten behandelt, so daß es schwerfällt, eine zutreffende Gesamtbeurteilung der langzeitlichen Dynamik in der Verkehrswirtschaft zu finden."

5) Industrie- und Handelskammer zu Düsseldorf,
(Geschäftsführer Fr. PHILIPP, Schreiben vom 27.6.1956)

"Ich habe bereits vor einiger Zeit die Arbeit von Herrn Dr. ROGMANN, veröffentlicht in Heft 10 der Buchreihe des Instituts für Verkehrswissenschaft an der Universität in Köln, durchgearbeitet und mir Gedanken über die einzelnen Darlegungen und über die Schlußfolgerungen gemacht und war hierbei zu der Überzeugung gekommen, daß Herr Dr. ROGMANN nicht die Form einer neuen Arbeitsinstitution im Auge hatte, sondern mehr Wert darauf legen wollte, der Sache zu dienen. Das Ziel einer besseren Zusammenfassung der Arbeiten auf dem verkehrswissenschaftlichen Gebiet einerseits und auf dem Gebiet der praktischen Strukturuntersuchungen andererseits ist nach meiner Meinung richtig aufgezeigt. Es gibt wohl kaum einen Teil der modernen Volkswirtschaft, der wie die Verkehrswirtschaft dazu berufen zu sein scheint, durch vielseitige und vielfältige Bearbeitung und Untersuchungen seine Konzeption ganz zu verlieren. Aus diesem Grunde aber scheint es mir zweckmäßig, einen Teil der bereits bestehenden Gremien entweder abzubauen, oder miteinander zu verbinden, so daß es gelingt, Interessentenvertretungen völlig auszuschalten, um gleichzeitig objektive Grundlagen und Maßstäbe zu gewinnen. Aus dieser Überlegung heraus bin ich der Meinung, daß der Vorschlag von Herrn Dr. ROGMANN, eine neue verkehrswissenschaftliche Spezialkonferenz zu schaffen, nicht gutgeheißen werden kann.

Im übrigen darf ich mich auf die Ausführungen des Deutschen Industrie- und Handelstages vom 20. Juni 1956 beziehen, dem ich im ganzen gesehen ebenfalls zustimme."

6) Handelskammer Hamburg (Dr. H. WEISING, Schreiben vom 2.6.1956)

"Es wäre sicherlich sehr wertvoll, im Ergebnis solcher Untersuchungen über Verkehrsphasen in der Vergangenheit, ihrer Ursachen, ihrer Reichweite und ihrer Rückwirkungen, bestimmte Gesetze im Gezeitenwechsel der Verkehrswirtschaft zu ermitteln. Derartige Werte könnten in gleicher Weise dem Unternehmertum in der Verkehrswirtschaft, den auf den Verkehrsablauf in Gesetzgebung und Verwaltung einwirkenden Instanzen wie schließlich auch der Gesamtwirtschaft als Auftraggeber und Nutznießer von Leistungen der Verkehrswirtschaft wertvolle Anregungen geben, sei es in der längerfristigen geschäftlichen Disposition wie in der wirtschaftlichen und politischen Vorsorge für Gesetzgebung, Investitionen oder zwischenstaatliche Absprachen.

Aber die grundsätzlichen Bedenken gegen ein solches Vorhaben stützen sich auf die Überlegung und wohl auch Erfahrung, daß es eine eigene, vom Gesamtgeschehen des wirtschaftlichen Ablaufs unabhängige Konjunktur oder Dynamik der Verkehrswirtschaft nicht gibt. Sie ist und bleibt ein integrierter wie integrierender Bestandteil der Volks- und Völkerwirtschaft, die im Produktionsablauf, im Austausch von Gütern und Leistungen in gleicher Weise als gebender wie als nehmender Teil Richtung und Kosten, Betriebsformen und technische Ausstattung der Verkehrswirtschaft bestimmt. Aus solchen Überlegungen erscheint mir der Gedanke, aus Wissenschaft und Verwaltung einen "Forschungsrat für Verkehrskonjunktur und langzeitliche Verkehrsdynamik" zu fordern, nicht überzeugend.

Unbeschadet der endgültigen Zusammensetzung eines solchen Gremiums würde die Aufgabe, die es sich zu stellen hätte, von den Arbeitsgebieten des Verkehrswissenschaftlichen Beirates beim Bundesverkehrsminister kaum zu trennen sein, zu einer isolierten Behandlung und entweder zu einer beklagenswerten Doppelarbeit oder zu einer ungenügenden Ausschöpfung des an anderen Stellen verfügbaren Quellenmaterials führen.

Eine Sorge, die m.E. bis auf weiteres auch kritisch die Arbeit des Verkehrswissenschaftlichen Beirates beim BVM zu begleiten hat und nach Lösungen ruft, um auch für seine Arbeit Persönlichkeiten und Material zueinander zu bringen, die heute - bedauerlicherweise - in der gleichen Isolierung über zahlreiche Instanzen des Wirtschaftslebens verstreut, sei es beim Bundeswirtschafts- oder Bundesfinanzministerium, bei politischen Organisationen oder internationalen Körperschaften ein eigenständiges Leben führen. Das Ergebnis ist immer das gleiche: multa, nun multum.

Aus solchen Gründen erscheint mir die 2. als Eventualvorschlag präsentierte Anregung, Vertreter der empirisch arbeitenden Verkehrswissenschaft in den Wissenschaftlichen Beirat beim BVM zu delegieren, die bessere. Sie genügt, um einen praktischen Anfang zu machen.

Einen solchen Anfang würde ich gegeben sehen, wenn der oder die Vertreter es als ihre Aufgabe betrachten, den Verkehrswissenschaftlichen Beirat insgesamt als Interessent und gegebenenfalls auch als Träger derartiger Untersuchungen zu gewinnen. Das bedeutet nicht, daß er sie ausschließlich in eigener Zuständigkeit betreibt. Aber er könnte für seine eigenen beratenden und mit dem Verkehrsminister auf weite Sicht anzustellenden Überlegungen über das, was etwa einer deutschen Verkehrswirtschaft bei einer zu erwartenden Entwicklung oder Veränderung in der kontinentalen oder überseeischen Wirtschaft frommt, bestimmte Aufgaben zur wissenschaftlichen Untersuchung stellen und mit ihrer Untersuchung deutsche wissenschaftliche Institute beauftragen. Hier gewännen wir dann auch die bei uns noch so sehr im argen liegende Zusammenarbeit und gegenseitige Befruchtung zwischen Trägern der Öffentlichkeitsarbeit, der allgemeinwissenschaftlichen Forschung und der fachwissenschaftlichen Spezialarbeit.

Ich bin sicher, daß diese in eine solche Aufgabe eingeschalteten deutschen Institute sich dieser Arbeit mit Freude unterziehen würden und jedes von ihnen in einem ansteckenden, gegenseitig sich befruchtenden Wetteifer um bestfundierte wissenschaftliche Leistungen wertvolle Hilfe für die Aufgaben des Wissenschaftlichen Beirates und auf diesem Wege auch für eine deutsche Verkehrspolitik leisten könnte. Ich denke an Persönlichkeiten und Institute, wie wir sie in Münster, Köln, Kiel oder München, vielleicht auch in Hamburg finden."

7) Industrie- und Handelskammer Kassel
(Dipl.Volkswirt H. FRÖBEL, Schreiben vom 9.7.1956)

"Ihre Grundgedanken, auch die Einwirkung der allgemeinen Wirtschaftskonjunktur auf die Verkehrswirtschaft und ihre gegenseitigen Beziehungen durch ein sachverständiges Gremium untersuchen zu lassen, muß man wohl vorbehaltlos unterstützen. Die Prüfung von Wirtschaftstatbeständen durch möglichst unabhängige Gremien erscheint mir absolut förderungswert. Man sollte dann allerdings auch vielleicht noch stärker als bisher dazu übergehen, diesen Äußerungen ebenfalls staatlicherseits das notwendige Gewicht beizumessen. Allerdings habe ich Bedenken gegen die Gründung eines Forschungsbeirats für Verkehrskonjunktur und langzeitliche Dynamik. Die notwendigen Arbeiten müssen, das dürfte wohl außer Frage stehen, von einem ständigen Gremium von Sachverständigen am besten wohl in Institutsform durchgeführt werden, denn nur eine nach einer gründlichen Vorbereitung durchgeführte Untersuchung der Einzeltatbestände vermag m.E. zu wirklich brauchbaren Ergebnissen zu führen. Gremien in dem hier vorgesehenen Umfang dürften schon durch die große Zahl des zu berücksichtigenden Personenkreises mehr oder weniger arbeitsfähig werden. Es dürfte auch Ihnen, sehr geehrter Herr Staatssekretär, nicht unbekannt sein, daß die Arbeitsfähigkeit von Ausschüssen von einer bestimmten Größenordnung an sehr eingeschränkt ist.

Ich möchte deshalb ebenfalls glauben, daß der Vorschlag des Deutschen Industrie- und Handelstages, der eine Koordinierung der bisher von den verschiedenen verkehrswissenschaftlichen und Konjunkturforschungsinstituten durchgeführten Arbeiten vorsieht, eine zweckmäßigere Lösung darstellt. Wenn es dann gelingt, bereits gewisse Vorschläge auf dieser Institutsebene vorzubereiten, könnte man vielleicht erwägen, in einer Konferenz in einem größeren Kreis die Ergebnisse zu diskutieren."

8) Industrie- und Handelskammer zu Köln
(Dr. Fr. DOLE, Schreiben vom 18.6.1956)

"Die wissenschaftliche Arbeit von Herrn Oberregierungsrat Dr. ROGMANN, die er selbst nur als Studie bezeichnet, begrüße ich sehr. Wenn Herr Dr. ROGMANN auch nicht selbst zu konkreten Antworten und Lösungen des Problems kommt, so sind allein seine vielfältigen Fragen und seine Vorschläge nicht nur aufschlußreich, sondern geradezu eine Grundlage für die der Verkehrswissenschaft harrenden Aufgaben. Ich bin der festen Überzeugung, daß die jetzt in Gang kommende Diskussion auf die Dauer zu Lösungen führt, wobei Herrn Dr. ROGMANN das Verdienst gebührt, durch seine wertvolle Arbeit den Grundstock hierzu gelegt zu haben.

Auf die Schlußfolgerungen und Vorschläge des Herrn Dr. ROGMANN näher eingehend, möchte ich betonen, daß ich den Punkten 1 - 4, 6 und 10 zustimme. Die Verkehrsforschung insgesamt verdient stärkere Beachtung als bisher, in Erkenntnis der historischen Entwicklungen namentlich auch die Fragen der Verkehrskonjunktur und der langzeitlichen Dynamik des Verkehrs. Es dürfte dabei geradezu selbstverständlich sein, daß es nicht Aufgabe der Ministerien und Behörden ist, die aufgezeigte Problematik durch eigene Institute zu erforschen. Die heutige Praxis geht ja auch dahin, daß dies durch allgemeine wissenschaftliche Institute durchgeführt wird, die von den interessierten Stellen finanziell unterstützt werden.

Ich bin ebenfalls der Auffassung des Herrn Dr. ROGMANN bezüglich Punkt 5 seiner Vorschläge, wobei unter laufender und regelmäßiger Übermittlung der Forschungsergebnisse natürlich ein entsprechender Zeitraum zu verstehen ist.

Dagegen kann ich Herrn Dr. ROGMANN in seinen Punkten 7 und 8 nicht beitreten. Sicherlich ist zur Erreichung des anzustrebenden Zieles eine Koordinierung der zahlreichen Einzelforschungen in den verschiedenen Instituten und Institutionen erforderlich; ich halte es aber nicht für notwendig, daß zu diesem Zweck ein besonderes neues Gremium, gleich welcher Art, geschaffen wird. Die diesen neuen Gremien von Herrn Dr. ROGMANN zugedachten Aufgaben können meines Erachtens von den jetzt mit Forschungsaufgaben, insbesondere auf dem Verkehrssektor, betrauten Instituten und Vereinigungen durch entsprechende Koordinierung gelöst werden. Voraussetzung ist naturgemäß, daß die mit Verkehrsforschungsfragen betrauten Institute von den am Verkehr interessierten Stellen entsprechend subventioniert werden. Die Industrie- und Handelskammer zu Köln leistet hierzu ihren Beitrag u.a. in Form der Mitgliedschaft zu dem Rheinisch-westfälischen Institut für Wirtschaftsforschung und der Mitgliedschaft zu der Deutschen Verkehrswissenschaftlichen Gesellschaft.

Mit dieser Stellungnahme erklärt es sich von selbst, daß Punkt 9 der Vorschläge des Herrn Dr. ROGMANN meine Billigung findet. Gerade auch die Deutsche Verkehrswissenschaftliche Gesellschaft scheint mir geeignet, das Gesamtthema auf einer Tagung zu erörtern und konkrete Vorschläge zu erarbeiten."

9) Industrie- und Handelskammer zu Krefeld
(Dr. E. BOHNEN, Schreiben vom 29.6.1956)

"Nach Durcharbeitung der von Herrn Oberregierungsrat Dr. ROGMANN verfaßten Studie, die eine sehr aufschlußreiche Darstellung der mit der Konjunkturforschung zusammenhängenden schwierigen und bestrittenen Probleme gibt, neige ich zu der Auffassung, daß eine aus dem Zusammenhang mit der Wirtschaftsentwicklung gelöste, selbständige Untersuchung über Verkehrskonjunktur und die langzeitliche Dynamik des Verkehrs kaum zu den erhofften Ergebnissen führen wird. Im Verkehrswesen ein autonomes Arbeitsfeld zu sehen, wie es bei Behandlung verkehrspolitischer Fragen heute nicht selten ist, scheint mir nicht richtig zu sein, und auch die Studie hat mich nicht davon überzeugen können, daß die Verkehrswirtschaft ein "Glied sui generis" ist. Der Verkehr ist der Diener der Wirtschaft, das Bindeglied zwischen Produktion, Verarbeitung und Verbrauch, und als solcher folgt er dem Auf und Ab des wirtschaftlichen Geschehens; das schließt nicht aus, daß sich zwischen beiden gewisse Phasenverschiebungen ergeben, diese können aber nicht wesentlich sein. Auch wenn anerkannt wird, daß die Verkehrswirtschaft eine gewisse Eigenwirtschaftlichkeit aufweist, und wenn weiter anerkannt wird, daß z. B. die Verkehrstechnik die Güterbewegung und damit wirtschaftliche Tatbestände beeinflussen kann, so sind dies nur Ausnahmen von der grundsätzlichen Abhängigkeit des Verkehrs vom Ablauf des Wirtschaftsgeschehens. Aus diesem Grunde scheint mir eine isolierte Betrachtung der Verkehrskonjunktur nicht zum Ziele zu führen. Die Untersuchung sollte daher von den Konjunkturforschungsinstituten im Rahmen ihrer Aufgaben geleistet werden.

Mit Recht weist die Studie allerdings daraufhin, daß die Untersuchungen über die Zusammenhänge im Verkehr bei den wissenschaftlichen Untersuchungen der Konjunkturforschungsinstitute zu kurz gekommen sind, und wenn die Studie von Herrn Oberregierungsrat Dr. ROGMANN zu dem Ergebnis führt, daß zwischen den verkehrswissenschaftlichen Instituten und den Konjunkturforschungsinstituten ein Gedankenaustausch stattfindet, in welcher Weise die Konjunkturforschung dem vorerwähnten Mangel abhelfen könne, dann hat sie ihren Zweck erfüllt. Da es sich dabei um ein Spezialforschungsgebiet handelt, das sehr eingehender wissenschaftlicher Untersuchungen bedarf, scheint es zweckmäßig zu sein, ein bestimmtes Verkehrsinstitut und ein bestimmtes Konjunkturforschungsinstitut mit dieser Forschungsaufgabe zu betreuen."

10) Industrie- und Handelskammer München
(Dr. P. HELFRICH, Schreiben vom 24.8.1956)

"Mit Schreiben vom 18. Mai haben Sie auch mich gebeten, zu der Frage der Beobachtung der Verkehrskonjunktur und zu den besonderen Anregungen Stellung zu nehmen, die unter den Ziffern 7 bis 9 Ihres Schreibens wiedergegeben sind. Da ein größerer Kreis von Geschäftsführern der Kammern angesprochen wurde, lag es nahe, über Ihre Fragen in dem hierfür zuständigen Arbeitsausschuß des Deutschen Industrie- und Handelstages zu sprechen. Das Ergebnis der Besprechung ist dem Schreiben zu entnehmen, das der Deutsche Industrie- und Handelstag unterm 20. Juni 1956 an Sie gerichtet hat. Ich darf mich hiermit auf dieses Schreiben beziehen und ergänzend nur soviel sagen, daß ich persönlich eine Beobachtung der Verkehrskonjunktur für wichtig und dringlich halte. Aus den Nachkriegserfahrungen wird man allerdings nur wenig wissenschaftlichen Honig saugen können. Außerdem hat eine Beobachtung der Verkehrskonjunktur, ähnlich wie diejenige der Veränderungen des Geldwesens, die Beobachtung der allgemeinen Konjunktur zur Voraussetzung. Ich stimme also dem Deutschen Industrie- und Handelstag besonders insoweit zu, als unbedingt eine Verzahnung mit der Arbeit der Konjunkturforschungsinstitute herbeigeführt werden sollte. Diesen Instituten obläge es, von Fall zu Fall die Praktiker und die Verkehrsexperten von den Organisationen der Wirtschaft zur Beratung und gutachtlichen Äußerung heranzuziehen."

11) Industrie- und Handelskammer zu Neuss
(Dr. Nic. BÖMMELS, Schreiben vom 16.11.1956)

"Es kann keinem Zweifel unterliegen, daß die gedankliche Durchdringung des Verkehrswesens als Objekt der ökonomischen Wissenschaften ein wichtiges Anliegen ist, von dem die Formung der Verkehrspolitik und die Gestaltung der Verkehrswege und -mittel ebenso wie die Höhe der volkswirtschaftlich zu planenden Investitionen wichtige Impulse und Ausrichtungen erhalten. Wir stehen aber noch in den Anfängen der Grundlagenforschung dieses Zweiges der Wissenschaft, und es ist noch nicht zu erkennen, inwieweit die Theorie der Verkehrswissenschaft sich von derjenigen der allgemeinen ökonomischen Wissenschaften unterscheidet, und ob somit auf diesem Gebiete besondere Gesetze, die anders oder zumindest nicht letztlich parallel zum gesamten Wirtschaftsgeschehen laufen, wirksam werden. Das gilt auch von Beobachtungen und Auswertungen von Zyklen und Wellen, die sich auf konjunktureller Basis aufbauen.

Die Studie von Dr. ROGMANN hat ihren besonderen Wert durch die Aufzeigung der Notwendigkeit, in dieses Neuland der ökonomischen und verkehrspolitischen Wissenschaft vorzustoßen. Sie hat sich aber nicht zum Ziel gesetzt, schon jetzt Theorien, Maximen, Arbeitshypothesen oder Richtlinien zu bieten, die bereits eine positive oder negative Antwort auf die von ROGMANN gestellte Frage ergeben. Unter diesem Aspekt sind die Vorschläge von Dr. ROGMANN zu betrachten. Nachdem er wissenschaftliche Fragen aufgezeigt hat, ist es Aufgabe der Wissenschaft,sie zu prüfen, auf die Richtigkeit der Fragestellung zu untersuchen und ihre Lösung vorzubereiten. Eine Konferenz oder eine Aussprache in größerem Kreise könnte in diesem Stadium wissenschaftsorganisatorisch nur den Sinn haben, die Richtigkeit der Fragestellung zu diskutieren und Wege zu weisen, wie die Frage etwa ausgeweitet oder modifiziert werden müßte.

Beim augenblicklichen Stand der von ROGMANN aufgeworfenen wissenschaftlichen Fragen erscheint es zweifelhaft, über die oben skizzierten vorbereitenden Diskussionen hinaus von einer Tagung schon eine Antwort auf die Frage erhalten zu können. Ebenso wird es nicht möglich sein, jetzt schon zu organisieren, wie etwa später anfallende Ergebnisse der Forschungsarbeit für die Arbeit des Bundesverkehrsministeriums, der Landesverkehrsminister oder der Parlamente nutzbar gemacht werden können oder wie diese und andere politische und wissenschaftliche Stellen laufend- und doch wohl für die Tagesarbeit der Verkehrspolitik und der Verkehrspraxis- unterrichtet werden können. Es schein nach alledem noch zu früh, all' diese Dinge zu organisieren. Daß aber die von Dr. ROGMANN aufgeworfenen Fragen durchaus ihre wissenschaftliche Bedeutung haben und vielleicht in Zukunft die Ergebnisse der auf dieser Frage aufzubauenden Forschungen eine laufende Unterrichtung der Politiker und Praktiker wünschenswert machen könnten, läßt sich auch aus den Antworten der befragten Wirtschaftsforschungsinstitute entnehmen. Diese sprechen sich übereinstimmend dafür aus, Studien in dem vom ROGMANN angedeuteten Sinne anzusetzen, um überhaupt einmal zu sehen, welche Erkenntnisgebiete sich eröffnen.

Daher halte ich die Anregung zu Punkt 9) durchaus für richtig, die wissenschaftliche Themenstellung von Dr. ROGMANN auf der diesjährigen oder nächstjährigen Tagung der Deutsch-verkehrswissenschaftlichen Gesellschaft zu erörtern, damit in der Diskussion herausgearbeitet werden kann, in welcher Richtung die weitere Bearbeitung vorangetrieben werden soll."

12) Bergische Industrie- und Handelskammer zu Remscheid
(Geschäftsführer, Schreiben vom 27.6.1956)

"Zu den Vorschlägen und Anregungen von Herrn Oberregierungsrat Dr. ROGMANN hat der Deutsche Industrie- und Handelstag mit Schreiben vom 20.6.56 eingehend Stellung genommen. Bei aller Würdigung der Wichtigkeit einer Intensivierung der Forschungsarbeit auf dem Gebiete der Verkehrskonjunktur und der langzeitlichen Dynamik in der Verkehrswirtschaft sind auch wir der Meinung, daß die Schaffung neuer Institutionen für die Behandlung der Verkehrskonjunkturforschung nicht unbedingt notwendig erscheint. Vielmehr sollte es ausreichen, wenn die vorhandenen verkehrswissenschaftlichen und Konjunkturforschungsinstitute sich auf Grund einer einheitlichen Aufgabenstellung der zu lösenden Probleme annehmen. Hierbei könnte es sachdienlich sein, einem Forschungsinstitut, das sich mit dem zu behandelnden Thema bereits eingehend befaßt hat, die Federführung zu übertragen und im übrigen eine Aufteilung der Arbeit zwischen den an der Forschungsarbeit im einzelnen zu beteiligenden Instituten herbeizuführen. Darüber hinaus können wir uns vorstellen, daß die Einschaltung des Wissenschaftlichen Beirats beim Bundesverkehrsministerium in die Erteilung derartiger Forschungsaufträge sachdienlich sein könnte."

13) Industrie- und Handelskammer Ulm
(Der Geschäftsführer: i.V. Dr. HAGEL, Schreiben vom 5.7.1956)

"Grundsätzlich halten wir eine Intensivierung der Forschungsarbeit auf dem Gebiet der Verkehrskonjunktur und der langzeitlichen Dynamik in der Verkehrswirtschaft insbesondere im Hinblick auf die künftige Neuordnung unseres Verkehrswesens für dringend geboten.

Die von Herrn Dr. ROGMANN vorschlagenen Wege zur Intensivierung der Forschungsarbeit, nämlich die Bildung einer verkehrswissenschaftlichen Spezialkonferenz, die Gründung eines Forschungsrates für Verkehrskonjunktur und Verkehrsdynamik oder die Erweiterung des Wissenschaftlichen Beirates beim Bundesverkehrsministerium, begegnen unsererseits gewissen Bedenken. Es ist u.E. fraglich, ob die vorgenannten Institutionen in organisatorischer Hinsicht in der Lage sind, die erforderliche Forschungsarbeit, die eine kontinuierliche Beobachtung und Auswertung der Entwicklungstendenzen in der Verkehrswirtschaft notwendig macht, zu leisten. Man sollte daher zunächst die Möglichkeit prüfen, die bestehenden verkehrswissenschaftlichen Institute mit der Erforschung der Verkehrskonjunktur und Verkehrsdynamik zu betrauen. Um eine gesamtwirtschaftliche Behandlung der Konjunkturprobleme der Verkehrswirtschaft zu gewährleisten, könnten ferner auch einige Wirtschafts- und Konjunkturforschungsinstitute in die Arbeit mit eingeschaltet werden. Mit dieser organisatorischen Lösung, die einerseits eine weitgehende Koordinierung der Arbeiten der verschiedenen Institute herbeiführt und andererseits auch eine dem Forschungsauftrag entsprechend zweckmäßige Arbeitsteilung zuläßt, dürfte u.E. am ehesten eine Intensivierung der Forschungsarbeiten auf dem Gebiet der Verkehrskonjunktur und Verkehrsdynamik zu erreichen sein."

14) Industrie- und Handelskammer Würzburg
(Hauptgeschäftsführer: RA BRANDENSTEIN, Schreiben vom 2.7.1956)

"Die Kammer hält es grundsätzlich für erwünscht, wenn auf dem, von Herrn Oberregierungsrat Dr. ROGMANN in seiner Studie "Verkehrskonjunktur und langzeitliche Dynamik in der Verkehrswirtschaft" skizzierten Gebiet die Forschungsarbeit intensiviert würde. Ob allerdings der Weg hierzu, nur Gremien zu bilden, der richtige ist, möchte die Kammer stark bezweifeln. Die Bildung einer "Verkehrswissenschaftlichen Spezialkonferenz" als bleibende Institution könnte die Kammer nicht befürworten, da die Erforschung der Verkehrskonjunktur eine laufende Beobachtung und Auswertung sehr zahlreicher Einzeltatbestände erfordert. Sie sollte Aufgabe von Universitäten oder anderen Spezialforschungsinstituten sein. Auch die Gründung eines "Forschungsbeirates für Verkehrskonjunktur und langzeitliche Verkehrsdynamik" dürfte nicht unbedingt erforderlich sein, da es ja die Aufgabe eines derartigen Beirates sein müßte, die Arbeit der verschiedenen Institute zu koordinieren. Dies sollte auch ohne ein derartiges Gremium erreichbar sein. Die Frage einer Verkehrskonjunktur ist so eng mit den Fragen der allgemeinen Wirtschaftskonjunktur verkoppelt, daß man auch, gesamtwirtschaftlich gesehen, die verkehrswissenschaftlichen Zusammenhänge mit den allgemein wirtschaftlichen Fragen zusammen behandeln sollte. Es wäre u.E. zu befürchten, daß durch einen besonderen Forschungsbeirat eine zu einseitige Betrachtungsweise die Folge wäre. Den wissenschaftlichen Beirat beim Bundesverkehrsministerium zu erweitern und dieses Gremium in die Verkehrskonjunkturforschung einzuschalten, würden wir ebenfalls nicht für den richtigen Weg erachten. Der wissenschaftliche Beirat beim Bundesverkehrsministerium sollte mit den umfangreichen laufenden Ermittlungs- und Auswertungsarbeiten, die auf diesem Gebiete notwendig sind, nicht belastet werden. Wir halten eine Koordinierung zwischen den Arbeiten der vorhandenen verkehrswissenschaftlichen und Konjunkturforschungsinstitute für die beste Lösung. Hierbei wäre es wahrscheinlich das Zweckmäßigste, wenn ein oder zwei verkehrswissenschaftliche und ein Konjunkturforschungsinstitut mit diesen Forschungen beauftragt würden."

15) Industrie- und Handelskammer Wuppertal
(Dr. PELTZER, Schreiben vom 23.6.1956)

"In Beantwortung Ihres Schreibens vom 18. Mai 1956 darf ich mir versagen, im einzelnen auf die Studie von Herrn Oberregierungsrat Dr. ROGMANN "Verkehrskonjunktur und langzeitliche Dynamik in der Verkehrswirtschaft" einzugehen. Diese Schrift ist, wie alles, was aus der Feder des Verfassers stammt, vorzüglich.

Ich bin auch in Übereinstimmung mit ihm der Meinung, daß für die Verkehrsforschung noch viel zu wenig geschieht, insbesondere die Fragen der Konjunktur und der langzeitlichen Dynamik des Verkehrs viel stärkere Beachtung verdienen. Aber auf anderen Forschungsgebieten liegen die Dinge ja nicht viel anders. Man wird deshalb auch von Seiten der Wirtschaft die wissenschaftlichen Institute, die sich mit diesen Fragen befassen, wesentlich stärker unterstützen müssen, als dies bisher geschehen ist. Vor allem sollte man aber für eine bessere Koordinierung ihrer Arbeit Sorge tragen.

Einer besonderen "Verkehrswissenschaftlichen Spezialkonferenz" bedarf es m.E. hierzu nicht, insbesondere nicht als ständige Einrichtung, sondern es wäre lediglich notwendig, daß sich die wenigen verkehrswissenschaftlichen Institute, die wir in der Bundesrepublik haben, einmal unter sich darüber klar werden würden, wer in Zusammenarbeit mit den vorhandenen Konjunkturforschungsinstituten diese Sonderaufgabe bevorzugt übernehmen soll. Einer der Institutsleiter müßte allerdings die Initiative hierzu ergreifen.

Wenn die Institute unter sich nicht klar kommen, käme man vielleicht am schnellsten zum Ziel, wenn der Bundesverkehrsminister die Initiative übernimmt und einen ganz kleinen Kreis wirklich Interessierter - keine "Verkehrswissenschaftliche Spezialkonferenz", der Name wäre zu hochtrabend - zusammenruft, um die Stimmung zu erkunden und die Institute unter einen Hut zu bringen. Man sollte aber m.E. keine neuen Einrichtungen schaffen.

Bei diesen Fragen würde es sich sicher auch um ein dankbares Thema für die Deutsche Verkehrswissenschaftliche Gesellschaft handeln. Aber mehr als eine Entschließung kann man wohl von ihr nicht erwarten.

Ich könnte mir aber denken, daß der Verkehrswissenschaftliche Beirat beim BVM in der Lage wäre, ebenso wie die an diesen Fragen interessierten Organisationen der Wirtschaft, die Arbeit der verkehrswissenschaftlichen Institute auf diesem Gebiet durch Hinweise und Themenstellung wesentlich zu fördern.

Abschließend darf ich noch darauf hinweisen, daß der Arbeitsausschuß Verkehr des DIHT, dem ich als Mitglied angehöre, sich in seiner letzten Sitzung in der vorigen Woche in Berlin mit dem gleichen Thema befaßt hat. Es wurde beschlossen, Ihnen das Ergebnis dieser Aussprache ebenfalls zuzuleiten."

e) Bundesverband der Deutschen Industrie e. V.

Bundesverband der Deutschen Industrie e.V.
(Verkehrsabteilung: Dr. HAY, Schreiben vom 27.6.1956)

"Eine Intensivierung der Arbeiten auf dem Gebiet der Verkehrskonjunktur und der langzeitlichen Dynamik wird grundsätzlich von uns begrüßt. Zu diesem Zweck dürfte aber die Bildung der von Dr. ROGMANN vorgeschlagenen Gremien nicht unbedingt notwendig sein. Die Entwicklung der Verkehrskonjunktur wurde bisher hauptsächlich von Hochschulen bzw. ähnlichen Instituten beobachtet. Nach unserer Meinung dürften auch künftig nur sie in der Lage sein, die mit konjunkturellen Forschungen verbundenen zahlreichen Einzelarbeiten und umfangreichen wissenschaftlichen Untersuchungen zu leisten.

Die vorgeschlagene "verkehrswissenschaftliche Spezialkonferenz" könnte wohl nur das Programm für eine solche verkehrskonjunkturelle Forschung erarbeiten. Dies dürfte aber durch eine Aussprache der an diesem Problem beteiligten Behörden und Organisationen ebenso erreichbar sein. Der Bildung eines besonderen Gremiums bedarf es u.E. hierzu nicht.

Das gleiche gilt auch für die Gründung eines "Forschungsbeirates für Verkehrskonjunktur und langzeitliche Verkehrsdynamik". Die eigentliche Arbeit könnte von ihm kaum geleistet werden. Seine Tätigkeit würde sich vielmehr auf eine Koordinierung der Institutsarbeiten beschränken müssen. Nach unserer Meinung sollte es genügen, wenn eine verkehrswissenschaftliche Konjunkturbeobachtung durch 1 oder 2 der bereits bestehenden verkehrswissenschaftlichen Institute durchgeführt würde.

Auch von einer Erweiterung des verkehrswissenschaftlichen Beirats beim BVM zu diesem Zweck können wir uns keine Vorteile versprechen. Einerseits sind einige der heutigen Mitglieder des Beirats zugleich Leiter von wirtschafts- bzw. verkehrswissenschaftlichen Instituten der Universitäten, andererseits könnten die jetzt nicht vertretenen Institutsleiter wohl nicht alle ohne zahlenmäßige Gefährdung seiner Arbeitsfähigkeit in den Beirat aufgenommen werden. Die damit bezweckte Koordinierung der Arbeiten der verschiedenen Institute könnte sich hierdurch also kaum erzielen lassen.

Alles in allem möchten wir daher davon abraten, den schon sehr zahlreichen Organisationen auf verkehrspolitischem Gebiet ohne zwingende Notwendigkeit eine weitere hinzuzufügen."

f) Sonstige Organisationen

Siedlungsverband Ruhrkohlenbezirk
(Verbandsdirektor KEGEL, Schreiben vom 26.6.1956)

"Mit großem Interesse habe ich die Studie von Herrn Oberregierungsrat Dr. ROGMANN gelesen. Auch ich bin der Meinung, daß der Verkehrskonjunktur und der Verkehrsentwicklung viel besser Beachtung geschenkt werden muß, als es bisher geschehen ist. Daher gebührt dem Verfasser der Studie Dank, daß er dieses Problem einmal aufgegriffen hat.

Zur Behandlung der von Dr. ROGMANN angeschnittenen Probleme könnte ein Gremium mit folgender Bezeichnung gebildet werden: "Koordinierungsausschuß beim Bundesverkehrsministerium".

Dieser würde umfassen eine

a) Wissenschaftliche Gruppe.
   Hierin Vertreter sowohl der großen verkehrswissenschaftlichen Hochschul- als auch der Konjunkturforschungsinstitute und der verwaltungseigenen Verkehrsbeobachtung (Bund, Länder und Gemeinden) und der Gewerkschaften.

b) Gruppe der Verkehrsträger.
   Hierin Vertreter der Bundesbahn, der Bundespost, des Straßenverkehrs, des Luftverkehrs, der Schiffahrt, außerdem Vertreter der entsprechenden Industriegruppen.

Der Wissenschaftliche Beirat beim Bundesverkehrsministerium könnte unter Verringerung der Zahl seiner Mitglieder in der Wissenschaftlichen Gruppe aufgehen. Somit würde nur ein beratendes Gremium beim Bundesverkehrsministerium vorhanden sein.

Dieser Koordinierungsausschuß dürfte nicht aufgelöst werden können, sondern müßte in größeren Zeitabständen regelmäßig zusammentreten. Für die Gruppen a) und b) werden getrennte Tagungen in geringeren Zeitabständen notwendig sein.

Ich möchte abschließend nochmals betonen, daß es auch mir unbedingt notwendig erscheint, die Probleme, vor die uns der Verkehr heute stellt, eingehender zu behandeln. Daß ein Gremium geschaffen werden muß, das die Arbeiten auf diesem Gebiet zusammenfaßt, ist notwendig. Nicht zuletzt, um die Hochflut der Veröffentlichungen etwas einzudämmen, die heute von den verschiedensten Seiten, sich oft überschneidend, aber nicht in allen Fällen sich ergänzend, herausgegeben werden."

g) Verkehrsverwaltungen

1) Deutsche Bundesbahn, Hauptverwaltung (Schreiben vom 7.7.1956)

"Wir begrüßen grundsätzlich die Anregung, die langzeitlichen Konjunktur- und Wirtschaftsabläufe wissenschaftlich zu erforschen. Es scheint, daß sich die Verkehrswissenschaft in Deutschland dieser Fragen bisher nicht mit der gleichen Intensität angenommen hat, wie dies in anderen Ländern geschieht.

Zu den einzelnen Vorschlägen in der Studie von Oberregierungsrat Dr. ROGMANN "Verkehrskonjunktur und langzeitliche Dynamik in der Verkehrswirtschaft" bemerken wir:
Das Problem liegt hauptsächlich auf wissenschaftlicher Ebene. Es wird vor allem darauf ankommen, in wissenschaftlicher Kleinarbeit bestimmte Gesetzmäßigkeiten zwischen Wirtschafts- und Verkehrsentwicklung herauszuarbeiten. Die Einrichtung einer großen "Verkehrswissenschaftlichen Spezialkonferenz" in ihrer heterogenen Zusammensetzung und "mit der Zielsetzung, etwa jährlich eine Tagung abzuhalten", dürfte kaum dazu führen, in absehbarer Zeit zu brauchbaren Ergebnissen zu kommen.

Wenn der "Forschungsrat für Verkehrskonjunktur und langzeitliche Verkehrsdynamik" auch wesentlich kleiner und in sich geschlossener geplant ist, da er nur aus Verkehrswissenschaftlern der Hochschulen, der Institute für Wirtschaftsforschung und der verwaltungseigenen Verkehrsbeobachtungsstellen zusammengesetzt sein soll, so erscheint uns doch die alternativ vorgeschlagene Lösung zweckmäßiger, die vorgesehenen Forschungsaufträge dem Verkehrswissenschaftlichen Beirat beim Bundesminister für Verkehr nach Ergänzung durch wenigstens einen Vertreter der empirisch arbeitenden Institute zu übertragen. Dabei könnte man auch daran denken, die bereits bestehenden Institute für Wirtschaftsforschung in die Arbeiten mit einzuschalten."

2) Bundesbahndirektion Köln
(Präsident KESSLER, Schreiben vom 14.7.1956)

"Die Beobachtung der Verkehrskonjunktur und der langzeitlichen Dynamik in der Verkehrswirtschaft ist für die Verkehrsträger, vor allem aber für ein so großes Unternehmen wie die Deutsche Bundesbahn, von außerordentlicher Bedeutung. In meinem Aufsatz "Die Bundesbahndirektion Köln", in dem ich die Verkehrsverhältnisse in meinem Bezirk gelegentlich der Herausgabe einer Sondernummer der Zeitschrift "Die Bundesbahn" behandelt habe, bin ich ohne Kenntnis der ROGMANNschen Schrift zu dem Ergebnis gekommen, daß die Beobachtung der Verkehrsentwicklung zu ernsten Überlegungen führt, die zu einer eingehenden Konjunkturbeobachtung und intensiven Strukturforschung für die Eisenbahn anregt. Unter dieser Strukturforschung möchte ich die Beobachtung der langzeitlichen Dynamik in der Verkehrswirtschaft verstehen. Nur bei klarer Vorstellung der künftigen Verkehrsentwicklung kann ein Unternehmen, wie die Deutsche Bundesbahn, so gesteuert werden, daß es nicht nur in der Gegenwart,sondern auch in der Zukunft seine Aufgaben erfüllen kann.

Ich würde es deshalb begrüßen, wenn das gesamte Problem - trotz der großen Schwierigkeit - wissenschaftlich angepackt wird.

Ich bin allerdings der Auffassung, daß von Seiten der Bundesbahn diese Konjunkturforschung in erster Linie von der Hauptverwaltung betrieben werden muß.

Es ist mir nicht bekannt, ob Sie auch den Vorstand oder die Hauptverwaltung der Deutschen Bundesbahn angeschrieben und um Stellungnahme gebeten haben.

Ich selbst bin gerne bereit, soweit es meinen Bezirk betrifft und soweit meine Möglichkeiten reichen, an der Prüfung des Problems mitzuarbeiten."

3) Bundesbahndirektion Münster
(Präsident Dr. SCHRÖTER, Schreiben vom 16.7.1956)

"An den Fragen, die sich mit der Verkehrskonjunkturforschung und der langzeitlichen Dynamik in der Verkehrswirtschaft befassen, bin ich sehr interessiert. Ich bin daher gerne bereit, selbst oder durch Abordnung sachkundiger Herren meiner Direktion an der Prüfung und Erörterung von Vorschlägen über die Behandlung der fraglichen Probleme mitzuarbeiten.

Ich halte es allerdings für fraglich, ob es zweckmäßig ist, schon jetzt neben den bereits vorhandenen Institutionen eine besondere verkehrswirtschaftliche Spezialkonferenz einzuberufen oder einen Forschungsrat für Verkehrskonjunktur zu schaffen. Es dürfte wohl richtiger sein, das gesamte Thema auf einer der kommenden Tagungen der Verkehrswissenschaftlichen Gesellschaft zu erörtern und zu versuchen, dort zu konkreten Vorschlägen zu kommen."

4) Bundesbahndirektion Wuppertal
(Präsident WINTGEN, Schreiben vom 17.7.1956)

"Die Erforschung der Verkehrskonjunktur und besonders derjenigen Faktoren, die für eine Permanenz in der Verkehrsdynamik entscheidend und wichtig sind, halte ich für durchaus begrüßenswert. Ich möchte es jedoch dahingestellt bleiben lassen, ob die Konstituierung eines Spezialgremiums der zweckmäßigste Weg ist, die Absicht zu verwirklichen.

Ich bin der Meinung, daß weder eine Konferenz (Vorschlag 7) noch ein Forschungsrat (erster Vorschlag 8) vollkommen isoliert von den bereits bestehenden Einrichtungen arbeiten könnten; sie müßten vielmehr trotz oder gerade wegen der speziellen Zielsetzung engstens mit den bestehenden Einrichtungen, denen ja Experten der Wissenschaft, der Verkehrsträger und der Verkehrsverwaltungen angehören, zusammenarbeiten, deren Arbeitsergebnisse verwerten und deren Erfahrungen sich zu Nutze machen. Ich möchte daher dem Alternativvorschlag zu 8 <u>und</u> dem Vorschlag zu 9 den Vorzug geben. Sollte es gleichwohl zur Bildung eines besonderen Gremiums kommen, so sei mir der Hinweis gestattet, daß die Bundesbahndirektionen als Mittelbehörden der Bundesbahnverwaltung in Fragen der großen Verkehrspolitik und auch der Verkehrsforschung lediglich regionale Bedeutung und dementsprechend auch nur beschränkte Entscheidungsgewalt, Einblicke, Befugnisse und damit Mitarbeitsmöglichkeiten haben. Für die Mitarbeit käme daher in erster Linie die Hauptverwaltung der Deutschen Bundesbahn in Betracht, die ihrerseits - falls eine einzelne Direktion oder sonstige nachgeordnete Stelle tätig werden sollte - diese mit entsprechender Vollmacht ausstatten und entsprechendes Material zur Verfügung stellen müßte.

Soweit es sich bei der Arbeit und der Aufgabenstellung des etwaigen Sondergremiums um regionale Spezialermittlungen - etwa für den Bereich des Landes Nordrhein-Westfalen - handeln und insofern eine Delegation der Mitgliedspflichten und -befugnisse durch die Hauptverwaltung der Deutschen Bundesbahn auf eine nachgeordnete Bundesbahnbehörde zwangsläufig in Frage kommen sollte, müßte eine Koordinierung der Auffassungen und Ermittlungen aller Bundesbahnbehörden in diesem regionalen Bereich dadurch gesichert werden, daß <u>eine</u> Stelle die Federführung übernähme. Das wäre wie in allen sonstigen Fragen von allgemeiner Bedeutung im Beispiele des Landes Nordrhein-Westfalen die Bundesbahndirektion Wuppertal für den eigenen Bereich und die Bereiche der Bundesbahndirektionen Köln, Essen und Münster.

Nur in der hier geschilderten Weise halte ich eine nutzbringende Beteiligung der Deutschen Bundesbahn für möglich."

2. Verkehrsministerien und andere Ministerien

a) Verkehrsministerien der Länder der Bundesrepublik Deutschland

1) Bayerisches Staatsministerium für Wirtschaft und Verkehr (Schreiben vom 5.7.1956)

"Das Bayerische Staatsministerium für Wirtschaft und Verkehr tritt der Auffassung bei, daß die Verkehrskonjunktur und die langzeitlichen Prozesse der Verkehrswirtschaft einer vertieften systematischen Erforschung bedürfen. Es wird gemäß Punkt 9 der Studie von Oberregierungsrat Dr. ROGMANN vorgeschlagen, das Problem auf der dies- oder nächstjährigen Tagung der "Deutschen verkehrswissenschaftlichen Gesellschaft" zur Erörterung zu stellen und einen für diesen Zweck zu bildenden Ausschuß der Gesellschaft mit der Ausarbeitung konkreter Vorschläge zu beauftragen."

2) Der Senator für Verkehr und Betriebe Berlin (Schreiben vom 16.6.1956)

"Ich bin durchaus dafür, daß Verwaltung und Wissenschaft auf dem Gebiete des Verkehrswesens eng zusammenarbeiten. Ob diese Zusammenarbeit jedoch die Gründung eines neuen Ausschusses voraussetzt, bezweifle ich. Ich halte es für ratsamer, von der Gründung einer "Verkehrswissenschaftlichen Spezialkonferenz" abzusehen und schlage anstelle dessen vor, die bestehenden Gremien sinnvoll zu ergänzen. Der "Verkehrswissenschaftliche Beirat beim Bundesminister für Verkehr" scheint mir das geeignetste Instrument zu sein, um die Erkenntnisse der Verkehrswissenschaft für die Verwaltung und umgekehrt die praktischen Erfahrungen der Verwaltung für die Wissenschaft nutzbar zu machen."

3) Der Senator für Häfen, Schiffahrt und Verkehr, Bremen (Schreiben vom 2.6.1956)

"Der wissenschaftlichen Erforschung von Verkehrskonjunktur und langzeitlicher Dynamik in der Verkehrswirtschaft kommt m.E. derartige Bedeutung zu, daß die Anregung, ein Gremium berufener Wissenschaftler mit dieser Aufgabe zu betrauen, nur begrüßt werden kann. Zur Ausführung dieses Planes bemerke ich - ohne damit eine abschließende Stellungnahme zu den Vorschlägen Nr. 7 und 8 Ihres Schreibens geben zu wollen -, daß ich eine entsprechende Erweiterung des "Verkehrswissenschaftlichen Beirats beim

Bundesminister für Verkehr" für den besten Weg halte. Auf diese Weise würde die reiche Erfahrung dieses Gremiums, welches bereits auf den verschiedensten Gebieten des Verkehrs fruchtbare Arbeit geleistet hat, der neuen Forschungsaufgabe zugute kommen. Dabei wird allerdings vorausgesetzt, daß der Herr Bundesminister für Verkehr seine Zustimmung gibt."

4) Freie und Hansestadt Hamburg: Der Senator der Behörde für Wirtschaft und Verkehr (Schreiben vom 17.8.1956)

"So sehr die Initiative des Herrn Dr. ROGMANN sowie sein Vorschlag, eine umfassende Bestandsaufnahme der verkehrswirtschaftlichen Materie durchzuführen, begrüßt wird, bin ich doch der Auffassung, daß es im Hinblick auf die bereits bestehenden zahlreichen Einrichtungen und Zusammenschlüsse, die sich mit Fragen der Verkehrswirtschaft befassen, im gegenwärtigen Zeitpunkt nicht angebracht ist, eine weitere "Verkehrswissenschaftliche Spezialkonferenz" oder einen "Forschungsrat für Verkehrskonjunktur und langzeitliche Verkehrsdynamik" zu bilden."

5) Der Hessische Minister für Arbeit, Wirtschaft und Verkehr (Schreiben vom 14.6.1956)

"Die Fragen der Verkehrskonjunktur und der langzeitlichen Dynamik in der Verkehrswirtschaft hängen mit der allgemeinen Konjunkturlage der Wirtschaft als solcher eng zusammen und können größtenteils als deren Bestandteil behandelt werden. Diese Feststellung schließt jedoch nicht aus, daß aus den Ergebnissen der wissenschaftlichen Forschung auf dem Gebiet der Wirtschaftskonjunktur für das Verkehrswesen Schlüsse gezogen werden, die nur für dieses Gebiet spezifisch sind. Für die Praxis können solche Schlüsse von großem Nutzen sein, weil sie eine wichtige Voraussetzung für die Planung auf weite Sicht sind. Die Vorschläge des Herrn Oberregierungsrat Dr. ROGMANN müssen daher nach meiner Auffassung gutgeheißen werden, wobei allerdings zu bemerken ist, daß in Bezug auf die praktische Realisierbarkeit der Vorschläge im Augenblick ein klares Urteil noch nicht möglich ist."

6) Der Niedersächsische Minister für Wirtschaft und Verkehr (Schreiben vom 25.7.1956)

"Die von Ihnen übermittelten Vorschläge sind in der 87. Sitzung des Bundesratsausschusses für Verkehr und Post am 13.7.1956 erörtert worden. In

Übereinstimmung mit den obersten Verkehrsbehörden der Länder Baden-Württemberg, Hamburg, Berlin und Schleswig-Holstein bin ich der Ansicht, daß es nicht tunlich ist, über die bereits bestehenden zahlreichen Einrichtungen und Zusammenschlüsse hinaus eine "Verkehrswissenschaftliche Spezialkonferenz" oder einen "Forschungsrat für Verkehrskonjunktur und langzeitliche Verkehrsdynamik" ins Leben zu rufen."

7) Ministerium für Wirtschaft und Verkehr Rheinland-Pfalz (Schreiben vom 7.8.1956)

"Wie Ihnen von Herrn Niedersächsischen Minister für Wirtschaft und Verkehr mit Schreiben vom 25. Juli 1956 mitgeteilt worden ist, sind etliche oberste Verkehrsbehörden der Länder der Ansicht, daß es nicht tunlich sei, weitere Einrichtungen und Zusammenschlüsse zu dem verfolgten Zweck ins Leben zu rufen.

Ich bin nach Einsichtnahme in die Studie von Herrn Dr. ROGMANN zwar der Meinung, daß die verkehrswissenschaftliche Forschung durch die vorgeschlagenen Methoden eine dankenswerte Bereicherung erfahren kann. Eine Teilnahme meines Hauses an organisatorischen Zusammenschlüssen zu dem genannten Zweck kann jedoch wegen der damit verbundenen Arbeitsbelastung leider nicht in Betracht kommen."

8) Der Minister für Wirtschaft und Verkehr des Landes Schleswig-Holstein (Schreiben vom 16.7.1956)

"Die Intensivierung der Forschungsarbeit auf dem Gebiet des Verkehrswesens halte ich ebenso wie Sie für durchaus notwendig und erwünscht. Nach meiner Auffassung dürfte aber diesem Ziel am besten dadurch gedient werden, daß sich die an verschiedenen Hochschulen bestehenden Verkehrswissenschaftlichen Institute, ggfl. in Zusammenarbeit mit dem Wissenschaftlichen Beirat beim Bundesminister für Verkehr, dieser Aufgabe annehmen. Es könnte auch daran gedacht werden, daß einem der Verkehrswissenschaftlichen Institute gemeinsam mit einem Konjunkturforschungsinstitut ein Sonderauftrag zur Erforschung des in Ihrem Schreiben vom 16.5.1956 herausgestellten Spezialproblems erteilt wird.

Die Bildung einer verkehrswissenschaftlichen Spezialkonferenz und die Schaffung eines besonderen Forschungsrats für diese Aufgabe vermag ich daher nicht zu empfehlen."

b) Bundesministerium für Verkehr

1) Bundesminister für Verkehr, Dr.-Ing. SEEBOHM (Schreiben vom 27.6.1956 und 2.8.1956)

"Von Ihren Ausführungen, für die ich Ihnen verbindlich danke, habe ich mit großem Interesse Kenntnis genommen. Auch die Studie von Herrn Oberregierungsrat Dr. ROGMANN ist in meinem Hause beachtet worden. Probleme der Verkehrskonjunktur und der langzeitlichen Dynamik in der Verkehrswirtschaft habe ich kürzlich in meinem Vortrag auf einer Veranstaltung des Instituts für Verkehrswissenschaft an der Universität Münster *) behandelt, an der, soweit ich unterrichtet bin, auch ein Vertreter Ihres Hauses teilgenommen hat. Dabei habe ich eine weitere Intensivierung der verkehrswissenschaftlichen Forschung nachdrücklich befürwortet.

Allerdings möchte ich bezweifeln, ob die Gründung neuer Organisationen zu diesem Zweck zur Zeit notwendig ist. Vielleicht empfiehlt es sich, zunächst die bereits vorhandenen Verkehrswissenschaftlichen Institute auszubauen, finanziell ausreichend zu dotieren und zu einer engeren Zusammenarbeit zu veranlassen. Da die langzeitliche Verkehrsentwicklung unlöslich mit der Entfaltung von Produktion, Handel und Verbrauch verknüpft ist und nur in diesem Zusammenhang beurteilt werden kann, wird auch ein enger Kontakt der verkehrswissenschaftlichen Forschungsstellen mit den allgemeinen Wirtschaftsforschungsinstituten unerläßlich sein. Eine Zusammenkunft von Vertretern aller dieser Institute zur Erörterung der Grundprobleme und der Voraussetzungen für eine künftige Zusammenarbeit halte ich daher für wünschenswert.

Zu der von Herrn Dr. ROGMANN alternativ angeregten Heranziehung wenigstens eines Vertreters der empirisch arbeitenden Institute zu dem Wissenschaftlichen Beirat beim Bundesminister für Verkehr möchte ich mich erst abschließend äußern, wenn ich zuvor die Mitglieder der Gruppe A dieses Beirats gehört habe. Gegen die von Herrn Dr. ROGMANN vorgeschlagene Behandlung des Themas auf der nächsten Tagung der "Deutschen Verkehrswissenschaftlichen Gesellschaft" habe ich keine Bedenken. Ich möchte jedoch anregen, den gesamten Fragenkomplex auf die Tagesordnung der nächsten Konferenz der Verkehrsminister und -senatoren der Länder und Hansestädte zu setzen."

* s.S. 60 ff.

"Mit freundlichem Dank bestätige ich den Empfang Ihres Schreibens vom 19. Juli 1956. Ich entnehme ihm gern, daß Sie meiner Anregung zustimmen, das Thema "Verkehrskonjunktur und langzeitliche Dynamik in der Verkehrswirtschaft" auf der Verkehrsminister-Konferenz zur Erörterung zu stellen. Aus den von Ihnen dargelegten Gründen möchte auch ich meinen, daß es nützlich ist, hierfür erst die übernächste Tagung in Aussicht zu nehmen. Wegen der Bestimmung des Termins werde ich mich mit Ihnen zu gegebener Zeit ins Benehmen setzen. "

*) In seinem Vortrag "Verkehrsforschung und Verkehrspolitik" (Heft 9 der "Vorträge aus dem Institut für Verkehrswissenschaft an der Universität Münster", herausgegeben von Professor Dr. Andreas PREDÖHL) hat der Herr Bundesminister für Verkehr u.a. folgendes ausgeführt:

"Heute wird wohl allgemein anerkannt, daß der Verkehr ein besonders interessantes Objekt für die wirtschaftswissenschaftliche Forschung darstellt. Er bildet eine unerläßliche Voraussetzung für eine arbeitsteilig entwickelte Volkswirtschaft und ist neben einem funktionsfähigen Geldwesen einer ihrer tragenden Pfeiler. Seine Verflechtung mit allen Teilen des sozialen, kulturellen und wirtschaftlichen Lebens ist eng und vielfältig; er bietet daher für die wissenschaftliche Diagnose und Analyse eine Fülle von Problemen, die zu einem Teil sogar schwieriger sind als etwa die der Produktion.

Wie notwendig es ist, die Kenntnis der regionalen, funktionalen und kausalen Zusammenhänge des Verkehrs mit allen übrigen Teilen der Volkswirtschaft zu erweitern und zu vertiefen, haben die letzten Jahre einer aktiven Verkehrspolitik eindringlich erwiesen. Das Verkehrswesen gehört zu den Gebieten, in denen marktwirtschaftliche Tatbestände und staatliche Einflüsse sehr eng miteinander verknüpft sind. Das ist das Ergebnis der Entwicklung von annähernd einem Jahrhundert. In Anbetracht der zentralen Funktionen des Verkehrs für das gesamte soziale und wirtschaftliche Leben kann die Verkehrspolitik nicht allein nach marktwirtschaftlichen Prinzipien vorgehen, in der Bundesrepublik ebenso wenig wie in allen übrigen Teilen der zivilisierten Welt. Sie muß einer Vielzahl verschiedenartiger Voraussetzungen entsprechen und sich einer Reihe von Mitteln bedienen, die nicht ohne weiteres aus der allgemeinen Wirtschaftspolitik entlehnt werden können. Daher hat sich die Tendenz zu einer vom Staate zwecks Förderung des Gemeinwohls geschaffenen oder zumindest beeinflußten Ordnung des Verkehrswesens in allen zivilisierten Ländern durchgesetzt. Um eine solche Ordnung zu erhalten, die keineswegs starr sein darf, sondern sich den wechselnden Voraussetzungen und Erfordernissen laufend anzupassen hat, bedarf es neben einer ständigen Beobachtung der verkehrstechnischen Entwicklung und einer sorgfältigen Abschätzung ihrer Auswirkungen vor allem auch gründlicher wirtschaftswissenschaftlicher Forschungsarbeit. Je klarer das Röntgenbild wird, das die Wissenschaft von der inneren Struktur des Verkehrswesens und von der Wechselwirkung der verkehrswirtschaftlichen Tatsachen mit allen übrigen sozialökonomischen Daten erarbeitet, desto weniger werden nebelhafte Vorstellungen oder dem Volksganzen abträgliche Interessenwünsche auf die dem Gemeinwohl dienende Verkehrspolitik Einfluß gewinnen.

Die Sozial- und Wirtschaftswissenschaften haben in den letzten Jahrzehnten ihr Rüstzeug zur Analyse derartig vielfältiger voneinander abhängiger Funktionen wesentlich verbessert. Eine Fülle von Zahlen und ein reiches Arsenal mathematisch-statistischer Methoden stehen ihnen zur Verfügung. Insoweit haben sie sich den exakten Methoden der Naturwissenschaften anzunähern bemüht. Allerdings sind hier, so möchte ich annehmen, die Grenzen doch deutlich sichtbar. Die sozialen und ökonomischen Tatsachen und Erscheinungen können nicht in gleicher Weise wie die physikalischen beobachtet und gemessen werden. Diese nüchterne Erkenntnis fordert von dem wissenschaftlichen Volkswirt ein besonders hohes Maß von logischer und insbesondere methodologischer Schulung, zumal er häufig mit Denkmodellen arbeiten muß. Was aber den großen Physiker Max PLANCK nach seinen eigenen Worten von Jugend auf für seine Wissenschaft begeisterte, ist vielleicht heute auch cum grano salis Ihrer Wissenschaft nicht fremd; PLANCK bezeichnet es als "die nicht selbstverständliche Tatsache, daß unsere Denkgesetze übereinstimmen mit den Gesetzmäßigkeiten im Ablauf der Eindrücke, die wir von der Außenwelt empfangen, so daß es also dem Menschen möglich ist, durch reines Denken Aufschlüsse über jene Gesetzmäßigkeit zu gewinnen."

Das subtile, vielseitige Instrumentarium der Sozial- und Wirtschaftswissenschaften muß sachkundig gehandhabt werden, um der Politik und der Praxis die Einblicke und Erkenntnisse zu vermitteln, deren sie bedürfen, um neue schwere Wirtschaftskrisen zu vermeiden oder diesen rechtzeitig durch wirksame Maßnahmen zu begegnen. Aus wirtschaftlichen Krisen können sich, wie die jüngste Geschichte lehrt, nur zu leicht politische Krisen entwickeln. Die Verkehrswissenschaft insbesondere als Teildisziplin der Sozial- und Wirtschaftswissenschaften kann wesentlich dazu beitragen, eine dem Gemeinwohl dienende Ordnung im Verkehrswesen herbeizuführen, zu erhalten und den sich wandelnden Gegebenheiten anzupassen, wenn sie die Tatbestände durchleuchtet und die Entwicklungstendenzen aufzeigt, deren exakte Kenntnis für die Verkehrspolitik unerläßlich ist. Wegen der dem Verkehr innewohnenden Dynamik einerseits und der sich quantitativ und qualitativ ändernden Verkehrsbedürfnisse andererseits sind sowohl die verkehrsendogenen als auch die verkehrsexogenen Einwirkungen auf die bestehende Verkehrsordnung ständig zu beobachten. Von der Gruppe A des Wissenschaftlichen Beirats beim Bundesminister für Verkehr haben wir seit Jahren in dieser Beziehung zahlreiche Hinweise und Gutachten erhalten, die für unsere Arbeit von größtem Wert gewesen sind.

Meine heutigen Darlegungen möchte ich durch einige aktuelle Beispiele erläutern. Ich habe das IFO-Institut in München vor einiger Zeit beauftragt, die Frage zu untersuchen, ob zwischen der Entwicklung von Gütererzeugung und Gütertransport ein numerischer, also meßbarer und in Zahlen ausdrückbarer Zusammenhang besteht, so daß es ex ante möglich ist, von dem erwarteten Umfang der Produktion auf die mutmaßliche Höhe des Transportaufkommens zu schließen.

Das Institut hat diese Untersuchung in engem Zusammenwirken mit meinem Ministerium durchgeführt und die Entwicklung von Produktion und Verkehr zum Teil bis zum Jahre 1885 zurückverfolgt. Da längere vergleichbare Zahlenreihen fehlen, hat es die mit Hilfe der Korrelationsanalyse durchgeführte rechnerische Untersuchung des Zusammenhanges zwischen Produktion und Güterverkehr schließlich auf die Perioden von 1929 bis 1937 und 1950 bis 1955 beschränkt.

Diese Arbeit des IFO-Instituts hat Ergebnisse geliefert, die bei der Vorausschätzung des Transportaufkommens auf Grund der vermuteten Produktionsentwicklung verwertbar sind. Sie erleichtern uns - trotz mancher Vorbehalte gegen derartige prognostische Versuche - die Beurteilung der künftigen Gütertransportentwicklung und insbesondere die Vorbereitung des Herbstverkehrs, dem wir in jedem Jahre besondere Aufmerksamkeit widmen. Eine "Faustregel", nach der das Transportaufkommen aus erwarteten Veränderungen von Produktion und Einfuhr vorausgeschätzt werden kann, ist der Arbeit beigegeben. Außerdem hat die Arbeit den Einblick in die Entwicklungstendenzen des Güterverkehrs vertieft, wenn auch verschiedene Probleme noch offen bleiben und gesondert geprüft werden müßten. Eine bemerkenswerte Erscheinung, die im Laufe der Untersuchung erkennbar wurde, ist die unterschiedliche Entwicklung im Güterverkehr; anscheinend wächst der Ferntransport von Massengütern relativ stärker als der Ferntransport der übrigen Güter. Ich habe die Prüfung dieser Frage veranlaßt.

Die Studie des IFO-Instituts berührt auch ein Thema, das zeitweise im Brennpunkt der öffentlichen Debatte gestanden hat. Vor etwa zwei bis drei Jahren ist wiederholt behauptet worden, der vorhandene Überschuß an Transportraum führe zu einer Verkehrskrise; kurz darauf hieß es, wir stünden aus Mangel an Transportraum vor einem Verkehrschaos. Weder das eine noch das andere ist eingetreten. Der Verkehr unterliegt eben außerordentlich stark den Saisoneinflüssen; wenn wir in verkehrsruhigen Zeiten keinen Überhang an Transportraum haben, werden wir den saisonal erhöhten Laderaumbedarf im Frühjahr und vor allem im Herbst nicht decken können. Außerdem muß das Laderaumangebot mit steigender Produktion und wachsender Entfaltung der Wirtschaft ebenfalls zunehmen. Im Herbst 1956 werden wir nach unseren Vorschätzungen mit einer Transportraumnachfrage zu rechnen haben, die für die Eisenbahn, die Binnenschiffahrt und den Straßengüterfernverkehr zusammen um etwa 6 - 8 % höher liegt als im vergangenen Herbst. In Zusammenarbeit mit der Deutschen Bundesbahn, die stets die Hauptlast des Herbstverkehrs zu tragen hat, sind wir daher seit Wochen um die Vorbereitung der kommenden Saisonbeanspruchung bemüht.

Ich möchte auch annehmen, daß das IFO-Institut mit seiner Arbeit zumindest einen bemerkenswerten Beitrag zu der Frage der Verkehrskonjunktur und der langzeitlichen Dynamik in der Verkehrswirtschaft geliefert hat. Diese Frage ist kürzlich von dem Ministerium für Wirtschaft und Verkehr des Landes Nordrhein-Westfalen zur Erörterung gestellt worden. Es regt eine Aussprache darüber an, ob eine "Verkehrswissenschaftliche Spezial-Konferenz" einberufen werden soll, die "das gesamte Problem der Verkehrskonjunkturforschung und der Erforschung der langzeitlichen Prozesse der Verkehrswirtschaft in wissenschaftsorganisatorischer Hinsicht prüft und Vorschläge erarbeitet". Außerdem soll über die Bildung eines "Forschungsrates für Verkehrskonjunktur und langzeitliche Verkehrsdynamik" oder über den Ausbau des Wissenschaftlichen Beirats beim Bundesminister für Verkehr debattiert werden. Ich halte die Anregung für sehr interessant und stimme der sich hier manifestierenden Auffassung zu, daß die wissenschaftliche Forschung im engeren Sinne nicht zum Aufgabenkreis der Ministerien gehört, sondern von Fachgremien oder -instituten betrieben werden soll. Auch eine weitere Intensivierung der verkehrswissenschaftlichen Arbeit ist sicherlich notwendig. Man sollte jedoch zuvor sorgfältig prüfen, ob zu diesem Zweck wirklich neue Institutionen erforderlich oder angebracht sind. Nach meinem Dafürhalten wäre es vielleicht näherliegend, bestehende Einrichtungen auszubauen und insbesondere die bereits arbeitenden Forschungsinstitute mit ausreichenden Mitteln auszustatten, damit sie die dringenden wissenschaftlichen Aufgaben laufend bearbeiten können. Der Bundesminister für Verkehr, die Verkehrsminister der Länder und die Verkehrssenatoren der Hansestädte müssen die Möglichkeit haben, sich nach Bedarf leistungsfähiger Forschungsinstitute zu bedienen und deren Arbeitsergebnisse bei ihren Maßnahmen zu verwerten. Auch eine gute Zusammenarbeit aller dieser Institute wäre zweifellos erwünscht. Dabei denke ich nicht allein an die verkehrswissenschaftlichen Forschungsstellen der Hochschulen, sondern auch an einige der empirisch arbeitenden allgemeinen Wirtschaftsforschungsinstitute; denn die langzeitlichen Prozesse im Verkehrswesen können nur im Zusammenhang mit der Entwicklung in der Produktion, dem Handel und dem Verbrauch erkannt und zutreffend beurteilt werden.

Da der Bundesminister für Verkehr an brauchbaren sozialen und wirtschaftswissenschaftlichen Analysen, Diagnosen und - trotz mancher Vorbehalte - auch an Prognosen interessiert ist, verfolgen seine Mitarbeiter aufmerksam die Arbeiten der ausgezeichnet geleiteten statistischen Abteilung der Hohen Behörde der Europäischen Gemeinschaft für Kohle und Stahl in Luxemburg. Diese bemüht sich u.a. in sorgfältiger Kleinarbeit die Entwicklung der Kohle- und Stahlgewinnung und des Kohle- und Stahlbedarfs langfristig vorauszuschätzen. Kohle und Stahl sind die wichtigsten Transportgüter für Eisenbahn und Binnenschiffahrt. Daher ist diese Luxemburger Arbeit trotz der ihr innewohnenden Problematik auch für den Verkehrspolitiker als methodisch einwandfreier prognostischer Versuch bemerkenswert, der zumindest einige wertvolle Gesichtspunkte bietet.

In einem neugeschaffenen Ausschuß bei der Hohen Behörde wurde ferner ein vorläufiger Rahmen für die langfristigen Vorausschätzungen bis 1965 vorgeschlagen; erfaßt werden soll - nach bestimmten Gliederungen - die Entwicklung des Sozialprodukts, der erwerbsfähigen und erwerbstätigen Bevölkerung, der Arbeitszeit und der Produktivität. Als Ziel dieser Arbeiten wird angegeben, eine ungefähre Vorstellung über die künftigen Investitionsmöglichkeiten und -notwendigkeiten zu gewinnen. Auch diese Arbeit könnte mit Vorbehalten für unsere Verkehrspolitik beachtenswert sein, da gerade in der Bundesrepublik dringliche und langfristige Investitionen auf wichtigen Verkehrsgebieten durchzuführen sind.

An einer längerfristigen Vorschau auf die Verkehrsentwicklung zeigt auch die Europäische Konferenz der Verkehrsminister, der mit der Bundesrepublik 17 europäische Staaten angeschlossen sind, lebhaftes Interesse. Diese Konferenz ist die umfassendste intergouvernementale Organisation Europas. Von den Ländern westlich des bolschewistischen Blocks gehören ihr nur Finnland und die Inseln Island und Irland nicht an. Alle anderen, auch Jugoslawien, arbeiten mit bemerkenswert menschlich-persönlichem Kontakt mit, sowohl die Minister wie ihre Mitarbeiter. Der Ausschuß der Stellvertreter dieser Konferenz, dem die Staatssekretäre der Transportminister angehören, hat bereits vor längerer Zeit den Koordinierungsausschuß für Investitionen beauftragt, eine Studie über die Aussichten der Entwicklung des europäischen Verkehrs unter Berücksichtigung der Entwicklung der europäischen Wirtschaft auszuarbeiten. Die Untersuchungen dauern noch an, sie werden von meinem Ministerium aufmerksam verfolgt. Der Wunsch nach prognostischen Arbeiten dieser Art ist in denjenigen Ländern besonders dringend, die große und langfristige Verkehrsinvestitionen durchzuführen haben.

Bevor ich auf die Investitionsaufgaben in der Bundesrepublik, die heute im Brennpunkt unserer Verkehrspolitik stehen, näher eingehe, möchte ich Ihnen noch einige weitere Hinweise geben, welche verkehrswissenschaftlichen Forschungsarbeiten ich zur Zeit aus meiner Schau für wichtig halte. Wir brauchen zunächst genauere Angaben über die Wertschöpfung der einzelnen Verkehrsträger und Verkehrsbereiche. Die Frage ist im vorigen Jahr ebenfalls von der Europäischen Konferenz der Verkehrsminister aufgegriffen worden. Angestrebt wird, die volkswirtschaftliche Gesamtrechnung durch weitere und fundiertere Angaben aus der Verkehrswirtschaft zu bereichern und einen besseren Einblick in die einzelnen Verkehrsbetriebe und Verkehrsunternehmen zu gewinnen. Ich halte eine stärkere Berücksichtigung des Verkehrs in der volkswirtschaftlichen Gesamtrechnung, die heute in allen großen Industrieländern für die Wirtschafts- und Sozialpolitik wachsende Bedeutung gewinnt, für unerläßlich; mein Ministerium erörtert diese Frage zur Zeit mit dem Statistischen Bundesamt.

Eine Fülle schwieriger Fragen wird durch das Streben der europäischen Völker nach immer engerer Zusammenarbeit auf dem Gebiete des Verkehrs aufgeworfen. Die Europäische Konferenz der Verkehrsminister, gegründet 1953 und vornehmlich aus französischer und deutscher Initiative entstanden, ist auf ihrer Berner Tagung im Oktober 1955 in dieser Richtung aktiv geworden. Diese neue Initiative ging von den Verkehrsministern Begiens, Frankreichs und der Bundesrepublik aus und zielte darauf ab, das Gewicht der Konferenzarbeiten stärker als bisher auf die großen verkehrspolitischen Fragen zu verlagern, die heute in mehr oder weniger ähnlicher Form fast in allen europäischen Ländern gestellt sind. Der Stellvertreterausschuß der Konferenz, dem, wie bereits erwähnt, die Staatssekretäre der Verkehrs- und Transportministerien aller 17 der Konferenz angeschlossenen Staaten angehören, hat im Anschluß an die Berner Tagung ein umfassendes Arbeitsprogramm entwickelt, das von dem Ministerrat im März 1956 in Paris angenommen wurde. Es beinhaltet mit 20 Punkten die wichtigsten Probleme, die für den europäischen Verkehr von aktueller Bedeutung sind. Ihre Bearbeitung wird geeignet sein, die Verkehrspolitik der Mitgliedsländer schrittweise zu harmonisieren und damit einen Beitrag zu den allgemeinen europäischen Zielen zu leisten. Ich möchte nur einige ökonomisch relevante Probleme erwähnen:

a) die Untersuchung der Bedeutung und Rolle des Werkverkehrs auf Straßen und Binnenwasserstraßen und seine Stellung im Rahmen der allgemeinen Verkehrspolitik;

b) die Prüfung der Finanzlage der Eisenbahnen auf der Grundlage eines Berichts, der auf Anfordern der europäischen Konferenz der Verkehrsminister von der Union Internationale des Chemins de fer erstattet worden ist;

c) das Studium der Probleme, die mit den Maßen, Gewichten, der Nutzlast und der Geschwindigkeit der Straßenfahrzeuge zusammenhängen;

d) Vorschläge für eine bessere Koordinierung der Zivilluftfahrt mit dem Binnenverkehr;

e) eine Untersuchung über die Auswirkungen der wirtschaftlichen Entwicklung auf den Verkehr;

f) eine Vergleichsstudie der Verkehrspolitik der Mitgliedstaaten im Hinblick auf ihre allmähliche Annäherung; hierzu habe ich angeregt, vor allem die wirtschaftlichen und finanziellen Belastungen der Verkehrsträger, z.B. durch soziale Abgaben, Steuern, Kapital- und Versicherungskosten unter Anwendung international vergleichbarer Maßstäbe zu untersuchen und gemeinsame Grundlagen zu schaffen, um die verschiedenen Verkehrsmittel mit den Kosten für ihren Fahrweg zu belasten und auf diese Weise zu einer Annäherung der Wettbewerbsbedingungen zwischen ihnen zu gelangen.

Ich möchte mich auf die Aufzählung dieser wenigen Punkte aus dem umfangreichen Arbeitsprogramm beschränken. Sie werden daraus bereits ersehen, daß sich hier ein weites Tätigkeitsfeld auch für die wissenschaftliche Forschung öffnet. Die Konferenz wird sich daher für besonders wichtige Fragen auch des Rates der Verkehrswissenschaft bedienen müssen."

In Teil II seines Vortrages ging der Herr Bundesminister für Verkehr ausführlich auf die Investitionsfrage ein und erörterte u.a. die allgemeine sozialökonomische Problematik der gesamten Verkehrsinvestitionen. Die Wiedergabe der Ausführungen muß aus Raumgründen unterbleiben. Der Gesamtvortrag hat die vielfältigen Aufgaben, die innerhalb der Erforschung der strukturellen, konjunkturellen und langzeitigen Probleme des Verkehrs im Blick auf die Volkswirtschaft und die europäische Integration gestellt sind, in kaum zu übertreffender Prägnanz herausgestellt.

2) Ministerialdirektor Dr. SCHUBERT, Hamburg (Schreiben vom 13.7.1956)

"Die Notwendigkeit der Erforschung der Verkehrskonjunktur und der langzeitlichen Dynamik in der Verkehrswirtschaft wird auch von mir anerkannt. Ich habe aber gewisse Bedenken, ob auf dem von Herrn Dr. ROGMANN unter den Nr. 7 und 8 aufgeführten Weg ein den Erfordernissen entsprechendes Ergebnis erzielt werden kann. Sowohl der Vorschlag "Verkehrswissenschaftliche Spezialkonferenz" als auch der "Forschungsrat für Verkehrskonjunktur und langzeitliche Verkehrsdynamik" dürften lediglich in der Lage sein, in eingehenden Vorarbeiten die Aufgabenstellung und das Ziel der Arbeiten zu umreißen. Die Arbeiten selbst könnten m.E. nur dann zum gewünschten Erfolg führen, wenn ein ständig arbeitendes wissenschaftliches Institut damit betraut oder zu diesem Zwecke errichtet würde.

Da ich Ihre Anregung aber für durchaus bedeutend halte, sollte zunächst in einem kleineren Kreis geprüft werden, auf welchem Wege das gesteckte Ziel schnell erreicht werden kann."

3) Bundesbahndirektor Dr. VERBEEK, Bonn

(Besprechung der ersten Studie des Verfassers in "Verkehrsblatt", Amtsblatt des Bundesministers für Verkehr der Bundesrepublik Deutschland, vom 15.11.1956, Seite 700 f)

"Der Verfasser - Referent im Ministerium für Wirtschaft und Verkehr des Landes Nordrhein-Westfalen in Düsseldorf - beschäftigt sich im ersten Hauptteil der Abhandlung eingehend mit den Konjunkturschwankungen im allgemeinen und den verschiedenen Konjunkturtheorien, ein Gebiet, das dem am Verkehr interessierten Leser im allgemeinen weniger geläufig sein wird. Der Überblick über die verwickelten Probleme zeigt eine bemerkenswerte Kenntnis der einschlägigen Fachliteratur; in den beiden Kapiteln über die allgemeinen Konjunkturfragen sind etwa 50 Werke verschiedener deutscher und ausländischer Verfasser zitiert.

Bei der Projektion der Untersuchungen auf den Verkehr kommt Dr. ROGMANN zu der Feststellung, daß das Problem der Verkehrskonjunktur und namentlich der langzeitlichen Dynamik in der Verkehrswirtschaft bisher nur in einigen Spezialuntersuchungen behandelt wurde. Er fordert mit Recht, daß die autonome Forschung unter Berücksichtigung der bisherigen Erkenntnisse sich des Verkehrs und seiner Beziehungen zur Gesamtwirtschaft besonders annimmt, um die Möglichkeiten der Abstraktion einer besonderen Verkehrskonjunktur zu erkunden.

Der Verfasser entwickelt in der Einleitung eine eigene Auffassung über das Wesen des Verkehrs, der nur zugestimmt werden kann. Er nimmt in dem Streit zwischen den Extremen, die den Verkehr einerseits nur als Diener der Wirtschaft, andererseits als autonom ansehen möchten, eine Mittelstellung ein. Er kommt zu dem Schluß, daß die Verkehrswirtschaft, ähnlich wie das Geldwesen, eine fundamentale Voraussetzung der arbeitsteiligen Wirtschaft bildet und eine selbständige, durch nichts ersetzbare Funktion erfüllt (S. 5). Die Verkehrswirtschaft ist ein integrierendes Glied der Volkswirtschaft, aber ein solches eigener Art mit zum Teil eigenen Gesetzen. Die Bedeutung des Verkehrs wird bestätigt, wenn an anderer Stelle (S. 40) sein Anteil (d.h. Verkehr im weiteren Sinne einschließlich

Produktion von Verkehrsmitteln) am Netto-Sozial-Produkt zu Faktorkosten mit 17 bis 18 Prozent geschätzt wird.

Wie wichtig die von Dr. ROGMANN aufgeworfene Frage einer Prognose der Verkehrskonjunktur ist, macht sich besonders bei den Investitionen bemerkbar. Wurde nicht z.B. die Produktion von Personenkraftwagen im zyklischen Aufschwung zu sehr intensiviert (S. 17)? Der zweite Hauptteil der Studie ist der Besprechung der Werke und Fundstellen über eine spezielle Verkehrskonjunkturforschung gewidmet. Die periodischen Veröffentlichungen der verschiedenen Institute für Wirtschaftsforschung nehmen hier den größten Raum ein.

Besonderes Interesse muß für den Verkehrspolitiker das vom Verfasser angesprochene Problem der langzeitlichen Entwicklungs- und Umschichtungsprozesse in der Verkehrswirtschaft erwecken. Es ist in diesem Zusammenhang für die Verhältnisse in der Bundesrepublik sehr aktuell, eine Antwort auf die Frage zu erhalten, wie die Verkehrsentwicklung und der Straßenbedarf am besten technisch und finanziell koordiniert werden können.

Möge dem wichtigsten Anliegen der Studie bald ein Erfolg beschieden sein, daß die maßgebenden Männer auf die Notwendigkeit der Beschaffung von Unterlagen der empirischen Konjunkturforschung für die Praxis der Verkehrspolitik hingewiesen werden. Wenn diese Voraussetzung erfüllt ist, besteht nach Ansicht Dr. ROGMANNS die Aussicht, daß "statt der meist doch recht schroffen Geltendmachung von Interessentenstandpunkten eine stärkere volkswirtschaftliche Einfügung der Gruppeninteressen erreicht wird ."

c) Andere Bundesministerien

1) Der Bundesminister für Wirtschaft (Schreiben vom 18.6.1956)

"Auch ich halte es für zweckmäßig, daß man versucht, über die Verkehrskonjunktur und die langzeitliche Dynamik in der Verkehrswirtschaft ein klares Bild zu gewinnen und die Arbeiten, die hierzu von verschiedener Seite geleistet werden, zu ergänzen und untereinander auszurichten. Die Bildung eines neuen Gremiums für diese Arbeiten ist m.E. jedoch nicht notwendig. Ich möchte mich dafür aussprechen, den "Verkehrswissenschaftlichen Beirat beim Bundesverkehrsministerium" durch Aufnahme von Vertretern der empirischen Wirtschafts- und Verkehrswirtschaftsforschung (also der Institutsforschung) zu erweitern. Da die Erkenntnisse einer langzeitlichen Verkehrsentwicklung von den Erfahrungen und Einsichten abhängig sind, die die Entwicklung der gesamten Wirtschaft betreffen, sollte auch ein Vertreter der allgemeinen Wirtschaftsforschung - und nicht nur der Verkehrsforschung - zu Wort kommen, um der gestellten Aufgabe gerecht zu werden."

2) Der Bundesminister für das Post- und Fernmeldewesen
(Schreiben vom 20.9.1956)

"Grundsätzlich begrüße ich Ihre Initiative zur Schaffung einer Institution, die sich die Erforschung der konjunkturtheoretischen und konjunkturpolitischen Grundlagen der Verkehrswirtschaft und -politik zum Ziele setzt.

Als Leiter des Post- und Fernmeldewesens liegt mir daneben das Gebiet des Nachrichtenwesens besonders am Herzen, das trotz der verhältnismäßig großen Zahl der bisher in der Bundesrepublik vorhandenen verkehrswissenschaftlichen Forschungseinrichtungen und trotz seiner hohen volkswirtschaftlichen Bedeutung bisher nur unzureichend berücksichtigt wird.

Ich wäre daher sehr erfreut, wenn auch das Post- und Fernmeldewesen in Ihre Vorhaben einbezogen würde und bin gerne bereit, Ihre Bestrebungen in diesem Sinne zu unterstützen. Ich wäre Ihnen dankbar, wenn Sie mich über den Erfolg Ihrer Bemühungen unterrichten würden."

3) Ministerialdirigent KORFF im Bundesministerium der Finanzen
(Schreiben vom 14.6.1956)

"Zu den mir vorgelegten Fragen darf ich folgendes bemerken:
Zu 7.: Die Anregung, eine verkehrswissenschaftliche Spezial-Konferenz zu errichten, um bestimmte verkehrswissenschaftliche Fragen zu untersuchen, halte ich durchaus für erwägenswert. Dagegen habe ich Bedenken, daß auch die zuständigen Stellen des Bundes und der Länder korperativ oder durch Einzelmitglieder in der Konferenz vertreten sind. Ich bitte, diese Beschränkung des Mitgliederkreises nicht nur deshalb zu erwägen, um der Konferenz ein größeres Maß von Unabhängigkeit und Beweglichkeit zu geben, sondern auch, weil der Kreis sonst sehr groß würde. Zudem dürften die maßgebenden Vertreter des Bundes und der Länder schon ohnehin durch die Notwendigkeit, an Ausschüssen und Konferenzen teilzunehmen, ganz übermäßig belastet sein. Ich halte es aber auch aus grundsätzlichen Erwägungen für

zweckmäßig, eine solche Konferenz von amtlichen Einflüssen freizuhalten und die Ministerien durch eine Teilnahme an der Konferenz in ihren Entschlüssen nicht vorzeitig zu binden.

Zu 8.: Die Errichtung eines Forschungsrats durch die beteiligten Universitäten, Hochschulen und Institute wäre sicherlich nützlich. M.E. sollte auch dieser Forschungsrat von amtlichen Stellen unabhängig sein.

Zu 9.: Gegen den Vorschlag sind von meiner Seite keine Einwendungen zu erheben.

Da mein Haus mit den angeschnittenen Fragen nicht unmittelbar befaßt ist, bitte ich, meine Stellungnahme lediglich als meine persönliche Äußerung anzusehen."

3. Abgeordnete des Deutschen Bundestages

a) Bundestagsabgeordneter Hans JAHN, Erster Vorsitzender der Gewerkschaft der Eisenbahner Deutschlands, Erster Vizepräsident des Verwaltungsrats der Deutschen Bundesbahn (Schreiben vom 13.8.1956)

"Der Abschluß der Beratungen im Verkehrsausschuß steht noch aus. Ich erlaube mir deshalb, vorbehaltlich einer abschließenden Stellungnahme zu der Anfrage folgendes zu bemerken:

Ich teile die von Herrn Dr. ROGMANN in seiner Studie über die "Verkehrskonjunktur und langzeitliche Dynamik in der Verkehrswirtschaft" zum Ausdruck gebrachte Auffassung über die Notwendigkeit einer umfassenden verkehrswissenschaftlichen Forschung als Voraussetzung für gezielte verkehrspolitische Maßnahmen. Wenn es auch richtig ist, daß bei der engen volkswirtschaftlichen Interdependenz aller ökonomischen Größen kaum noch Sonderkonjunkturen einzelner sachlicher oder regionaler Bereiche auftreten, die Verkehrskonjunktur demzufolge ihre Antriebskräfte im allgemeinen aus dem konjunkturellen Ablauf der im engeren Sinne gütererzeugenden Wirtschaft zieht, schließt das jedoch nicht aus, daß der Verkehr unter Umständen auch aus sich heraus eigene konjunkturelle Antriebskräfte mit starken Ausstrahlungen auf die übrigen Bereiche der Wirtschaft zu entwickeln vermag.

Derartige Möglichkeiten bleiben keineswegs nur auf die Verkehrserschließung unterentwickelter Gebiete beschränkt. Viel häufiger noch finden sie in der Dynamik der Unternehmerinitiative, vor allem der dem Verkehr im engeren Sinne vorgelagerten Verkehrsindustrie, ihre Verwirklichung. Die Erfahrung lehrt, daß unkontrollierte, nur auf den Gewinnerwartungen der Unternehmer basierende Verkehrsinvestitionen nur allzu leicht zu Disproportinalitäten zwischen Verkehr und übriger Wirtschaft sowie zwischen den Verkehrsträgern selbst führen können.

Die Gewerkschaft der Eisenbahner hat wiederholt darauf hingewiesen, daß die gewaltigen Investitionsvorhaben in der Automobilproduktion eines Tages dazu führen können, verkehrspolitische Entscheidungen nach beschäftigungspolitischen Notwendigkeiten dieser und ihrer vorgelagerten Produktionsbereiche zu treffen. Es liegt auf der Hand, daß eine so einseitige Entwicklung von Schwergewichten in der Verkehrsindustrie die Lösung der Aufgaben sowohl der Verkehrskoordinierung wie aber auch der Verkehrssicherheit erschweren und immer wieder hinauszögern muß.

Andererseits ist die harmonische Entwicklung des Verkehrs mit der Entwicklung der Gesamtwirtschaft eine der wesentlichsten Voraussetzungen für den reibungslosen Ablauf des volkswirtschaftlichen Produktionsprozesses. Bleibt die Verkehrskapazität hinter der allgemeinen Produktionskapazität zurück, so wird die an sich mögliche optimale Größe des Sozialproduktes nicht erreicht. Eine Überdimensionierung des Verkehrsapparates hingegen würde die Größe des Sozialproduktes insofern ungünstig beeinflussen, als sie dem volkswirtschaftlichen Produktionsprozeß unnötigerweise produktive Kräfte und Sachgüter vorenthält. Aus diesen Gründen halte ich durchaus dafür, alle Bestrebungen im Hinblick auf eine Erforschung und Beobachtung der konjunkturellen Zusammenhänge zwischen Verkehr und Wirtschaft aktiv zu unterstützen und möchte meinen, daß ihre Ergebnisse eine sachliche Grundlage für verkehrspolitische Entscheidungen geben würden und damit auch zu der dringend erwünschten Versachlichung der verkehrspolitischen Diskussion beizutragen vermöchten.

Allerdings halte ich es jedoch für wenig wahrscheinlich, daß ein in der Zusammensetzung so heterogenes Gremium, wie die von Herrn Dr. ROGMANN unter Punkt 7 seiner Vorschläge skizzierte "Verkehrswissenschaftliche Spezialkonferenz" imstande wäre, geeignete Vorschläge für die verkehrswissenschaftliche Forschung zu machen. Richtiger scheint mir zu sein, den unter Punkt 8 der Studie genannten Forschungsrat mit diesen Aufgaben zu betrauen und - in Anlehnung an den Vorschlag des Deutschen Industrie-

und Handelstages - in dieser Sache ein oder zwei für die Durchführung solcher Aufgaben geeigneten Instituten entsprechende Forschungsaufgaben zu übertragen.

Die von Herrn Dr. ROGMANN in Vorschlag gebrachte "Verkehrswissenschaftliche Spezialkonferenz" vermöchte m.E. nur dann eine wesentliche verkehrspolitische Funktion zu erfüllen, wenn sie sich die Umsetzung der verkehrswissenschaftlichen Forschungsergebnisse in die verkehrspolitische Praxis zur Aufgabe stellen würde. Gerade die Zusammensetzung dieses Gremiums könnte sicherstellen, daß unter weitgehender Zurückdrängung einseitiger Interessentenstandpunkte eine Vorabklärung verkehrspolitischer Maßnahmen erfolgt, die beispielsweise als verkehrspolitische Empfehlungen dem Bundesverkehrsminister bzw. den entsprechenden Länderministern zugeleitet werden könnten, was dem vom DGB und den ihm angeschlossenen Gewerkschaften wiederholt vorgetragenen Wunsch nach einem paritätisch zusammengesetzten Verkehrsrat beim BVM nahekommen würde.

In diesem Sinne würde ich eine Forcierung der verkehrswissenschaftlichen Forschung auf allen Gebieten des Verkehrs und der Wirtschaft sowohl auf nationaler wie auch auf internationaler Ebene begrüßen und glaube, sagen zu können, daß auch die Gewerkschaft der Eisenbahner Deutschlands an der Vertiefung des von Herrn ORR Dr. ROGMANN gemachten Vorschlages interessiert ist."

b) Bundestagsabgeordneter Georg KÖRNER (Schreiben vom 21.6.1956)

"Ich darf Ihnen Ihr Schreiben vom 28.5.1956 in obiger Angelegenheit mit herzlichem Dank bestätigen und habe im Prinzip keine Einwendungen dagegen zu erheben, wenn Sie die entsprechenden Gremien in der von Ihnen vorgeschlagenen Weise ins Leben rufen oder - wie unter Punkt 9 - die Thematik auf der Tagung der Deutschen Verkehrswissenschaftlichen Gesellschaft erörtern würden."

c) Bundestagsabgeordneter Josef RÖSING (Schreiben vom 13.7.1956)

"Infolge der dringenden Parlamentsarbeit war es mir leider nicht möglich, den gewünschten Termin für die Beantwortung Ihres Schreibens einzuhalten.

Ich möchte es aber dennoch nicht verfehlen, Ihnen mitzuteilen, daß ich mit den Vorschlägen des Herrn Oberregierungsrat Dr. ROGMANN Nr. 7 und

8 bzw. 9 einverstanden bin. Ich halte die Erforschung der Verkehrskonjunktur und langzeitlichen Dynamik in der Verkehrswirtschaft für wünschenswert und erforderlich."

4. Verkehrswissenschaft

a) Verkehrswissenschaftler

1) Professor Dr. Freiherr v. BISSING, Universität Marburg (Schreiben vom 17.6.1956)

"Es erscheint mir sehr notwendig, den Einfluß der Konjunktur und der wirtschaftlichen Entwicklung auf die Gestaltung und Entwicklung des Verkehrs zu erforschen, um daraus eine Grundlage für eine vorausschauende und planmäßige Verkehrspolitik zu gewinnen. Dazu müßten zunächst einmal die Probleme geklärt und die notwendigen tatsächlichen Unterlagen möglichst in statistischer Form beschafft und ausgewertet werden. Für beides Richtlinien aufzustellen, wäre eine lohnende Aufgabe einer verkehrswissenschaftlichen Spezialkonferenz. Diese könnte dann die bereits vorhandenen Konjunkturinstitute zur Mitarbeit heranziehen, wobei die einzelnen Vertreter der Verkehrswissenschaft diesen Instituten beratend zur Hand gehen könnten, um eine zweckentsprechende Zusammenstellung und Auswertung des von den Instituten gesammelten Materials zu gewährleisten.

Einen neuen Forschungsrat halte ich nicht für erforderlich, da dadurch die Gefahr einer fruchtlosen Doppelarbeit entsteht.

In der Verkehrswissenschaftlichen Gesellschaft könnten die Forschungsergebnisse vorgetragen und mit Persönlichkeiten der Praxis erörtert werden.

Sehr notwendig wird es sein, daß die verkehrswissenschaftliche Spezialkonferenz in zwangloser Reihenfolge zusammentritt, um die eingeleiteten Arbeiten miteinander in Übereinstimmung zu bringen. Ich persönlich bin gern bereit, mich an den Arbeiten der verkehrswissenschaftlichen Spezialkonferenz zu beteiligen."

2) Professor Dr. Dr. BÖTTGER, Universität Köln (Schreiben vom 19.6.1956)

"Wenn auch bisher wenige Untersuchungen gemacht worden sind, die die Zusammenhänge aufklären sollen, die zwischen Verkehrswirtschaft und den anderen Wirtschaftsbereichen bestehen, so zeigen ihre Ergebnisse doch eindeutig, daß wechselseitige Abhängigkeiten vorhanden sind. Es ist deshalb nicht anzunehmen, daß es eine eigenständige Verkehrskonjunktur gibt.

Für die organisatorische Arbeit bedeutet diese Erkennis, daß das Verkehrswesen mit in die allgemeine Konjunkturforschung einbezogen werden muß.

Die Forschung wird sich nicht damit begnügen dürfen, den Konjunkturverlauf zu beschreiben und die Zusammenhänge zwischen den einzelnen Wirtschaftsbereichen aufzuzeichnen. Ursachenforschung und Aufspüren von Gesetzmäßigkeiten, denen die sozialökonomischen Prozesse unterliegen, sind entscheidende Ziele der Sozialwissenschaft. Sind diese Gesetzmäßigkeiten bekannt, so können auch Aussagen über die zukünftige Entwicklung der gesamten Wirtschaft oder einzelner ihrer Teilbereiche gemacht werden.

Im Bereich der Naturwissenschaften kennen wir derartige Gesetze. Sie ermöglichen es, auf rein theoretischem Wege naturwissenschaftliche Vorgänge zu bestimmen und vorauszusagen. Die Sozialwissenschaft kennt keine "Naturgesetze". Determinierte Aussagen über den Ablauf sozialökonomischer Prozesse sind infolgedessen nicht möglich. Die Erarbeitung von "Gesetzmäßigkeiten" ist Aufgabe der Grundlagenforschung (z.B. Erforschung der Verhaltensweisen der Wirtschaftssubjekte, die ja letztlich den Ablauf des Wirtschaftslebens bestimmen).

Es ist also enge Verbindung mit den Wissenschaftlern und den Instituten zu halten, die sich mit erkenntnis-theoretischen Fragen befassen.

Solange wir über keine Theorie verfügen, die Anspruch auf Allgemeingültigkeit erheben kann, sind wir, um überhaupt eine Prognose stellen zu können, auf die Projektion angewiesen. Mit Hilfe statistischer Methoden (z.B. Trendberechnungen) wird auf Grund empirischer Daten unter Annahme eines bestimmten Kurvenverlaufs und gleichbleibender Bedingungen auf eine vermutliche Entwicklung irgendeines bestimmten Wirtschaftsbereiches oder sozialökonomischen Vorgangs geschlossen.

Diese Methoden werden allgemein angewandt. Je nach Zielsetzung wäre das statistische Material zu erweitern. Es sind infolgedessen vor allem neben den in Ihrem Schreiben aufgeführten Stellen noch die "Lieferanten" des Zahlenmaterials, die Verkehrsträger und deren Vertretungen zu der vorgeschlagenen Konferenz einzuladen. Es müßten ferner alle jenen Institutionen zu Rate gezogen werden, die das Zahlenmaterial sammeln und auswerten (z.B. die statistischen Ämter des Bundes und der Länder, die B.A.G. usw., gegebenenfalls auch internationale Vereinigungen).

Da die zusätzliche Aufgabe bei Forschungsinstituten und den befragten und auswertenden Stellen höhere Personalkosten und Sachkosten verursachen, die finanziellen Mittel aber begrenzt sein werden, wird es vor allem vordringlich sein, die Aufgabenstellung klar herauszuarbeiten. Das dürfte das vornehmliche Anliegen einer etwa einzuberufenden Konferenz sein. Die Auffassungen der Praktiker der Verkehrswirtschaft und der Verkehrspolitik zu diesem Punkte sollten besonders gewertet werden.

Die erste Zusammenkunft des obengenannten Gremiums dürfte als Initialzündung zu werten sein. Über die Einberufung weiterer Konferenzen dürfte von Fall zu Fall zu entscheiden sein. Dies würde hauptsächlich dann notwendig werden, wenn sich die Aufgabenstellung ändert, sich neue Aufgaben oder besondere Schwierigkeiten einstellen.

Die geforderte Erforschung langfristiger Prozesse der Verkehrswirtschaft setzt, solange wir uns auf die obengenannte Methode der Statistik stützen müssen, als Grundlage ein Zahlenmaterial voraus, das sich über Jahrzehnte (säkularer Trend) erstreckt. Die Ergebnisse eines großen Teiles der beabsichtigten Forschungsarbeiten werden also erst den kommenden Generationen zugute kommen.

Es wäre, das mag abschließend noch gesagt sein, vielleicht zweckmäßig, der Einberufung der unter Punkt 7 beabsichtigten Konferenz eine Vorbesprechung bzw. Erörterung des Gesamtanliegens auf der diesjährigen Tagung der "Deutschen Verkehrswissenschaftlichen Gesellschaft" vorangehen zu lassen."

3) Professor Dr. R. GUNZERT, Direktor des Statistischen Amtes Frankfurt/Main (zugleich für Deutsches Institut für Luftverkehrsstatistik e.V.) (Schreiben vom 23.6.1956)

"Ihr an das Deutsche Institut für Luftverkehrsstatistik e.V. gerichtetes Rundschreiben vom 4. Juni 1956 - Akz. IV/A/2-20-33 - in der obigen Sache hat mich auf das lebhafteste interessiert. Ich begrüße es außerordentlich, daß Sie sich dieses Problemkreises annehmen wollen.

Als Statistiker, der sich seit vielen Jahren gleichzeitig praktisch und theoretisch mit den ökonomischen Fragen der Verkehrswissenschaft befaßt, habe ich es immer als einen ganz besonderen Mangel empfunden, daß die Bearbeitung von Fragen des Konjunkturablaufs im Verkehr und auch der säkularen Entwicklung desselben ausgesprochen vernachlässigt wird. Vor allem fehlt es weitgehend an einer Kooperation zwischen den Vertretern der empirischen Konjunkturforschung und Statistik auf der einen Seite und den Verkehrswissenschaftlern auf der anderen Seite. Unter diesen Umständen ist es nicht verwunderlich, daß beide Gruppen wenig voneinander wissen und auch den gegenseitigen Arbeiten mit Skepsis gegenüberstehen. Bei der außergewöhnlichen Bedeutung, die die Verkehrswirtschaft für die moderne Volkswirtschaft hat, sollte dieser wenig befriedigende Zustand nach Möglichkeit beseitigt werden.

Ich finde die Vorschläge von Herrn Oberregierungsrat Dr. ROGMANN im grundsätzlichen ausgezeichnet. Meine Ansicht im einzelnen wäre die:

Zu 7) Verkehrswissenschaftliche Spezialkonferenz
Der Vorteil einer solchen Konferenz wäre, alle an dem Fragenkreis interessierten und fachlich qualifizierten Persönlichkeiten zusammenzubringen. Für den Anfang einer wissenschaftlichen Arbeit wäre gerade die Mitwirkung so vieler Gruppen vorteilhaft, da die Materialbeschaffung und ähnliches auf diese Art wohl erleichtert würde. In der weiteren Zukunft dürfte es aber - wie Dr. ROGMANN mit Recht ausführt - genügen, wenn die Konferenz in größeren Zeitabständen Tagungen durchführt. Mit der Übernahme des Vorsitzes durch den Kollegen Dr.Dr. BERKENKOPF wäre ich in vollem Umfang einverstanden.

Man könnte sich allerdings fragen, ob es vielleicht im Hinblick auf die zur Gründung solcher Institutionen benötigte Autorität nicht doch zweckmäßiger wäre, wenn Sie, sehr verehrter Herr Staatssekretär, zumindest für einige Zeit selbst den Vorsitz übernehmen würden.

Zu 8) Forschungsrat für Verkehrskonjunktur und langzeitliche Verkehrsdynamik
Da die Konferenz nicht selbst wissenschaftlich tätig werden kann, ist der unter 8) vorgesehene Forschungsrat m.E. eine unerläßliche Ergänzung. Bei einer Beschränkung des Mitgliederkreises auf eindeutig qualifizierte Wissenschaftler müßte es möglich sein, mit Hilfe der Methoden der empirischen Konjunkturforschung und der modernen analytischen Statistik theoretisch als auch praktisch außerordentlich wichtige Erkenntnisse zu erarbeiten. Der vorgeschlagene Forschungsrat dürfte sowohl für die

Wissenschaft als auch für die Verkehrspraxis und Verkehrspolitik äußerst wichtig sein, da nach meinen Beobachtungen heute sehr viele politische Entscheidungen getroffen werden, die bei einer genaueren Kenntnis der Grundlagen anders ausgefallen wären.

Die Erweiterung des verkehrswissenschaftlichen Beirats beim Bundesverkehrsministerium ist an sich durchaus zweckmäßig; sie kann jedoch niemals Ersatz für den Forschungsrat werden.

Zu dem Modus procedendi möchte ich vorschlagen, daß man zuerst den Forschungsrat gründen sollte und dann erst der Bildung der Konferenz nähertritt. Dies hätte den Vorzug, daß die Fachwissenschaftler im engeren Sinne des Wortes sich zunächst einmal über Forschungsvorhaben und -möglichkeiten unterhalten und einigen können und der noch zweifellos recht heterogen zusammengesetzte Kreis der Konferenz dann schon vorgeklärte Aufgabenstellungen vorgelegt bekommt.

Soweit in Kürze meine Ansichten zu den von Ihnen aufgeführten Punkten. Ich darf nochmals wiederholen, daß ich es in jeder Hinsicht begrüßen würde, wenn man dem riesigen Problemkomplex der Verkehrskonjunktur und langzeitlichen Dynamik durch eine organisierte wissenschaftliche Zusammenarbeit näherkäme. Da nicht nur die Wissenschaft, sondern auch Verkehrswirtschaft und Verkehrspolitik auf exakte wissenschaftliche Erkenntnisse angewiesen sind, nehme ich an, daß Ihr Projekt mehr oder minder auf allgemeine Zustimmung stößt. Es wäre zweifelsfrei ein hervorragender Erfolg, wenn es Ihnen, sehr verehrter Herr Staatssekretär, gelingen würde, durch Organisation einer Zusammenarbeit sich bislang teilweise fremd gegenüberstehender Kreise unsere verkehrswirtschaftlichen Erkenntnisse zu sichern und zu mehren."

4) Professor Dr. W. LINDEN, Universität Köln (Schreiben vom 24.5.1956)

"Mit besonderem Interesse habe ich die Arbeit von Herrn Oberregierungsrat Dr. ROGMANN gelesen und ferner Ihre Anfrage vom 18. Mai zur Kenntnis genommen. Meine Stellungnahme ist grundsätzlich positiv; ich bin aber der Meinung, daß es zweckmäßig wäre, alle Einzelheiten, auch hinsichtlich der Mitwirkung von Persönlichkeiten, einer späteren eingehenden Besprechung vorzubehalten."

5) Professor v. MÜHLENFELS, Verkehrswissenschaftliches Seminar der Universität Hamburg (Schreiben vom 12.6.1956)

"Das Verkehrswissenschaftliche Seminar der Universität Hamburg hat sich seit 1950 auf die Erforschung der wirtschaftlichen und sozialen Probleme der Seehäfen und der Seeschiffahrt spezialisiert. Fragen der Konjunktur und der langzeitlichen Dynamik interessieren dabei in besonderem Maße.

Das Verkehrswissenschaftliche Seminar würde es begrüßen, wenn es zu einer Zusammenarbeit der verschiedenen, an diesen Fragen interessierten Institute, Seminare usw. käme und ist bereit, im Rahmen seines oben erwähnten Spezialgebietes - und seiner Mittel - an der Untersuchung von Problemen der Verkehrskonjunktur und der langzeitlichen Dynamik in der Verkehrswirtschaft teilzunehmen."

6) Professor Dr. A. PREDÖHL, Direktor des Instituts für Verkehrswissenschaft an der Universität Münster (Schreiben vom 3.7.1956)

"Zunächst möchte ich betonen, daß ich sehr gern bereit bin, an einer Besprechung über die einschlägigen Fragen unter dem Vorsitz von Herrn Kollegen BERKENKOPF teilzunehmen, den auch ich für den geeignetsten Koordinator halte. Was die Vorschläge im einzelnen betrifft, so würde ich es für das beste halten, wenn sie - wie Sie ja auch vorschlagen - zunächst in kleinem Kreise im Kölner Institut besprochen werden.

Auf Anhieb will mir scheinen, daß die Vorschläge zu 7 und 9 den Kreis der Teilnehmer zu weit spannen, wenn es sich um die Ingangsetzung von Forschungsarbeiten handeln soll. Das schließt nicht aus, daß eine gelegentliche Berichterstattung vor einem weiteren interessierten Kreis erwünscht wäre.

Zu Punkt 8 meine ich, daß die Beratung durch den Verkehrswissenschaftlichen Beirat beim Bundesministerium für Verkehr genügt, zumal die Einbeziehung eines der empirisch arbeitenden Institute durch den Vorsitz von Herrn Professor BERKENKOPF bereits gesichert ist. Sehr zweckmäßig erscheint mir dagegen der Vorschlag, daß vom Beirat aus Forschungen mit Bezug auf die Verkehrsdynamik angeregt und koordiniert werden, wobei sowohl einzelne bewährte Forscher auf diesem Gebiet als auch einzelne Institute interessiert werden sollen. Das würde etwa den Schwerpunktprogrammen der Deutschen Forschungsgemeinschaft entsprechen. Das von mir geleitete Institut würde gern bereit sein, sich an einer solchen Kollektivarbeit zu beteiligen."

7) Professor Dr. Ing.habil. E. RÖSSGER, Technische Universität Berlin-Charlottenburg (Schreiben vom 6.8.1956 und 3.11.1956)

"Auf dem Gebiete des Luftverkehrs ist die Zahl der Probleme so groß und vielgestaltig geworden, und sie sind so sehr im Fluß, daß die Anstrengungen auch auf diesem Gebiet weiter gesteigert werden müssen.

Es ist daher im Interesse des Fortschritts auf dem Gebiete des Luftverkehrs unbedingt erforderlich, daß dessen Probleme fortlaufend im Sinne einer der von Herrn Oberregierungsrat Dr. ROGMANN vorgeschlagenen Lösungen bearbeitet werden und daß Vertreter der Wissenschaft an einem zu schaffenden Forum mitwirken.

Vom Standpunkt der wissenschaftlichen Behandlung des Luftverkehrs aus ist jede Lösung zweckmäßig, die sich der Unterstützung der Wirtschaft und der Verwaltung erfreuen kann. Es dürfte jedoch solchen Lösungen der Vorzug zu geben sein, die eine fortlaufende Grundlagenarbeit ermöglichen."

"Für die Übersendung Ihres Schreibens vom 24. Oktober danke ich recht sehr. Es hat mir Anregung gegeben, meine Gedanken weiterhin zu vertiefen. Insbesondere interessieren mich persönlich ganz besonders die Entwicklungen auf dem Gebiete des Luftverkehrs auch als einem wichtigen Teil in der Gesamtluftfahrt.

Ich darf mir erlauben, Ihnen als Anlage eine Untersuchung zu überreichen, die sich mit der zivilen Luftfahrtpolitik der U.S.A. befaßt und die den zweiten Teil einer soeben abgeschlossenen Untersuchung über die weitere Entwicklung des Weltluftverkehrs darstellt.

Über die gesamte Arbeit wurde kürzlich Herrn Staatssekretär Professor BRANDT referiert. Sie soll wiederum in den Forschungsberichten veröffentlicht werden.

Wie Sie zu verstehen belieben, stehe ich selbst stark unter dem Eindruck dessen, was hier erarbeitet worden ist, und dem, was in der Bundesrepublick ist bzw. noch nicht ist.

Daß der Luftverkehr einen integrierenden Bestandteil des Gesamtverkehrs darstellt, ist längst erkannt, ebenso die Notwendigkeit, daß auch von dieser Seite aus an der Koordination im Verkehrswesen insgesamt mitgearbeitet werden muß. Ebenso bekannt ist aber auch, daß diese Erkenntnis immer noch nicht genügend in die Tat umgesetzt werden konnte, trotz aller guten Bemühungen und Hilfe zuständiger Bundesbehörden.

Wenn es Ihnen möglich wäre, die beigefügte Arbeit kurz durchzusehen, so würde es Ihnen sicherlich ebenso gehen wie mir selbst, und Sie kämen vermutlich zu dem Ergebnis, daß noch viel getan werden muß, um eine Konzeption zu finden, die den Luftverkehr in Deutschland in einer umfassenderen Sicht als seither sieht, nämlich in dem Gesamtkomplex einer alles umschließenden Luftfahrtpolitik. Nur im Rahmen einer umfassenden Luftfahrtpolitik kann auch der Luftverkehr richtig gesehen werden und damit den Notwendigkeiten, die für seine Förderung ergriffen werden müssen, Rechnung getragen werden. Leider hat die mangelnde Konzeption für eine Gesamtluftfahrtpolitik bereits zu unangenehmen Auswirkungen und zu einer umfangreichen Pressekampagne geführt. Man mag dies zwar bedauern, jedoch sind sie der Ausdruck einer völligen Unterentwicklung der Luftfahrt in Deutschland. Die Bemühungen, die von verschiedenen Seiten, insbesondere von Ihrem Ministerium im Laufe der vergangenen Jahre unternommen sind, können als bewunderungswürdig angesehen werden und sollten als Modellfall für weitere Bemühungen in der Bundesrepublik dienen.

Und nun zu der Frage der wissenschafts-organisatorischen Lösung des Problems.

Nach der Zersplitterung, die in den vergangenen Jahren zu beobachten war und auf Grund der guten Erfahrungen wiederum, die in Ihrem Lande gemacht worden sind, will es mir erscheinen, daß es letzten Endes darauf ankommt, eine Persönlichkeit zu gewinnen, die über ein Höchstmaß an Einsicht über alle Probleme verfügt, die notwendige Geschicklichkeit des Verstandes und des Herzens mitbringt, alle fachkundigen Kräfte, die bereit sind, mitzuwirken, zusammenzufassen, um dann eine Konzeption für die weitere Tätigkeit zu finden. Für diese Persönlichkeit wäre es sicherlich kein allzu großes Problem, auch die entsprechenden Behördendienststellen und Dienststellen der Wirtschaft sowie Organisationen und Verbände zu gewinnen.

Wenn es eines Beweises bedarf, so könnte ich in diesem Zusammenhange auf die Erfolge des Ausschusses für Funkortung in der Gesellschaft zur

Förderung des Verkehrs hinweisen, dem es in kürzester Zeit unter dem Vorsitz Ihres Herrn Staatssekretärs Professor BRANDT und unter der Geschäftsführung des Herrn Generals MARTINI gelungen ist, ein Gremium zu schaffen, das sich nicht nur innerhalb der Bundesrepublik, sondern ganz besonders auch im Auslande, des höchsten Ansehens erfreut und in wenigen Jahren eine Aufbauarbeit geleistet hat, die es ermöglicht hat, die Bundesrepublik auf diesem wichtigen Teilgebiet den Anschluß an das internationale Niveau finden zu lassen.

Liegt es nicht nahe, sich dieser Erfahrungen zu bedienen? Faßt man dazuhin die Bemühungen auf dem Luftfahrtgebiet, dem Luftverkehrsgebiet im besonderen, die Bemühungen auf dem Verkehrswesen ganz allgemein zusammen, so wüßte ich auch für das neu anliegende und von Ihnen vertretene Problem keine bessere Lösung, als Ihren Herrn Staatssekretär Professor BRANDT zu bitten, er möge sich bereit erklären, die Führung eines zu schaffenden Gremiums zu übernehmen, ihm eine Geschäftsführung etwa in der Form des Ausschusses für Funkortung zur Unterstützung zur Verfügung zu stellen und dieses Gremium alsdann arbeiten zu lassen. Es wird ebenso erfolgreich die Zusammenarbeit mit Behörden der Wirtschaft und der Wissenschaft sowie Organisationen und Verbänden usw. herzustellen in der Lage sein, wie dies in dem erwähnten Beispiel erfolgreich praktiziert wurde.

Nach dem gegenwärtigen Stand der Dinge und der Kenntnis der Arbeitsweise verschiedener Organisationen, die häufig genug ohne eigenes Verschulden so sehr schwerfällig funktionieren müssen, sehe ich keine bessere Möglichkeit, zu einer rascheren und wirksameren Lösung zu kommen als wie oben vorgeschlagen."

8) Professor Dr.-Ing. F. SEEWALD, Technische Hochschule Aachen (Schreiben vom 18.6.1956)

"Es scheint mir nötig zu sein, die Entwicklung des Verkehrs und die Bedingungen, von denen er abhängt, genauer zu erforschen, um rechtzeitig im Interesse der Wirtschaftlichkeit und der Sicherheit die notwendigen Maßnahmen treffen zu können. Ob zur Erreichung dieses Zieles der in Punkt 7 der ROGMANNschen Arbeit vorgeschlagene Weg oder der in Punkt 8 genannte der zweckmäßigere ist, wage ich kaum zu entscheiden. Ich selbst habe das Gefühl, daß die in Punkt 7 vorgeschlagene verkehrswissenschaftliche Spezialkonferenz, die recht umfangreich und daher recht schwerfällig sein würde, vielleicht nicht an den Anfang dieser Bestrebungen gehört. Eine solche Konferenz halte ich für sehr nützlich, nachdem in kleinerem Rahmen die Vorarbeit geleistet ist, die nötig ist, um überzeugende Vorschläge zu machen. Dann kann eine solche Konferenz durch ihre Stellungnahme den Vorschlägen größeres Gewicht geben und die weiteren Arbeitsmöglichkeiten günstiger gestalten. Wieweit solche Vorarbeit bereits vorliegt, kann ich nicht beurteilen. Wenn es der Fall ist, würde eine solche Konferenz wohl nützlich sein.

Den in Punkt 8 der ROGMANNschen Studie vorgeschlagenen Weg, der ja letzten Endes nichts anderes bedeutet, als eine Zusammenarbeit der Sachverständigen herbeizuführen, sollte man auf alle Fälle verwirklichen. Auch den Vorschlag 9 halte ich für durchaus zweckmäßig, denn die Tagungen der Verkehrswissenschaftlichen Gesellschaft sind ja schließlich dazu da, daß solche Fragen erörtert werden und nötigenfalls Stellungnahmen und Entschließungen dazu gefaßt werden.

Da ich mich mit dem Kern der hier zur Diskussion stehenden Probleme nicht beschäftige, sondern Dinge bearbeite, die höchstens am Rande dieses Problem berühren, weiß ich nicht, ob ich viel dazu beitragen kann. Soweit ich dazu in der Lage bin, stehe ich aber gerne zur Verfügung."

9) Dr. SEIDENFUS, Assistent am Verkehrswissenschaftlichen Institut der Universität Köln (Besprechung in der "Zeitschrift für Verkehrswissenschaft", Heft 2/1956)

"Verfasser stellt einleitend u.E. sehr zu recht fest, "daß es bis heute in Deutschland eine eigentliche Theorie des Verkehrs im modernen und umfassenden Sinne des Wortes nicht gibt" (3). Insbesondere die dringend einer genauen Untersuchung harrenden Probleme der Verkehrskonjunktur finden kaum eine nennenswerte Beachtung, und es zeigt sich, daß auch die Vielzahl der Konjunkturtheorien, die sich mit den Schwankungen im Wirtschaftsablauf befassen, diese Fragen nicht berücksichtigen.- Das zeigt sehr deutlich eine umfassende Übersicht über die allgemeinen und speziellen Forschungen zur Verkehrskonjunktur (15ff.), aus der hervorgeht, daß lediglich das deutsche Institut für Wirtschaftsforschung, München, und das Rhein.-Westfälische Institut für Wirtschaftsforschung, Essen, derartige Untersuchungen vornehmen - diese jedoch nur gelegentlich oder wenn periodisch, so in einem für die Erarbeitung echter Verkehrsdiagnosen nur unzulänglichen Maße, abgesehen von dem Ifo-Schnelldienst.

Wenn man auch der Auffassung sein muß, daß die Verkehrswirtschaft, obwohl Glied "sui generis", innerhalb der Volkswirtschaft, so eng (kausal und funktional) mit den übrigen Vorgängen des Wirtschaftsgeschehens verknüpft ist, daß das Konjunkturgeschehen auf dem Verkehrsmarkt unlösbar mit der allgemeinen wirtschaftlichen Wirtschaftsdynamik verknüpft ist, so empfiehlt es sich dennoch, wie Verfasser recht überzeugend nachweist, "im Interesse einer klaren Erkenntnis der Zusammenhänge" "Verkehrskonjunktur und langzeitliche Verkehrsdynamik als eigenes Beobachtungs- und Forschungsgebiet" zu behandeln.

"Das Problem" selbst ist undiskutabel: ohne ausreichende Verkehrskonjunkturforschung keine erfolgreiche Investitionspolitik im Verkehr. So könnte man es zugespitzt formulieren. Die Langfristigkeit der Investitionen fordert eine Berücksichtigung der langzeitlichen Entwicklungs- und Umschichtungsprozesse in der Verkehrswirtschaft.

Ganz besondere Aufmerksamkeit weiß der Verfasser durch die Wiedergabe der Antworten dreier Institute für Wirtschaftsforschung zu wecken, denen er eine Reihe von Fragen vorgelegt hat, die sich mit diesem Problem befassen. Insbesondere in den abschließenden Stellungnahmen stehen Einsichten, deren Lektüre man dringend empfehlen möchte (48-53). - Die Überlegungen gipfeln in der Forderung, ein Gremium in Form eines Forschungsrates zu schaffen, der - ohne daß damit neue Institutionen ins Leben gerufen werden, da er sich aus den bereits bestehenden Instituten für Wirtschaftsforschung und Verkehrswissenschaft und der verwaltungseigenen Verkehrsbeobachtung zusammensetzen soll - die Aufgabe hat, "aus der ständigen Verbindung von Experten der Verkehrswissenschaft, der empirischen Verkehrsforschung und von Wissenschaftlern der verwaltungseigenen Verkehrsbeobachtung insbesondere hinsichtlich der Verkehrskonjunkturforschung und der Erforschung der langzeitlichen Verkehrsdynamik Problemstellungen zu entwerfen und durch wissenschaftliche Erkenntnisgewinnung der Verkehrspolitik und der Verkehrspraxis unerläßlichen Dienst zu erweisen"(56). Man darf der Hoffnung Ausdruck verleihen, daß die kleine Schrift, die eine Fülle von Anregungen und Hinweisen enthält, die Beachtung findet, die ihrem gedanklichen Inhalt angemessen ist."

10) Ministerialrat Dipl.-Ing. SPEICHER, Düsseldorf
(Schreiben vom 9.8.1956)

"Die von Herrn Oberregierungsrat Dr. ROGMANN angeregte Untersuchung über Verkehrskonjunktur und langzeitliche Dynamik in der Verkehrswirtschaft vom 20.5.1956 - IV/A/2-20-33 - entspricht auch nach meiner Auffassung einem besonderen Bedürfnis. Von den drei Möglichkeiten der Durchführung

a) in der verkehrswissenschaftlichen Spezialkonferenz,
b) durch Zuordnung eines Spezialwissenschaftlers zum Verkehrswissenschaftlichen Beirat beim Bundesministerium für Verkehr,
c) durch Bearbeitung innerhalb der Deutschen Verkehrswissenschaftlichen Gesellschaft

halte ich die letztere für die geeignetste. Die Deutsche Verkehrswissenschaftliche Gesellschaft ist ihrer Aufgabenstellung und ihrer Struktur nach am besten geeignet, Themen von solcher Breite zu bearbeiten. Ich möchte empfehlen, bei ihr einen besonderen Arbeitskreis zu bilden, der von Fall zu Fall Fachwissenschaftler heranzieht. Dadurch wird einerseits die notwendige Anpassungsfähigkeit bei der Bearbeitung der Themen erzielt und zum andern auch die unbedingt erwünschte Neutralität erreicht. Für die Leitung dieses Arbeitskreises innerhalb der Deutschen Verkehrswissenschaftlichen Gesellschaft sollte man versuchen, Herrn Prof. BERKENKOPF zu gewinnen."

11) Ministerialdirektor a.D. W. WETZLER, Präsident des Oberprüfungsamtes für die höheren technischen Verwaltungsbeamten
(Schreiben vom 6.7.1956 und 9.11.1956)

"Inzwischen ist die sich damals erst in der Ferne abzeichnende Aufgabe für die amtlichen Stellen von unmittelbarem Interesse und von nicht hoch genug einschätzender Bedeutung geworden. Für die Beurteilung und Vorausplanung der in Frage stehenden Dinge ist die Beratung durch ein unabhängiges, nur dem Ganzen verpflichtetes und wissenschaftlich fundiertes Gremium sicher von hohem Wert. Ein solches Gremium, in dem sich Wissenschaft und Verwaltungspraxis vereinigen müßten, sollte, um wirksam tätig zu sein, wohl als Dauereinrichtung bestehen. Besonders wichtig dürfte es sein, es vor Erstarrung zu bewahren und gegen Einwirkungen abzuschirmen, die aus anderen als verkehrs- und wirtschaftsbedingten Interessen entspringen.

Bei der Vielzahl der bereits vorhandenen Organisationen, die ja heute schon einen großen Teil der besten Fachleute absorbiert haben, sollte man m.E. nicht so sehr an die Schaffung einer neuen Organisation denken als vielmehr die Möglichkeit prüfen, vorhandene Einrichtungen entsprechend auszubauen und sie vor allem ausreichend zu dotieren.

Es dürfte Aufgabe der vorgeschlagenen verkehrswissenschaftlichen Spezialkonferenz sein, über die Bildung einer solchen Instanz zu beraten. Dabei dürfte es sich empfehlen, den Teilnehmern dieser Konferenz einige Zeit vor dem Zusammentritt ein Exposé über das zu behandelnde Thema zuzuleiten. Auch mir scheint der Vorsitz bei Herrn Prof. Dr. BERKENKOPF in guten Händen zu liegen."

b) Wissenschaftlicher Beirat beim Bundesverkehrsministerium

Herr Professor Dr. Dr. BERKENKOPF, Direktor des Instituts für Verkehrswissenschaft an der Universität Köln und Vorsitzender des Wissenschaftlichen Beirats beim Bundesverkehrsministerium, hatte die Liebenswürdigkeit, die erste Studie des Verfassers zur Veröffentlichung in der Buchreihe des Instituts für Verkehrswissenschaft der Universität Köln zu übernehmen. Am 19.6.1956 fand zwischen Herrn Professor Dr. BERKENKOPF und dem Verfasser eine Besprechung statt, die vom Ministerium für Wirtschaft und Verkehr des Landes Nordrhein-Westfalen angeregt worden war.

Mit Schreiben vom 19.7.1956 übermittelte das Ministerium Herrn Professor Dr. BERKENKOPF Fotokopien von etwa 70 Stellungnahmen, die bis zu diesem Zeitpunkt eingetroffen waren. In dem gleichen Schreiben wurde Herr Professor Dr. BERKENKOPF gebeten, zunächst einen persönlichen Vorschlag für die organisatorische Weiterbehandlung der Frage zu überlegen und dabei die noch nicht bekannte Stellungnahme der Mitglieder des Wissenschaftlichen Beirats beim BVM zu berücksichtigen.

Mit Schreiben vom 4. 8. 1956 teilte Herr Professor Dr. BERKENKOPF dem Ministerium mit, er werde Anfang September dem Wissenschaftlichen Beirat über die Angelegenheit nochmals berichten und eine Stellungnahme des Beirats herbeizuführen versuchen.

Mit Schreiben vom 9.9.1956 übermittelte das Ministerium Herrn Professor Dr. BERKENKOPF Fotokopien einiger weiterer inzwischen eingegangenen wichtigeren Stellungnahmen.

Mit Schreiben vom 4.9.1956 teilte Herr Professor Dr. BERKENKOPF dem Ministerium folgendes mit:

"In der heutigen Sitzung der Gruppe A (Verkehrswirtschaft) des Wissenschaftlichen Beirats beim Bundesverkehrsministerium haben die Mitglieder dieser Gruppe zu dem dortigen Schreiben vom 19. Juli, Akz. IV/A 2-20-33 betr. "Verkehrskonjunktur und langzeitliche Dynamik in der Verkehrswirtschaft" Stellung genommen. Wir sind der Meinung, daß man den Fragen der Verkehrskonjunktur und der langzeitigen Dynamik in der Verkehrswirtschaft ein verstärktes Interesse entgegenbringen muß, stärker als das bisher der Fall gewesen ist. Das gilt vor allem für die Frage der Investitionen im Verkehrswesen. Den besten Weg für ein intensiveres Studium dieser Fragen sehen wir darin, daß die an den deutschen Universitäten bestehenden verkehrswissenschaftlichen Institute, die sich bereits seit einiger Zeit mit diesen Problemen beschäftigen, für den Ausbau und die Vertiefung dieser Forschungen wesentlich größere Mittel, als ihnen bisher zur Verfügung standen, erhalten. Wir sind übereinstimmend der Meinung, daß diese Forschungen am erfolgreichsten und mit den relativ geringsten Mitteln durch die bestehenden Verkehrsinstitute durchgeführt werden können, weil sie allein über die qualifizierten Kräfte auf dem Gebiet der Verkehrswissenschaft verfügen, die dafür notwendig sind. Die vorhandenen Wirtschafts-Forschungsinstitute haben solche Kräfte nicht, und es wird ihnen angesichts der Schwierigkeiten, sich solche Kräfte zu verschaffen, auch kaum gelingen, sie in absehbarer Zeit zu bekommen. Andererseits verfügen die bestehenden Verkehrsinstitute an den deutschen Universitäten, die alle von nationalökonomischen Professoren geleitet werden, in diesen und in ihren volks- und verkehrswissenschaftlichen Mitarbeitern über Kräfte die auch auf dem Gebiet der Konjunkturkunde und -Forschung qualifiziert sind. Die Konzentration der Verkehrs-Konjunkturforschung in diesen Instituten ist daher das Naturgegebene. Notwendig ist allerdings, wie schon erwähnt, eine wesentlich stärkere finanzielle Unterstützung dieser Institute, damit die betr. Abteilungen sowohl personell wie sachlich für ein vertieftes Studium aller einschlägigen Fragen besser ausgestattet werden können.

Der Beirat selbst besitzt nicht den für eine Spezialforschung notwendigen Apparat, den die einzelnen Verkehrsinstitute haben. Er kann aber über seine Mitglieder auf eine Arbeitsteilung und Zusammenarbeit zwischen den einzelnen Instituten auch auf dem Gebiet der Verkehrs-Konjunkturforschung hinwirken.

Noch weniger als die Konjunktur- bzw. Wirtschafts-Institute ist die Deutsche Verkehrswissenschaftliche Gesellschaft in der Lage, Forschung auf dem Gebiet der Verkehrskonjunktur zu treiben, da ihr der dafür notwendige Apparat völlig fehlt und die Aufgabe weit über ihre Kräfte hinaus gehen würde.

Die Einberufung einer "Verkehrswissenschaftlichen Spezialkonferenz" halten wir für untunlich, da unseres Erachtens bei deren Zusammensetzung nur allgemeine Redensarten herauskommen würden. Ebensowenig halten wir die Bildung eines "Forschungsrates" für empfehlenswert, da die Aufgaben wesentlich besser und intensiver von den verkehrswissenschaftlichen Instituten wahrgenommen werden können, wenn man sie finanziell besser ausstattet.

Eine gewisse Zusammenarbeit mit den wirtschaftswissenschaftlichen Instituten durch gelegentliche Aussprachen über allgemeine konjunkturelle Fragen mit dem einen oder anderen Herrn dieser Institute kann durchaus in Frage kommen. Sie ist dann aber eine Angelegenheit der einzelnen Verkehrsinstitute selbst. Die Hinzuziehung eines Vertreters der wirtschaftswissenschaftlichen Institute als Mitglied des Wissenschaftlichen Beirats beim Bundes-Verkehrsministerium halten wir nicht für richtig, weil der Schwerpunkt der verkehrskonjunkturellen Arbeit bei den einzelnen Verkehrsinstituten liegt, und weil diese außerdem selber in der Lage sind, die betr. Fragen zu bearbeiten."

Unter dem 15.10.1956 richtete das Ministerium an Herrn Professor Dr. BERKENKOPF folgendes Schreiben:

"Für Ihr ausführliches Schreiben vom 4. September 1956 in der Angelegenheit "Verkehrskonjunktur und langzeitliche Dynamik in der Verkehrswirtschaft" danke ich Ihnen sehr. Ich habe mit besonderem Interesse von der Stellungnahme des Wissenschaftlichen Beirats beim BVM Kenntnis genommen.

Aus den Ihnen zugegangenen Fotokopien werden Sie ersehen haben, daß die Meinungen anderer Wissenschaftler, mehrerer Verkehrsfachstellen usw.

nicht völlig mit der Auffassung des Verkehrswissenschaftlichen Beirats übereinstimmen. Neuere Stellungnahmen weisen in eine ähnliche Richtung.

Der Herr Bundesminister für Verkehr hat die Absicht, die Frage der künftigen Erforschung der Verkehrskonjunktur und der langzeitigen Verkehrsdynamik auf der übernächsten Verkehrsminister-Konferenz zur Erörterung zu stellen. Zur Orientierung der Teilnehmer an dieser Konferenz, aber auch der Öffentlichkeit, sollen die hier eingegangenen Stellungnahmen durch Herrn Dr. ROGMANN in einer besonderen Schrift zusammengefaßt werden, die in der Schriftenreihe des Ministeriums "Technische und volkswirtschaftliche Berichte" rechtzeitig veröffentlicht werden wird.

Mir scheint es sehr wesentlich zu sein, daß man versucht, möglichst bald zu klären, wie die einzelnen Institute für Verkehrswissenschaft sich die Aufteilung der gesamten Forschung denken. Sicher ist es notwendig, ein klares Programm zu entwickeln und die Arbeiten der einzelnen Institute zu koordinieren. Sonst besteht m.E. die Gefahr von Doppelarbeit aber auch der Entstehung von Forschungslücken.

Ich halte es angesichts des engen Zusammenhangs zwischen Wirtschaftskonjunktur und Verkehrskonjunktur sowie zwischen den langzeitigen Prozessen der Wirtschaft und des Verkehrs für schwierig, daß die Institute für Verkehrswissenschaft nun selbst auch noch die Mühe der Beschaffung und Analyse der Wirtschaftsreihen übernehmen wollen. Vielleicht würde wenigstens hier eine echte Koordinierung mit den Instituten für Wirtschaftsforschung eher und billiger zum Ziele führen ?

Es kommt sehr darauf an, mit dem geringsten Aufwand an Kosten den höchsten wissenschaftlichen Erfolg zu erzielen.

Ich wäre Ihnen daher für Überlegungen zu folgenden Punkten besonders dankbar:

1) Arbeitsprogramm und Arbeitsteilung der Institute für Verkehrswissenschaft zur systematischen und regelmäßigen Verkehrskonjunkturforschung und zur Erforschung der langzeitigen Prozesse,

2) Höhe der jährlich hierfür erforderlichen besonderen Forschungsmittel insgesamt und in der Aufteilung auf die einzelnen Institute für Verkehrswissenschaft,

3) Möglichkeiten der Rationalisierung dieser Forschungsaufgaben durch Koordinierung mit anderen Wissenschaftsinstituten.

Die Vorklärung wenigstens dieser drei Punkte würde sicherlich dazu dienen können, für die Erörterung auf der Verkehrsminister-Konferenz einige wesentliche Anhaltspunkte zu ergeben.

Ich darf zugleich vorschlagen, daß in der ersten Hälfte des Monats November d.J. eine weitere Besprechung zwischen Ihnen und Herrn Dr. ROGMANN in Aussicht genommen wird.

Zugleich benutze ich die Gelegenheit, um Ihnen und den Herren des Verkehrswissenschaftlichen Beirats erneut meinen besonderen Dank für alle Bemühungen um die Verwirklichung unserer gemeinsamen Forschungsanliegen zum Ausdruck zu bringen."

Herr Professor Dr. BERKENKOPF teilte dem Ministerium mit Schreiben vom 24.10.1956 mit, er werde auf Grund des letzten Schreibens des Ministeriums in der nächsten Sitzung des Beirats am 16.11. eine Stellungnahme des Beirats zu den angeregten Fragen herbeiführen und dann dem Ministerium eine ausführliche Mitteilung zugehen lassen.

Unter dem 26.11.1956 ließ Herr Professor Dr. BERKENKOPF dem Ministerium folgende Stellungnahme zugehen:

"In der Sitzung des Wissenschaftlichen Beirates am 16. d.M. haben sich die Herren Professoren NAPP-ZINN, Alfons SCHMITT und WELTER bereit erklärt, die von Ihnen angeregten Arbeiten auf dem Gebiet der Verkehrskonjunkturforschung zu übernehmen.

Ich darf Ihnen in der Anlage einen Aktenvermerk ,über die Vorschläge der drei genannten Herren überreichen.

Sollte das Ministerium die Herren mit der Durchführung der Forschungen beauftragen, so möchte ich bitten, die Korrespondenz direkt mit Herrn Prof. Dr. NAPP-ZINN zu führen, da die Herren nicht als Mitglieder des Wissenschaftlichen Beirats, sondern als Leiter verkehrswissenschaftlicher Institute die Forschungen durchführen würden.

Eine evtl. gewünschte Besprechung mit Herrn Dr. ROGMANN würde dann auch im Kreis der drei genannten Kollegen durchgeführt werden können.

(Aktenvermerk: Die Professoren Dr. A.F. NAPP-ZINN, Leiter der Wirtschaftswiss. Abteilung des Instituts für Verkehrswissenschaft an der Universität Frankfurt, Dr. Alfons SCHMITT, Leiter des Instituts für Verkehrswissenschaft an der Universität Freiburg, Dr. Erich WELTER, Leiter des Instituts für Verkehrswirtschaft an der Universität Mainz, besprachen am 16. November 1956 in Offenbach Zielsetzung und Methoden einer wissenschaftlichen Gemeinschaftsuntersuchung über "Verkehr und Konjunktur", durch die die Zusammenhänge von Verkehrsentwicklung und allgemeiner Wirtschaftsentwicklung geklärt werden sollen. Sie erkannten einstimmig die hohe Bedeutung einer solchen Untersuchung an, von der Erkenntnisse über die Verwendbarkeit gegebener Entwicklungsreihen für die weitere Verkehrs- und Wirtschaftspolitik erwartet werden können, und erklärten sich bereit, eine solche Gemeinschaftsuntersuchung durchzuführen. Unter ihrer Leitung sollen wissenschaftliche Kräfte an den verkehrswissenschaftlichen Instituten der Universitäten Frankfurt, Freiburg und Mainz die erforderlichen Einzeluntersuchungen durchführen, die durch gemeinsame Besprechungen koordiniert werden.

Es wurde folgende Arbeitsverteilung zwischen den 3 Professoren und Instituten vorgesehen:

Mainz (Prof. WELTER)	Erarbeitung der Entwicklungsreihen der Gesamtwirtschaft,
Frankfurt (Prof. NAPP-ZINN)	Erarbeitung der Entwicklungsreihen der Verkehrswirtschaft,
Freiburg (Prof. SCHMITT)	Erarbeitung der Zusammenhänge von Gesamtwirtschaft und Verkehr.

Als notwendige Zeitdauer der Untersuchungen, zu deren Ende ausreichende Ergebnisse erwartet werden können, wurden zwei Jahre angesehen. Der Finanzbedarf jeden Instituts für die Durchführung der genannten Aufgaben wurde veranschlagt mit

Persönliche Ausgaben	DM 15 000,--
Sächliche Ausgaben	DM 5 000,--
zusammen	DM 20 000,--

Für die Durchführung der Gesamtaufgabe wird somit ein auf zwei Jahre zu verteilender Gesamtbetrag von DM 120 000 für erforderlich gehalten.)"

c) Deutsche Verkehrswissenschaftliche Gesellschaft e. V.

Deutsche Verkehrswissenschaftliche Gesellschaft e.V., (Ministerialrat i.R. Dr.Ing. R. FEINDLER, Schreiben vom 1.6.1956)

"Sie waren so liebenswürdig, mir Ihre Studie "Verkehrskonjunktur und langzeitliche Dynamik in der Verkehrswirtschaft" zur Kenntnis zu bringen ...... Ich kann Sie nur in Ihrer Vermutung bestärken, daß mich diese Schrift außerordentlich interessiert. Ich verweise dabei nicht nur auf meine eigenen Veröffentlichungen auf diesem Gebiet, sondern auch auf die von Ihnen mehrfach zitierte Veröffentlichung "Konjunkturschwankungen im Reichsbahnverkehr", die von mir erarbeitet und abgefaßt wurde und 1936 als Sonderheft des Instituts für Konjunkturforschung Nr. 38 in der Hanseatischen Verlagsanstalt Hamburg veröffentlicht wurde. Ich war in den Jahren 1931 bis 1934 seitens der Deutschen Reichsbahn 3 Jahre lang mit einem Sonderdezernat betraut worden, um die konjunkturelle Abhängigkeit des Verkehrs von der Wirtschaft zu klären und eine Methode zu erarbeiten, wie man handfest eine Prognose über den Verkehrsumfang im voraus aufstellt. So habe ich im Herbst 1932, wie aus Seite 76 der Veröffentlichung hervorgeht, die 1933 zu erwartende Einnahme aus dem Güterverkehr (um nur diesen Sektor zu nennen) auf 1825 Millionen RM vorausgeschätzt. 1934 wurde dann ein endgültiges Ergebnis des Jahres 1933 in Höhe von 1815 Mill. RM festgestellt. Die Einnahme für 1934 wurde im Oktober 1933 auf 2082 Mill.RM geschätzt. Die wirkliche Einnahme stellte sich dann auf 2140 Mill.RM. Bei den grundsätzlichen Veränderungen dieser Jahre gegenüber den Vorjahren um 5,0 bzw. 17,9 % hatte diese Schätzungsmethode also recht große Genauigkeit. Die Arbeiten umfaßten naturgemäß die Verbindung des Reichsbahnverkehrs mit den allgemeinen Verkehrsbarometern, eine eingehende Marktbeobachtung und schließlich die Auseinandersetzung mit den langfristigen und langwelligen Konjunkturbewegungen.

Dieses möchte ich vorausschicken, um Ihnen darzulegen, daß mich die von Ihnen aufgeworfenen Fragen sehr interessieren. Kommt hinzu, daß ich schon länger an einer Arbeit über den Rythmus des Verkehrs sitze und schon selbst auf die Neubearbeitung dieser Gedanken und ihre Ausdehnung auf das gesamte Verkehrswesen gekommen bin. Letzteres ist ja deshalb gegeben, weil mittlerweile sich die Ausdehnung des Kraftverkehrs vollzogen hat.

Ich möchte daher meine Bereitwilligkeit erklären, an diesen Fragen mit zu arbeiten und auch an einer Besprechung bei Herrn Prof. Dr. BERKENKOPF teilzunehmen, um den ganzen Stoff einmal durchzuberaten. Von meiner Bearbeitungszeit 1931 bis 1934 her habe ich übrigens auch noch sehr wesentliche Unterlagen zur Verfügung.

Bezüglich des Kreises, der an einer solchen Arbeit beteiligt wird, möchte ich raten, diesen Kreis möglichst klein zu wählen, insbesondere bei der ersten Besprechung. Ich habe damals in engstem Einvernehmen mit dem Institut für Konjunkturforschung gearbeitet, dem Experten für die verschiedensten Wirtschaftsgebiete als Angestellte angehörten und wo wirklich jeder Einzelne sein Fachgebiet beherrschte und Aufschlüsse geben konnte. Es muß auf diesem Gebiete wirklich sehr exakt wissenschaftlich gearbeitet werden, und allgemeine Reden haben bei einer solchen Arbeit wirklich keinen Zweck.

Außerdem muß auch sehr schnell gearbeitet werden, d.h. für die Gewinnung der kurz- und langzeitlichen Überblicke steht nicht viel Zeit zur Verfügung, wenn die Ergebnisse rechtzeitig bekanntgegeben werden und die Verkehrsmittel hierauf ausgerichtet werden sollen. Vorteilhaft scheint es mir zu sein, für die verschiedensten Gebiete Experten aufzusuchen, die von Fall zu Fall oder regelmäßig in gewissen Abständen planmäßig zu ganz bestimmt gestellten Fragen gehört werden.

Aus diesem Grunde würde ich einen "Forschungsrat für Verkehrskonjunktur und langzeitliche Verkehrsdynamik" als vermutlich zu umfangreich und zu schwerfällig halten und lieber einem kleinen Gremium ohne behördliche und bürokratische Fesseln den Vorzug geben.

Was schließlich die unter Punkt 9 aufgeworfene Beteiligung der Deutschen Verkehrswissenschaftlichen Gesellschaft anbelangt, so kann ich auch, ohne daß eine Befragung und Beratung des gesamten Hauptvorstandes möglich gewesen ist, die Versicherung abgeben, daß sich die DVWG unbedingt mit diesen Fragen beschäftigen wird. Es kann ggf. bei der diesjährigen wissenschaftlichen Jahrestagung am 23. Oktober in Mannheim darüber gesprochen werden. Es sollte sich aber empfehlen, den Kreis, der an solchen Fragen beteiligt ist, seitens der DVWG dann doch besser gesondert einzuberufen, um genügend Aussprachemöglichkeit zu bieten. Es wäre auch denkbar, daß die DVWG, in deren Reihen sich viele an diesen Fragen beteiligte Kräfte befinden, einen Arbeitskreis für die weitere Behandlung einsetzt.

Ich habe Ihnen vorstehend eine Reihe Gedanken entwickelt, so wie ich dieselben persönlich in Erinnerung an meine eigene Arbeit sehe und wie ich glaube, daß auch die Einstellung der DVWG zunächst einmal sein wird. "

5. Wirtschaftswissenschaften

a) Wirtschaftsforschungsinstitute und Statistisches Bundesamt

1) Bremer Ausschuß für Wirtschaftsforschung (Schreiben vom 4.6.1956 und 13.11.1956)

"Grundsätzlich stimme ich der Auffassung zu, daß die Verkehrswirtschaft in ihrer kurzfristigen und langzeitlichen Dynamik in der Nachkriegszeit verhältnismäßig wenig untersucht worden ist, und daß eine Intensivierung der Wirtschaftsforschung auf diesem Gebiet wünschenswert wäre. Daß die Verkehrsforschung bisher etwas stiefmütterlich behandelt wurde, liegt meiner Ansicht nach daran, daß für dieses Gebiet spezielle Fachleute notwendig sind. Es ist für die meisten wirtschaftswissenschaftlichen Institute aber schwierig, ein besonderes Verkehrsreferat einzurichten. Vor allem ist es notwendig, nicht nur gelegentlich verkehrswirtschaftliche Arbeiten durchzuführen, sondern die Probleme müssen mit System und mit einer gewissen Kontinuität untersucht werden. Insofern wäre ein spezielles Gremium hierfür zweifellos von Nutzen.

Eine Aussprache und Verständigung über die vorliegenden Probleme im Rahmen einer Spezialkonferenz, wie in Punkt 7 vorgeschlagen, würde zweifellos nützlich sein. Unser Institut und ich selbst haben sich allerdings mit Verkehrsproblemen verhältnismäßig wenig befaßt. Dennoch glaube ich sagen zu können, daß nach meinem Eindruck die Unübersichtlichkeit auf dem Gebiet der Verkehrsforschung besonders groß ist. Schon eine derartige erste Zusammenkunft würde zur Klärung beitragen. Auf dieser Zusammenkunft von verkehrswirtschaftlichen Fachleuten wäre dann auch das weitere Vorgehen in organisatorischer Hinsicht zu erörtern. Von einer Stellungnahme zu den Punkten 8 und 9 möchte ich daher absehen, zumal ich mich hierfür auch nicht für zuständig halte.

Als Vorstandsmitglied der Arbeitsgemeinschaft deutscher wirtschaftswissenschaftlicher Forschungsinstitute begrüße ich jedenfalls Ihre Absicht, die Verbindung zu der empirischen Wirtschaftsforschung enger zu gestalten. Ich nehme an, daß Sie sich mit der genannten Arbeitsgemeinschaft (Bonn, Burgstraße 160) sowie mit den Instituten in Kiel, Berlin, München, Essen, die ebenfalls im Vorstand vertreten sind, in Verbindung gesetzt haben.

Ich werde dem Herrn Vorsitzenden der Arbeitsgemeinschaft, Herrn Professor Dr. FRIEDENSBURG, vorschlagen, daß wir Ihre Bestrebungen auf der nächsten Vorstandssitzung und ggf. auch auf der nächsten Mitgliederversammlung, die jedoch erst im Oktober stattfindet, besprechen."

"Inzwischen hat sich das Rheinisch-Westfälische Wirtschaftsinstitut, Essen, in Heft 10 seiner "Mitteilungen" ausführlich zu dieser Frage geäußert. Ich kann den Ausführungen dieses Beitrages "Zur Organisation der verkehrswirtschaftlichen Forschung" nur zustimmen."

2) Deutsches Institut für Wirtschaftsforschung

aa) Professor Dr. F. FRIEDENSBURG, MdB, Präsident des Deutschen Instituts für Wirtschaftsforschung (Schreiben vom 1.6.1956)

"Auch in dem von mir geleiteten Deutschen Institut für Wirtschaftsforschung wird die Erforschung der Verkehrskonjunktur und der langfristigen Entwicklung der Verkehrswirtschaft für notwendig gehalten. Den von Herrn Oberregierungsrat Dr. ROGMANN in seiner Schrift unterbreiteten Vorschlägen kann ich daher zustimmen. Eine "Verkehrswissenschaftliche Spezialkonferenz", die Vorschläge für die Bearbeitung des Problems der Verkehrskonjunkturforschung aufstellen soll, erscheint mir als der richtige Weg. Hat diese Konferenz ihre Aufgabe erfüllt, so wäre die Einrichtung eines "Forschungsrates für Verkehrskonjunktur und langzeitliche Verkehrsdynamik", bei dem u.a. die Wirtschaftsforschungsinstitute vertreten wären, die geeignete Möglichkeit, der Leitung der Bundesverkehrspolitik und der Verkehrspraxis beratend zur Seite zu stehen. Die Alternative, den "Verkehrswissenschaftlichen Beirat beim Bundesminister für Verkehr" zu erweitern oder gar das Gesamtanliegen erst in diesem oder in dem nächsten Jahr vor die "Deutsche Verkehrswissenschaftliche Gesellschaft" zu bringen, erscheint mir weniger geeignet bzw. zu zeitraubend für diese von Jahr zu Jahr an Bedeutung gewinnenden Fragen."

bb) Dr. H. OTTO, Hauptreferent im Deutschen Institut für Wirtschaftsforschung (Besprechung in den Vierteljahresheften des Deutschen Instituts für Wirtschaftsforschung, 1956, Seite 260 f.)

"ROGMANN geht bei seiner Studie, die den Aufriß einer komplexen Problematik an Hand einer weiten Literaturübersicht darstellt, davon aus, daß es bis heute in Deutschland noch keine moderne Theorie des Verkehrs und der Verkehrswirtschaft im umfassenden Sinne des Wortes und keine Lehre von der Verkehrskonjunktur gibt (S. 3). Die Verkehrswirtschaft sieht R. als kausal und funktional eng verbundenes Glied sui generis der Volkswirtschaft an und folgert, daß Konjunktur und langzeitliche Dynamik des Verkehrs eng mit der wirtschaftlichen Konjunktur und langzeitlichen Entwicklung verbunden sind (S. 5).

Sein Versuch, an Hand der zahlreichen Meinungen über Wesen und Art der wirtschaftlichen Schwankungen Anhaltspunkte für eine Theorie der Verkehrskonjunktur zu finden, kommt zu dem Ergebnis, daß der Analyse der verkehrswirtschaftlichen Wechsellage bisher noch kein eigener Platz eingeräumt worden ist. Ebenso wie bei den Hauptmerkmalen des Konjunkturprozesses wird auch in der Konjunkturtheorie die Verkehrswirtschaft nur sporadisch erwähnt, wenn es darum geht, weitere Anhaltspunkte für die ökonomischen Theorien zu finden (S.11). Bei einem breiten Überblick über die Hauptrichtungen der Konjunkturtheorien kommt der Verfasser zu dem Ergebnis, daß für die Verkehrswirtschaft kein Vorbild oder Anschlußpunkt zu finden ist (S.15).

Den meisten Raum seiner Studie widmet R. der Übersicht über allgemeine und spezielle Forschungen zur Verkehrskonjunktur und langzeitlichen Entwicklung der Verkehrsdynamik. In den ersten beiden Abschnitten wird auf die allgemeine und auf die verkehrswissenschaftliche Literatur eingegangen. Im allgemeinen Schrifttum werden Äußerungen von Samuelson, Spiethoff, Tinbergen, Paulsen u.v.a. über die Verkehrswirtschaft zitiert.

Bei den Verkehrswissenschaftlern sind Ansätze zur Klärung und Erklärung der Verkehrskonjunktur und langzeitlichen Entwicklung der Verkehrswirtschaft häufiger. Als Musterbeispiel wird das von dem Verfasser dieser Zeilen sehr geschätzte Werk "Trafic postal et Cycle Economique" des Franzosen ANGLADE genannt.

Beim Überblick über die spezielle Verkehrskonjunkturforschung werden Arbeiten der Konjunktur- und Wirtschaftsforschungsinstitute angeführt. Bis zum Ende des zweiten Weltkrieges waren besonders die Arbeiten von TEUBERT und die in Zusammenarbeit vom Institut für Konjunkturforschung und der Reichsbahn bzw. Reichspost entstandenen Beiträge wichtig. Für die Nachkriegszeit werden einzelne Arbeiten des Deutschen Instituts für Wirtschaftsforschung, des Ifo-Instituts und des Rheinisch-Westfälischen Instituts für Wirtschaftsforschung erwähnt.

Auf die Entwicklungs- und Umschichtungsprozesse in der Verkehrswirtschaft wird besonders hingewiesen, weil die Frage nach der langzeitlichen Entwicklung der Verkehrswirtschaft besonders dringlich gestellt wird (z.B. Motorisierung, Städtebau sowie Landstraßenbau). Hier werden besonders Parallelen zur US-amerikanischen Entwicklung angedeutet. Neben allen angeführten Autoren ist in diesem Zusammenhang auf das August-Heft der Mitteilungen des Rheinisch-Westfälischen Instituts für Wirtschaftsforschung hinzuweisen, in dem eine gute Darstellung der Motorisierung in den USA und der Bundesrepublik gegeben wird, soweit es sich um Personenkraftwagen handelt.

Schließlich wird auch noch die verwaltungseigene Verkehrsbeobachtung erwähnt und dabei die zu vertretende Auffassung geäußert, daß aus personellen und sachlichen Gründen die Verkehrskonjunkturforschung im umfassenden Sinn Sache der Wissenschaft sei (S.40).

Weil das Anliegen der Arbeit erst in zweiter Linie wissenschaftlich-literarischer Art ist, als Hauptaufgabe sich aber - das ist bei der Beurteilung besonders zu unterstreichen - den Hinweis auf ein allgemeines und sachlogisches Bedürfnis stellt, hat der Verfasser im letzten Kapitel die weitgehend übereinstimmende Stellungnahme dreier Wirtschaftsforschungsinstitute zu einigen von ihm gestellten thematischen Hauptfragen wiedergegeben.

Die Studie ist vom Wirtschafts- und Verkehrsministerium Nordrhein-Westfalen als Ausgangspunkt für eine Umfrage nach den Möglichkeiten einer laufenden, systematischen Erforschung der Verkehrskonjunktur und der langzeitlichen Umgliederungs- und Wachstumsprozesse des Verkehrs genommen worden. Es ist zu hoffen, daß die Vorschläge ROGMANNS bezüglich der Einberufung einer "verkehrswissenschaftlichen Spezialkonferenz" und späteren Begründung eines "Forschungsrates für Verkehrskonjunktur und langzeitliche Verkehrsdynamik" (S.55/56) in die Tat umgesetzt werden."

3) Hamburgisches Welt-Wirtschafts-Archiv (Schreiben vom 29.6.1956)

"Über die Notwendigkeit und Bedeutung der vom Verfasser vorgeschlagenen Einbeziehung des Verkehrswesens in die Konjunkturforschung und der Erarbeitung von Analysen über langzeitliche Vorgänge im Verkehrssektor dürfte u.E. kein Zweifel bestehen. Wir schließen uns den Argumenten des Verfassers und der befragten Institute, die grundsätzlich die Pflege dieses Forschungsgebietes bejahen, ohne Einschränkung an.

Die Verkehrswissenschaftler in der Bundesrepublik sind zumeist mit aktuellen Einzelproblemen befaßt, eine Tatsache, die sich aus der Dringlichkeit der Lösung verkehrspolitischer Tagesfragen ergeben mag. Dagegen ist uns kein wissenschaftliches Institut bekannt, daß sich der Zeitraumanalyse auf dem Gebiete des Verkehrs im Sinne des Herrn Dr. ROGMANN widmet. Von einer Vernachlässigung dieser Forschung, - was ja eine negative Kritik an der Aufgabenstellung der verkehrswissenschaftlichen Institute bedeuten würde - kann dabei kaum gesprochen werden. Die Verkehrswissenschafter, und zwar sowohl die Theoretiker als auch die Empiriker, empfinden in der Tat diese Lücke in ihrem Forschungsgebiet als einen akuten Mangel, dem aber nur begegnet werden kann, wenn für die Aufnahme langzeitlicher Arbeiten die personellen und sachlichen Voraussetzungen durch Bereitstellung entsprechender finanzieller Mittel geschaffen werden. Es hat den Anschein, daß sich diese Frage über kurz oder lang in positivem Sinne regeln läßt, da die Verkehrsexekutive mehr und mehr zu der Einsicht gelangt, daß sie für ihre langfristigen Planungen des sicheren Fundaments wissenschaftlicher Erkenntnisse bedarf. Diese an sich erfreuliche Beobachtung sollte alle an der verkehrswissenschaftlichen Forschung interessierten Kreise ermutigen, die Initiative zur Aufnahme und Durchführung der so wichtigen langzeitlichen Forschungsarbeiten zu ergreifen.

Zu den einzelnen Vorschlägen des Herrn Dr. ROGMANN möchten wir wie folgt Stellung nehmen:

Dem Grundgedanken der Indienststellung der verkehrswissenschaftlichen Forschung in die langfristige Planung der Verkehrsexekutive möchten wir zustimmen. Die Frage ist nur, welche organisatorische Form am zweckmäßigsten ist, um die bestmögliche Zusammenarbeit zwischen allen beteiligten Stellen zu erreichen. In dem Punkt 7 seiner Ausführungen schlägt Herr Dr. ROGMANN die Bildung einer verkehrswissenschaftlichen Spezial-Konferenz aus Vertretern der Verkehrswissenschaft, der Institute für Wirtschaftsforschung, der Verkehrswirtschaftlichen Vereinigungen, des Bundesministeriums für Verkehr und der Wirtschafts- und Verkehrsministerien der Länder, der großen Hauptverbände und Hauptverwaltungen des Verkehrs sowie der großen Wirtschaftsverbände und der Gewerkschaften vor. Hiergegen erheben sich insofern gewisse Bedenken, als ein Gremium in einem solchen Umfang und solcher Heterogenität kaum geeignet sein dürfte, wirklich konstruktive Vorschläge auszuarbeiten. Wäre es nicht zweckmäßig, die interessierten wissenschaftlichen Institute setzten sich zunächst einmal unter der Ägide des Herrn Staatssekretär Professor BRANDT und unter Hinzuziehung des Initiators, Herrn Dr. ROGMANN, zu dem Zwecke zusammen, die Frage einer ständigen Arbeitsgemeinschaft zur Untersuchung der Verkehrskonjunktur und langzeitlicher Prozesse im Verkehrssektor zu prüfen? Dieser wesentlich kleinere und in sich homogene Kreis von interessierten Verkehrswissenschaftern käme u.E. eher zu brauchbaren Vorschlägen, die dann den interessierten Stellen der Verkehrsexekutive mit der Zielsetzung einer sinnvollen Zusammenarbeit unterbreitet werden könnten. Im Hinblick auf die Aufnahme der Forschungsarbeiten halten wir die Bildung einer ständigen Arbeitsgemeinschaft für zweckmäßig; denn sie hat den Vorzug einer einheitlichen Zielsetzung und Planung der langzeitlichen Forschungsarbeiten, der rationellen Arbeitsteilung unter den beteiligten Instituten und sinnvollen Zusammenfassung der Forschungsergebnisse. Die Einrichtung einer solchen Arbeitsgemeinschaft müßte - ihren Aufgaben entsprechend - naturgemäß Dauercharakter haben. Die Institute werden gegen den Vorschlag, die Federführung in die Hände des Herrn Professor BERKENKOPF zu legen, vermutlich keine Einwände erheben. Eine vorbereitende Besprechung müßte folgende Punkte klären:

1) Organisation und Zweck der Arbeitsgemeinschaft,
2) Festlegung der Forschungsziele, Klärung der anzuwendenden Methodik und gegebenenfalls einheitliche Klärung von Begriffen, wie Verkehrskonjunktur u.dgl.m.

3) Finanzierung der gemeinsamen Forschungsarbeiten

4) Sinnvolle Arbeitsteilung der beteiligten Institute (Eisenbahn, Straßenverkehr, Binnen- und Küstenschiffahrt, Seeschiffahrt und Häfen, Luftverkehr)

5) Zusammenfassung der Forschungsergebnisse

6) Zusammenarbeit mit den Fachbehörden des Bundes, der Länder und den Fachverbänden des Verkehrs.

Die aus dieser Besprechung resultierenden Ergebnisse könnten in einer Denkschrift zusammengefaßt und den interessierten Stellen der Verkehrsexekutive zur Stellungnahme vorgelegt werden.

Zum Punkt 8 des Vorschlages möchten wir bemerken, daß auch wir die Bildung eines Forschungsrates für Verkehrskonjunktur und langzeitliche Verkehrsdynamik für zweckmäßig halten, und zwar über die Bildung einer Arbeitsgemeinschaft im vorgenannten Sinne hinaus. U.E. wäre eine sinnvolle Zusammenarbeit dieser beiden Organisationen dadurch gegeben, daß die Arbeitsgemeinschaft der Verkehrswissenschafter ihre Ergebnisse dem Forschungsrat zur Besprechung mit Vertretern der Verkehrslegislative und -Exekutive zur Verfügung stellt. Während die Arbeitsgemeinschaft sich nur aus Vertretern der Verkehrswissenschaft rekrutieren sollte, müßte der Forschungsrat sich aus Vertretern sowohl der Verkehrswissenschaft als auch der Verkehrsexekutive und der Verkehrspraxis zusammensetzen, da diese Institution die Aufgabe hätte, die Anwendbarkeit der verkehrswissenschaftlichen Ergebnisse in der verkehrspolitischen Praxis zu überprüfen.

Das Hamburgische Welt-Wirtschafts-Archiv ist als wirtschaftswissenschaftliche Anstalt grundsätzlich zu einer Mitarbeit bereit, vorausgesetzt natürlich, daß die Durchführung der zusätzlichen verkehrswissenschaftlichen Arbeiten finanziell ermöglicht wird. Der Wissenschaftliche Dienst unseres Hauses (Gesamtleitung: Dr. habil. STEIN) besteht u.a. aus einer Forschungsstelle Konjunktur (Leitung: Dr.v. GOLOWATSCHEFF) und einer Forschungsstelle Verkehr (Leitung: Dr. NITTSCHER), die sich in gemeinsamer Arbeit an den geplanten Forschungsaufgaben beteiligen könnten. Da unser Institut weltwirtschaftlich orientiert ist, liegt das Schwergewicht der Forschungsarbeiten vorgenannter Stellen auf dem Gebiet der weltwirtschaftlichen Konjunktur und des internationalen Seeverkehrs. Das Hamburgische Welt-Wirtschaftsarchiv wäre daher in der Lage, auf dem Gebiete "Seeschiffahrt und Seehäfen" die Erforschung konjunktureller und struktureller Probleme aufzunehmen.

Die Leiter der beiden vorgenannten Forschungsstellen unseres Instituts wären ggf. bereit, sich an einer vorbereitenden Besprechung über die zur Diskussion stehenden Fragen zu beteiligen."

4) Ifo-Institut für Wirtschaftsforschung (Schreiben vom 4.7.1956)

"In Ihrer Umfrage über die Notwendigkeit der Erforschung der Verkehrskonjunktur und der langzeitlichen Dynamik in der Verkehrswirtschaft schneiden Sie dankenswerterweise ein Problem an, das in der Tat verdient, durch Wissenschaft, Verwaltung und Wirtschaft stärker als bisher beachtet zu werden: die Pflege, Entwicklung und Intensivierung der Wirtschaftsforschung auf dem Gebiet des Verkehrswesens. Wenn wir uns erlauben, Ihnen im folgenden unsere Ansicht zur Frage, wie dieses Anliegen in "wissenschaftsorganisatorischer" Hinsicht behandelt werden soll, mitzuteilen, so können wir uns bei aller Zustimmung zu der von Ihnen entfalteten Initiative verschiedener Bedenken gegen einige der von Herrn Oberregierungsrat Dr. ROGMANN in seiner Schrift gebrachten Vorschläge nicht erwehren.

Bei der in Betracht gezogenen "Verkehrswissenschaftlichen Spezialkonferenz" und dem "Forschungsrat für Verkehrskonjunktur und langzeitliche Verkehrsdynamik" handelt es sich um Institutionen, die offenbar nicht selbst, jedenfalls nicht die "Spezialkonferenz", Forschungsarbeiten durchführen, sondern lediglich Forschungsvorschläge und Problemstellungen erarbeiten sollen. Ist es aber wirklich notwendig, hierzu ein eigenes Gremium zu schaffen, dessen wesentlichste Funktion nur sein könnte, das an Forschungsplänen, -anregungen und -wünschen zu sammeln und bestenfalls durch Aussprachen als Problem noch zu vertiefen, was zahlreiche Köpfe aus Wissenschaft, Verwaltung und Wirtschaft sich bereits ausgedacht haben und was die Betreffenden geneigt sind, dem Gremium mitzuteilen? Vieles davon ist ja schon aus dem Schrifttum bekannt, manches steht dort zwischen den Zeilen zu lesen oder wird durch die aktuellen verkehrs- und wirtschaftspolitischen Vorgänge nahegelegt; einiges schließlich ist bisher schon an interessierte Stellen, nicht selten auf deren Anforderung, herangetragen worden und wird weiterhin dort vorgelegt werden, soweit sie in der Lage sind, Forschungsanträgen durch Bereitstellung von Honoraren, Zuschüssen usw. stattzugeben.

Damit haben wir die Frage nach der Möglichkeit einer finanziellen Unterstützung von Forschungsarbeiten berührt, die die Schrift von Herrn Oberregierungsrat Dr. ROGMANN nicht behandelt, der aber unseres Erachtens entscheidende Bedeutung zukommt, wenn verlangt wird, die verkehrswirtschaftliche Forschung auszudehnen und zu intensivieren. Wie soll diese Forderung erfüllt werden können, wenn zwar in Gremien die Aufgaben durchdiskutiert und Fragestellungen festgelegt, aber nicht auch Mittel zur Verfügung gestellt werden, um die Probleme im notwendigen Umfange tatsächlich untersuchen zu lassen? Wir sind nicht optimistisch genug, von einer Institution der vorgeschlagenen Art zu erhoffen, daß sie - gleich von welcher Seite, wenn nur von neutralen, volkswirtschaftlich orientierten Stellen - ausreichend dotiert wird, um aus der Fülle der von ihr gesammelten oder erbrachten Problemstellungen auch nur einen kleinen Teil in der Form von Forschungsaufträgen bearbeiten zu lassen. Fehlt aber diese eigentliche Voraussetzung, um wissenschaftliche Arbeit leisten zu lassen, so sollte es noch wohl überlegt werden, ob man eine "Spezialkonferenz" bzw. einen "Forschungsrat" einrichten will.

Beide Institutionen würden zudem Kosten verursachen, da sie nicht ohne einen, wenn auch noch so bescheidenen Verwaltungsapparat funktionieren. Diese Kosten müßten im Zweifelsfall von den Mitgliedern getragen werden. Mit dem Besuch der Tagungen und Sitzungen, den notwendigen Vorbereitungen hierzu und der laufenden Korrespondenz wären ebenfalls Aufwendungen an Geld und - nicht zu unterschätzen! - an Zeit verbunden, die für manche Teilnehmer, wie vor allem die auf gemeinnütziger Basis arbeitenden Universitäts- und Wirtschaftsforschungsinstitute, wie wir aus ähnlich gelagerten Erfahrungen sagen können, eine fühlbare Belastung darstellen dürften.

Würde aber - um diesen Fall einmal anzunehmen - daran gedacht sein, die vorgeschlagenen Gremien mit einem Fonds auszustatten, um daraus wissenschaftliche Arbeiten zu honorieren, so würde über die Verwendung der Mittel verständlicherweise das betreffende Gremium zu entscheiden haben. Damit hätten aber die Stellen, welche den Fonds alimentieren, nur noch einen bedingten und sehr schwachen Einfluß darauf, für welche Zwecke die Mittel im einzelnen ausgegeben werden. Da vor allem die einschlägigen Verwaltungen, Behörden und sonstigen öffentlichen Stellen im allgemeinen nur geringe und begrenzte finanzielle Möglichkeiten besitzen, um Forschungsaufträge zu vergeben und wissenschaftliche Arbeiten zu fördern, würden ihnen durch Beiträge zu einem ihren Dispositionen weitgehend entzogenen Forschungsfonds, grundsätzlich weniger Mittel als bisher zur Verfügung stehen, um Untersuchungen, an denen sie besonders interessiert sind, direkt zu vergeben und in Fühlungnahme mit den beauftragten Wissenschaftlern bearbeiten zu lassen. Für manche Auftraggeber aus der Wirtschaft mag das gleiche gelten. Man kann sich vorstellen, daß dadurch die Bereitschaft, einen derartigen Forschungsfonds zu finanzieren, bei diesen Stellen nicht erhöht wird. Ließe sich aus diesen Gründen der Forschungsfonds nur unzulänglich ausstatten, so könnten im Endergebnis wahrscheinlich nur wenig mehr Probleme untersucht werden als vor der Einrichtung von Gremien zur Förderung der wirtschaftswissenschaftlichen Arbeiten auf dem Gebiet des Verkehrs. In diesem Falle müßte man die Frage aufwerfen, ob sich der Aufwand für Schaffung und Unterhaltung einer der vorgeschlagenen Institutionen lohnen wird.

Stärker möchten wir die beiden Vorschläge unterstützen, die als Alternativen zu den erwogenen Gremien gedacht sind: die Erweiterung des Wissenschaftlichen Beirates beim Bundesminister für Verkehr durch Vertreter der empirisch arbeitenden wirtschaftswissenschaftlichen Forschungsinstitute sowie die Behandlung der Fragen, durch welche Einrichtungen und Mittel und durch welche besonderen Arbeiten die Erforschung der Bewegungsvorgänge in der Verkehrwirtschaft gefördert werden kann, auf einer der nächsten Tagungen der "Deutschen Verkehrswissenschaftlichen Gesellschaft".

Würde der Wissenschaftliche Beirat beim Bundesminister für Verkehr durch Verkehrswissenschaftler aus Instituten für empirische Wirtschaftsforschung ergänzt, so ließe sich die Untersuchung von Problemen der Verkehrskonjunktur und der langzeitlichen Verkehrsdynamik vermutlich rascher realisieren als mit Hilfe der oben genannten beiden Institutionen. Im Vergleich zu diesen wäre selbst der erweiterte Verkehrswissenschaftliche Beirat ein immer noch wesentlich kleineres Gremium und schon aus diesem Grunde beweglicher, unabhängiger, arbeitsfähiger und relativ weniger aufwendig. Zusätzliche Mittel dürften, da die Grundfinanzierung des Beirates gesichert ist, leichter aufzubringen sein, als wenn eine völlig neue und größere Institution ins Leben zu rufen und gegebenenfalls mit einem Forschungsfonds auszustatten wäre. Außerdem besteht bereits der unmittelbare Kontakt zum Bundesminister für Verkehr sowie die enge Beziehung zur theoretischen Forschung, zur wissenschaftlichen Arbeit an den Universitäts- und Hochschulinstituten und zur akademischen Lehre. Durch eine Verbindung zur empirischen Wirtschaftsforschung könnte sicherlich das Aufgabenprogramm des Beirates noch erweitert und eine fruchtbare Intensivierung der Arbeit im

Sinne der von Ihnen unterstrichenen Forderung herbeigeführt werden.

Zur Frage, ob ein oder mehrere Vertreter aus Instituten für empirische Wirtschaftsforschung in den Verkehrswissenschaftlichen Beirat einbezogen werden sollen - wobei zu erwägen wäre, nur solche Institute zu berücksichtigen, die bezüglich der Forschung unabhängig und gemeinnützig, bezüglich der Rechtsform selbständig sind und sich der Beobachtung und Analyse der Bewegungsvorgänge im Verkehr bereits angenommen haben-, möchten wir empfehlen, sich nicht auf einen einzigen Vertreter zu beschränken. Die verschiedenen Institute besitzen - wobei keinerlei Werturteil abgegeben werden soll - vor allem in organisatorischer Hinsicht ungleiche Möglichkeiten für die Bearbeitung und damit auch ungleiche Erfahrungen in der Behandlung von Fragen der konjunkturellen, langzeitlichen und allgemeinen Beobachtung der Verkehrs- und Wirtschaftsvorgänge, so daß von einem einzelnen Verkehrswissenschaftler eines Instituts unmöglich zutreffende Aussagen oder gar verbindliche Erklärungen für alle Institute abgegeben werden können. Ein Kollektivvertreter hätte außerdem die möglicherweise wenig dankbare Verpflichtung, sich seinerseits mit den anderen Instituten über die Beschlüsse, Programme, Diskussionen und Arbeitsergebnisse des Verkehrswissenschaftlichen Beirates auseinanderzusetzen, womit vermutlich soviel Zeitaufwand verbunden sein würde, daß er seine eigentliche Arbeit in seinem Institut mehr als zumutbar zurückstellen müßte. Ebenso wenig zweckmäßig erscheint eine im Turnus wechselnde Kollektivvertretung. Den Vorzug dürfte daher eine solche Lösung genießen, bei der jedes der in Betracht kommenden Institute einen ständigen Vertreter in den Verkehrswissenschaftlichen Beirat entsenden könnte.

Den Gedanken, auf der nächsten Tagung der "Deutschen Verkehrswissenschaftlichen Gesellschaft" das Thema "Verkehrskonjunktur und langzeitliche Verkehrsdynamik" zu erörtern, befürworten wir auch dann, wenn der vorgenannte Vorschlag, den Wissenschaftlichen Beirat beim Bundesminister für Verkehr zu erweitern, nicht verwirklicht werden könnte. Wir würden es aber begrüßen, wenn auf der Tagung nicht nur hervorgehoben würde, wie notwendig es wäre, die Bewegungsvorgänge der Verkehrswirtschaft intensiver zu erforschen, sondern ebenso zur Sprache käme, daß auch zahlreiche strukturelle Zusammenhänge und Veränderungen und strukturpolitische Maßnahmen auf dem Gebiet des Verkehrs untersucht werden müßten. Mit gleichem, wenn nicht sogar stärkerem Nachdruck, sollte ferner die Frage erörtert werden, wie mehr Mittel für verkehrswirtschaftliche Forschungen bereitgestellt werden könnten; denn wenn, worauf Herr Oberregierungsrat Dr. ROGMANN in seiner Schrift hinweist, verkehrswirtschaftliche Untersuchungen bisher noch nicht in dem wünschenswerten Maße und auch nicht immer mit der anzustrebenden Vertiefung durchgeführt worden sind, so liegt es grundsätzlich nicht daran, daß man sich zu wenig um die Problematik gekümmert und die auf dem Gebiet des Verkehrs vorliegenden Forschungsaufgaben nicht genügend erkannt hätte, sondern ganz wesentlich und in vielen Fällen ausschließlich am Fehlen von Mitteln, um den personellen Apparat für diese Untersuchungen besonders in den Instituten für empirische Wirtschaftsforschung so auszubauen und damit in Zusammenhang stehende Literaturbeschaffung, Studienreisen usw. in einem Umfang zu ermöglichen, wie es vom wissenschaftlichen Streben nach Erkenntnis her und für die Zwecke der Verkehrspolitik und Verkehrspraxis gerechtfertigt und wünschenswert erscheint.

Wir sind interessiert und gern bereit, an dem weiteren Gespräch über die organisatorischen und sonstigen Möglichkeiten zur Pflege, Entwicklung und Intensivierung der Verkehrsforschung teilzunehmen und dürfen Sie, sehr geehrter Herr Staatssekretär, bitten, uns freundlicherweise auch fernerhin von Ihren Absichten hierzu und dem Fortgang der Angelegenheit unterrichten zu wollen."

5) Rheinisch-Westfälisches Institut für Wirtschaftsforschung

aa) Professor Dr. WESSELS, Präsident des Rheinisch-Westfälischen Instituts für Wirtschaftsforschung (Schreiben vom 4.6.1956)

"Vom Rheinisch-Westfälischen Institut ging Ihnen unter dem 26.5.1956 ein Brief mit der Bitte zu, die von Ihnen von Herrn Oberregierungsrat Dr. ROGMANN angeregten Arbeiten über die Zusammenhänge zwischen allgemeiner Konjunktur und Verkehrswirtschaft, die das Institut durchführen will, zu unterstützen. In meiner Eigenschaft als Präsident des Instituts darf ich diese Bitte nachdrücklichst unterstützen. Ich glaube, daß das Essener Institut mit seinem umfangreichen Apparat denkbar geeignet ist, derartige Arbeiten sachkundigst durchzuführen und dabei insbesondere auch die Sonderproblematik des Landes Nordrhein-Westfalen herauszustellen. Es bedarf wohl kaum eines Hinweises, wie wichtig eine derartige Untersuchung für die Lösung aller offenen Fragen für die Verkehrswirtschaft ist."

(Anmerkung: In der Beantwortung des vom Verfasser während der Bearbeitung seiner ersten Studie auch dem Rheinisch-Westfälischen Institut für Wirtschaftsforschung übermittelten Fragebogens hatte das Institut u.a. Folgendes ausgeführt: " In diesem Sinne wird es sich also keineswegs vermeiden lassen, die verschiedensten wirtschaftlichen Zeitreihen auf Zusammenhänge mit Verkehrsreihen zu untersuchen. Nur durch eine solche "Bestandsaufnahme" können die notwendigen und hinreichenden Ausgangsdaten für einen theoretischen Unterbau gewonnen werden. Erst dann wird es aber auch möglich sein, eine Analyse der Verkehrskonjunktur in dem von Ihnen erläuterten Sinne zu betreiben.-Für uns ergab sich aus diesen Überlegungen der Schluß, möglichst bald die erwähnte Bestandsaufnahme vorzunehmen. Es ist unnötig zu betonen, wie schwierig sich derartige Untersuchungen anlassen. So wird man sich oft damit zufrieden geben müssen, einen Negativ-Beweis geführt zu haben, d.h.also festzustellen, daß k e i n erkennbarer Zusammenhang zwischen der Entwicklung einer bestimmten allgemeinwirtschaftlichen Erscheinung und einem bestimmten Verkehrsphänomen besteht. Ich hoffe jedoch zuversichtlich, daß wir die Ergebnisse unserer Bemühungen in spätestens ein bis anderthalb Jahren vorlegen können ....". Das Ministerium für Wirtschaft und Verkehr Nordrhein-Westfalen hat es für zweckdienlich gehalten, dem Institut inzwischen einen auf diese Aufgabe begrenzten Forschungsauftrag zu erteilen. Es handelt sich zunächst um nicht mehr als einen Versuch, an der elementarsten Stelle einen Zugang in die Problematik zu finden.)

bb) Dr. W. BAUER, Lehrbeauftragter, wissenschaftlicher Leiter des Rheinisch-Westfälischen Instituts für Wirtschaftsforschung (Schreiben vom 20.6.1956)

"Ihrer Aufforderung entsprechend erlaube ich mir, im folgenden zu den in Ihrem Schreiben vorgetragenen Vorschlägen wie folgt Stellung zu nehmen:
Zu Punkt 7: Grundsätzlich ist die Einrichtung einer "Verkehrswissenschaftlichen Spezialkonferenz", die das Problem der Verkehrskonjunkturforschung und der Erforschung der langzeitlichen Prozesse in wissenschaftsorganisatorischer Hinsicht zu prüfen hat, durchaus wünschenswert. Der wesentliche Vorzug einer derartigen Institution würde unseres Erachtens darin bestehen, daß technische und wirtschaftliche Forschungsvorhaben auf einander abgestimmt,und daß für bestimmte Projekte eine engere Zusammenarbeit von Technik und Wirtschaftswissenschaft gefördert würde. Es sollte ferner Aufgabe der Konferenz sein - vor allem am Beginn ihrer Tätigkeit -, grundle-

gende Probleme der Verkehrswirtschaft herauszustellen und die für ihre Durchleuchtung geeigneter Maßnahmen in Form von Anregungen den Verkehrsträgern, Verkehrsbehörden, der Wissenschaft usw. aufzuweisen. Welche Proleme aus der Sicht des Instituts für eine Behandlung durch die Verkehrskonferenz zunächst besonders dringlich erscheinen, mögen Sie unseren Bemerkungen im Anschluß an den Fragebogen von Herrn Oberregierungsrat Dr. ROGMANN (S.48, XI, x seiner Studie) entnehmen.

Zu Punkt 8: Trotzdem sollte man sich aber entschließen, die Aufgaben der "Verkehrswissenschaftlichen Spezialkonferenz" mit denen des weiterhin von Dr. ROGMANN geforderten "Forschungsrats für Verkehrskonjunktur und langzeitliche Verkehrsdynamik" zu vereinen. Die für beide Institutionen vorgesehenen Aufgaben dürften weitgehend identisch sein. Überdies erscheint es nicht zweckmäßig, Problemstellungen zu entwerfen, ohne gleichzeitig ihre wissenschaftsorganisatorische Seite zu erörtern. Die Beantwortung der Frage, ob ein Problem sinnvoll gestellt ist, oder ob es überhaupt gelöst werden kann, hängt zu stark mit der Frage nach der zweckmäßigen Organisation seiner Bearbeitung zusammen, als daß es ratsam erschiene, beide Gesichtspunkte getrennt zu behandeln. Dem "Forschungsrat" würden also zusätzlich die Aufgaben der "Spezialkonferenz" zu übertragen sein oder umgekehrt.

Sodann sollte unbedingt die Berufung von Institutsvertretern in den verkehrswissenschaftlichen Beirat beim Bundesminister für Verkehr angestrebt werden. Aufgabe des wissenschaftlichen Beirats ist es ja, dem Verkehrsminister bei der wissenschaftlichen Klärung besonders aktueller Verkehrsprobleme behilflich zu sein. Durch die Teilnahme von Institutsvertretern würde zweierlei erreicht: Einmal unmittelbare Information des "Forschungsrates" bzw. der "Spezialkonferenz" über die dem Bundesverkehrsminister besonders aktuell und schwerwiegend erscheinenden Verkehrsprobleme, sodann eine Information über die Stellungnahme der Verkehrswissenschaft. Diese von höchst verantwortlicher Stelle unmittelbar bezogene Kenntnis müßte dann entsprechende Diskussionen im "Forschungsrat" bzw.in der "Spezialkonferenz" auslösen.

Die Aufgabe einer solchen Institution würde jetzt darin bestehen, zu klären, wie man die im verkehrswissenschaftlichen Beirat in allgemeinerem Rahmen diskutierten Probleme lösen kann, vielleicht auch, ob eine Auflösung in speziellere Fragestellungen vorzunehmen ist. Es wäre zu prüfen, ob das

Gesamtproblem oder auch gewisse Teilprobleme im Hinblick auf vorhandene Arbeitsunterlagen hinreichend lösbar erscheinen.

Mit der Annahme dieses Vorschlages wäre dreierlei erreicht:

1. Es brauchten nicht zwei neu zu gründende Organisationen nebeneinander zu bestehen, die sich zwangsläufig vorwiegend aus den gleichen Personen oder doch aus den Vertretern der gleichen Institute oder Körperschaften zusammensetzen würden.

2. Es erübrigte sich die - aus praktischen Gründen nicht sehr begrüßenswerte - Trennung der sachlichen von der wissenschaftsorganisatorischen Diskussion.

3. Durch die Entsendung von Vertretern der Institute in den verkehrswissenschaftlichen Beirat würde eine außerordentlich enge Zusammenarbeit zwischen Wissenschaft, Ministerium und empirischer Forschung ermöglicht.

Entscheidend bliebe die Entsendung eines oder mehrerer Vertreter in den wissenschaftlichen Beirat, da hierin das bislang tatsächlich fehlende zentrale Bindeglied zwischen den höchstverantwortlichen Stellen unserer Verkehrspolitik und der empirischen Forschung zu sehen wäre. Von nicht zu unterschätzender Bedeutung ist sicherlich, daß bei der hier vorgeschlagenen Organisationsform einmal den Vertretern der Verkehrswissenschaft im Rahmen ihrer Tätigkeit beim verkehrswissenschaftlichen Beirat Gelegenheit gegeben ist, mit den Delegierten der mehr praktisch ausgerichteten Forschung die Probleme in ihrer allgemeineren Fassung zu durchleuchten, und daß sodann aber auch innerhalb einer der von Dr. ROGMANN vorgeschlagenen Konferenzen eine Möglichkeit für die Wissenschaft selbst besteht, die anstehenden Probleme auf ihre Lösbarkeit, auf die Zweckmäßigkeit bestimmter Lösungsformen usw. zu untersuchen, zumal dieser Aspekt vom wissenschaftlichen Beirat nicht immer in vollem Umfang gewürdigt werden kann. Es erübrigt sich zu betonen, welche Hilfe ein solch lebendiger Kontakt allen beteiligten Stellen bei der Lösung der ihnen gestellten Aufgaben bieten würde.

Selbstverständlich ist damit nicht die Meinung vertreten, die von Herrn Dr. ROGMANN vorgeschlagene Organisation müsse ihre ausschließliche Sinnerfüllung in der Zusammenarbeit mit dem verkehrswissenschaftlichen Beirat sehen oder sie sollte sich nur die zuvor vom Beirat aufgegriffenen Probleme zu eigen machen. Im Gegenteil: Ihrer Eigeninitiative sollen keinerlei

Beschränkungen auferlegt sein, vor allem nicht im Hinblick auf die von Dr. ROGMANN aufgeworfene Frage nach der Verkehrskonjunktur und langzeitlichen Verkehrsdynamik. Es sollte lediglich erreicht werden, daß eine "Umorganisation" der Verkehrsforschung nicht nur der Behandlung der bislang etwas vernachlässigten Probleme mehr grundsätzlicher Natur förderlich ist, sondern daß gleichzeitig auch für die Zukunft ein engerer Kontakt zwischen Verwaltung, Wissenschaft und empirischer Wirtschaftsforschung bei der Klärung der aktuellen verkehrspolitischen Fragen gewährleistet erscheint.

Zu einer weiteren Erörterung aller dieser Fragen stehe ich Ihnen selbstverständlich jederzeit gern zur Verfügung.

Ich darf Sie ferner bitten, dieses Schreiben zugleich auch als Antwort des Schreibens zu betrachten, das Sie an Herrn Professor Dr. WESSELS gerichtet haben."

cc) Dr. H. ZIMMERMANN, Referent beim Rheinisch-Westfälischen Institut für Wirtschaftsforschung (Besprechung in den"Mitteilungen" des Instituts, Heft 10/1956, Seite 240 ff; "Zur Organisation der verkehrswirtschaftlichen Forschung")

"Das Straßenbauwesen ist lange, vielleicht zu lange eine Domäne der Spezialisten gewesen. Die Nationalökonomen, deren Erkenntnisse und deren Rat in erster Linie dazu beitragen sollen, in der wirtschaftlichen Entwicklung alle Zweige der Volkswirtschaft im Gleichgewicht zu halten, haben zu lange geglaubt, die ausschließliche Behandlung dieser Fragen durch Techniker sei ausreichend. Angesichts der in den letzten Jahren entstandenen "Straßenmisere" mußte diese Vorstellung über Bord geworfen werden. Der Straßenbau ist zu einem volkswirtschaftlichen Faktor erster Ordnung geworden. Infolge des Tempos und des Umfangs der Motorisierung reicht das vorhandene Straßensystem nicht mehr aus. Es rächt sich, daß man jahrelang die Durchführung selbst der notwendigsten Instandhaltungsarbeiten hinausgezögert hat; überdies erweist sich die Kapazität der Straßen im ganzen als zu klein.

Wenn der Umfang der Motorisierung allein die Schuld tragen soll, so muß man sich doch die Frage vorlegen, ob sich diese Entwicklung nicht hätte voraussehen lassen. Ihren Bestimmungsgründen hätte frühzeitig nachgegangen werden müssen.

Sowohl im Ausland wie im Inland ist in der Tat viel Mühe darauf verwandt worden, die Beziehungen zwischen der Entwicklung des Automobilbestandes und der des Sozialprodukts aufzudecken (vgl. hierzu u.a. Heinz ZIMMERMANN, Die künftige Entwicklung des Bestandes an Personenkraftwagen in der Bundesrepublik Deutschland. Rheinisch-Westfälisches Institut für Wirtschaftsforschung, Schriftenreihe, Neue Folge, Nr. 10, Essen 1955.- Heinz ZIMMERMANN, Der künftige Bestand an Kraftfahrzeugen in der Bundesrepublik und in Westberlin, Anlage II in: Straßenverwaltung - Straßenbau - Straßenbaufinanzierung; Bundesverband der Deutschen Industrie, Drucksache Nr.38, März 1956). Eine weitere Untersuchung des Rheinisch-Westfälischen Instituts für Wirtschaftsforschung, Essen, hat beispielsweise für die Zeit zwischen den beiden Weltkriegen gezeigt, daß in Deutschland die Zahl der Neuzulassungen von Personenkraftwagen vom verfügbaren Einkommen je Kopf der Bevölkerung sowie vom Einfluß technischer Wandlungen weitgehend unabhängig war; für die Entwicklung im Zeitraum 1926 bis 1938 war vielmehr im Grunde nur die relative Veränderung des realen verfügbaren Einkommens eines Jahres (gegenüber dem Vorjahr) und das Verhältnis des Großhandelspreisindex für Personenkraftwagen zur Reichsindexziffer für die gesamte Lebenshaltung ausschlaggebend. Es ist nicht verwunderlich, daß eine solche Beziehung - selbst mit veränderten Parametern - wegen des durchgreifenden Wandels des Nachfragebedingungen (Nachholbedarf u.ä.) für die Nachkriegszeit in der Bundesrepublik keine Geltung mehr hat. Darum kommt es für die Vorausschätzung der künftigen Motorisierung - in allen Fahrzeugkategorien - entscheidend darauf an, daß neue Beziehungen zwischen der Entwicklung von Autokäufen und Sozialprodukt gefunden werden.

Veränderte ökonomische Verhaltensweisen bestimmter Käuferschichten zu ergründen, ist und bleibt Aufgabe der Nationalökonomie. Gerade dadurch sind allgemeine volkswirtschaftliche Untersuchungen in der Lage, die Erwägungen über die in den verschiedenen Wirtschaftsbereichen zu ergreifenden Maßnahmen wesentlich zu befruchten.

Das Beispiel der Motorisierung ist nur eines unter vielen. Entscheidend bleibt, daß der größte Teil der Probleme, mit denen sich die Techniker auseinanderzusetzen haben, im Wirtschaftlichen begründet ist. Die Tragweite neuer Verkehrsprobleme ist häufig deshalb nicht voll erkannt worden, weil die wirtschaftlichen Entwicklungen nicht frühzeitig genug beobachtet wurden oder - was noch häufiger der Fall ist - weil man sie einfach in ihrer Bedeutung nicht abzuschätzen wußte.

Die sich daraus ergebende Aufgabe liegt auf der Hand: Untersuchung der Wechselbeziehungen zwischen Wirtschaft und Verkehr,Gewinnung von Reaktionsparametern, die für eine Prognose geeignet sind, zumindest aber Aufschluß über bestimmte Verhaltensweisen von Wirtschafts- und Verkehrsteilnehmern in der Vergangenheit geben und für die Beurteilung künftiger Entwicklungen herangezogen werden können.

Wohl jeder, der (in der Verwaltung oder in der Wirtschaft) mit solchen Verkehrsfragen betraut ist, wird darauf entgegnen, seine Arbeit bestünde gerade darin, solche Zusammenhänge herauszufinden. Doch handelt es sich dabei zumeist um die Lösung von Einzelfragen, die die praktische Arbeit der Behörden oder der Industrie stellt. Dort interessiert beispielsweise die Verkehrsfrequenz auf der Autobahn Köln - Frankfurt, um daraus ein Optimum der Zahl der Baustellen zu ermitteln, oder die Anforderungen an die Wagengestellung der Bundesbahn im Hinblick auf die bevorstehende Ernte oder die Kohlenversorgung im Herbst. Es ist verständlich, daß kurzfristig zu beantwortende Fragen häufig viel dringlicher erscheinen als Probleme langfristiger Natur. Wohin jedoch die weitgehende Außerachtlassung langfristiger Zusammenhänge führen kann, zeigen die eingangs erwähnten Straßenschwierigkeiten in Westdeutschland.

Eine Erforschung der Verkehrswirtschaft auf lange Sicht schließt allerdings die Untersuchung der Konjunkturschwankungen ein, da sich langfristige Entwicklung und konjunkturelle Bewegungen in vielfältiger Weise über lagern und nicht ohne weiteres voneinander zu trennen sind.

Es ist das Verdienst von H. ROGMANN, die Situation, in der sich die verkehrswirtschaftliche Forschung befindet, und die Aufgaben, die sich daraus ergeben, in einer Studie über "Verkehrskonjunktur und langzeitliche Dynamik in der Verkehrwirtschaft" (Buchreihe des Instituts für Verkehrswissenschaft an der Universität Köln, Heft 10, Düsseldorf, (1956), 56 Seiten) eingehend dargelegt zu haben. Besonders bemerkenswert erscheint es, daß er vom Standpunkt der Verwaltung klarlegt, zu welcher Art von Untersuchungen die behördliche Verkehrsbeobachtung - allein aus personellen und praktischen Gründen - nicht berufen ist. Diese Feststellungen führen zu der von ROGMANN nachdrücklich an die Wissenschaft gerichteten Forderung, sich ihrerseits mit den Zusammenhängen zwischen Wirtschaft und Verkehr ausführlich zu beschäftigen, was übrigens zum Teil bereits eingeleitet ist. Ein weiteres wesentliches Anliegen ROGMANNS ist die Koordinierung der wissenschaftlichen Arbeiten; er schlägt eine aus Vertretern der Ministerien, der Forschungsinstitute, der Gewerkschaften usw. zu bildende "Verkehrswirtschaftliche Spezialkonferenz" vor, die die organisatorische Seite der langfristigen Probleme der Verkehrswirtschaft zu prüfen hätte. Diese Konferenz soll jedoch keine ständige Einrichtung werden, sondern nur einige Male zusammentreten, da nach Klärung der Organisationsfragen kaum noch ein Bedürfnis für ein Weiterbestehen gegeben sein dürfte. Als nächster Schritt soll die Bildung eines "Forschungsrates für Verkehrskonjunktur und langzeitliche Verkehrsdynamik" erwogen werden, der aus Verkehrswissenschaftlern der Hochschulen, der Institute und Vertretern der verwaltungseigenen Verkehrsbeobachtung zusammengesetzt ist. Alternativ dazu schlägt ROGMANN vor, den Verkehrswissenschaftlichen Beirat beim Bundesminister für Verkehr durch Einbeziehung wenigstens eines Vertreters der empirischen Wirtschaftsforschung zu ergänzen.

Es wäre zu bedauern, wenn die ROGMANN'schen Vorschläge nur deshalb nicht diskutiert würden, weil es bereits ein Übermaß von Konferenzen und Zusammenschlüssen gibt. Auf dem Gebiete der Verkehrsforschung dürfte - wie ROGMANN in seiner Studie nachweist - durchaus ein Bedürfnis für eine solche Einrichtung bestehen.

Sollte es dazu kommen, so wäre es vielleicht zweckmäßig - die ROGMANN'schen Gedankengänge ergänzend-, folgendes zu erwägen: Man sollte sich entschließen, die Aufgaben der "Verkehrswissenschaftlichen Spezialkonferenz" mit denen des "Forschungsrats für Verkehrskonjunktur und langzeitliche Verkehrsdynamik" zu vereinen. Die für beide Institutionen vorgesehenen Aufgaben dürften in ziemlich hohem Grade identisch sein. Überdies erscheint es nicht zweckmäßig, wissenschaftliche Fragestellungen aufzuwerfen, ohne gleichzeitig die organisatorische Seite der Untersuchungen zu erörtern. Die Beantwortung der Frage, ob ein Problem sinnvoll gestellt ist, oder ob es überhaupt gelöst werden kann, hängt zu stark mit der Frage nach der zweckmäßigen Organisation der Bearbeitung zusammen, als daß es ratsam erscheint, beide Gesichtspunkte getrennt zu behandeln. Dem "Forschungsrat" würden also zusätzlich die Aufgaben der "Spezialkonferenz" zu übertragen sein.

Sodann sollte unbedingt die Berufung von Vertretern der empirischen Forschung in den Verkehrswissenschaftlichen Beirat beim Bundesminister für Verkehr angetrebt werden. Aufgabe des Wissenschaftlichen Beirats ist es, dem Ministerium bei der Klärung aktueller Probleme behilflich zu sein. Durch die Teilnahme von Institutsvertretern würde eine unmittelbare Information des "Forschungsrats" über die beim Bundesverkehrsminister vorliegenden Fragen und über die Stellungnahme der im Beirat vertretenen Verkehrswissenschaftler erreicht werden.

Der "Forschungsrat" würde nur zu klären haben, wie man die im Verkehrswissenschaftlichen Beirat diskutierten Probleme bearbeiten kann, gegebenenfalls auch, ob eine Auflösung in einzelne Themen vorzuziehen ist.

Mit der Annahme dieses Vorschlages ließe sich dreierlei erreichen:

1. Es brauchten nicht zwei neu zu gründende Organisationen nebeneinander zu bestehen, die sich zwangsläufig vorwiegend aus den gleichen Personen oder doch aus den Vertretern der gleichen Institute oder Körperschaften zusammensetzen würden.

2. Es erübrigt sich die - aus praktischen Gründen nicht sehr begrüßenswerte - Trennung der sachlichen von der wissenschaftsorganisatorischen Diskussion.

3. Durch die Entsendung von Vertretern der Institute in den Verkehrswissenschaftlichen Beirat würde eine außerordentlich enge Zusammenarbeit zwischen Wissenschaft, Ministerium und empirischer Forschung ermöglicht.

Entscheidend bliebe die Entsendung eines oder mehrerer Vertreter in den Wissenschaftlichen Beirat, da dadurch das bislang fehlende Bindeglied zwischen der Verkehrspolitik und der empirischen Forschung geschaffen würde. Es erübrigt sich zu betonen, welche Hilfe ein lebendiger Kontakt allen Beteiligten bieten würde.

Allerdings soll damit nicht gesagt sein, daß der Sinn der von ROGMANN vorgeschlagenen Organisation ausschließlich in der Zusammenarbeit mit dem Verkehrswissenschaftlichen Beirat bestehen würde, und daß diese nur die zuvor vom Beirat aufgegriffenen Probleme zu behandeln hätte. Im Gegenteil: Der eigenen Initiative des "Forschungsrates" sollen keinerlei Beschränkungen auferlegt sein, vor allem nicht im Hinblick auf die Untersuchung der von ROGMANN aufgeworfenen langfristigen Probleme; es geht nur darum, nicht allein die organisatorische Basis für die Erforschung der bislang vernachlässigten grundsätzlichen Probleme der Verkehrswirtschaft zu verbessern, sondern gleichzeitig auch einen engeren Kontakt zwischen Verwaltung, Wissenschaft und empirischer Wirtschaftsforschung zu schaffen."

6) Statistisches Bundesamt (Der Präsident, Schreiben vom 5.6.1956)

"Zu den mir freundlicherweise zur Stellungnahme übersandten Vorschlägen möchte ich mit allem Freimut bekennen, daß mir der Gedanke, eine neue Konferenz oder eine Neuorganisation zu schaffen, die sich in erheblichem Maße aus Vertretern wissenschaftlicher Forschungsinstitute, Universitätsinstitute, Ministerialvertretern usw. zusammensetzt, einige Sorge bereitet. Das Statistische Bundesamt, auf dessen statistisches Material man stets - erfreulicherweise - bei derartigen Arbeitsgremien zurückgreift und zurückgreifen muß, ist schon jetzt an so vielen verschiedenen Kongressen und Tagungen beteiligt, daß hierunter die eigentliche Amtsarbeit leidet. Ich würde es daher für wichtig halten, daß man bei der Fülle der vorhandenen Organisationen und Vereinigungen, die sich mit Fragen der Wirtschaftsforschung beschäftigen, sehr genau prüft, ob die zu untersuchenden Probleme, an deren Wichtigkeit auch meiner Ansicht nach kein Zweifel bestehen kann, nicht unter Benutzung vorhandener Institutionen gelöst werden können.

Mir erscheint es darüber hinaus sehr schwierig, wenn nicht gar unmöglich, Probleme der Verkehrskonjunktur und der langfristigen Entwicklung der Verkehrswirtschaft losgelöst von den Überlegungen zur allgemeinen Wirtschaftslage und zur langfristigen Wirtschaftsentwicklung zu behandeln. Der Verkehr ist nun einmal unlösbar mit der Entwicklung der gesamten Wirtschaft verbunden, so daß man sehr bald auf die Fragen der allgemeinen Wirtschaftsentwicklung zurückkommen wird. Über die langfristige und voraussichtliche Wirtschaftsentwicklung wird aber bereits in zahlreichen amtlichen nationalen und internationalen Ausschüssen beraten und die Institute für Wirtschaftsforschung beschäftigen sich mit diesen Fragen. Ich fürchte daher, daß Doppelarbeiten und Doppelbelastungen der hieran arbeitenden Personen entstehen, wenn man versucht, das Teilproblem der Entwicklung der Verkehrswirtschaft herausgelöst aus der Gesamtheit zu behandeln.

Soweit die Vorschläge darauf hinauslaufen, Problemstellungen auf dem Gebiet der Verkehrswirtschaft herauszuarbeiten, deren nähere Untersuchung dann vorhandenen Institutionen übertragen werden könnte, halte ich sie für durchaus nützlich. Ich glaube jedoch, daß die eigentliche Arbeit immer am Schreibtisch und von Leuten durchgeführt werden muß, die den Kopf dafür frei haben und das nötige empirische Material im Hintergrund haben. Von jährlichen Konferenzen, auf denen im Grunde genommen doch nur Vorträge angehört werden, verspreche ich mir keine allzu weitgehenden sachlichen Fortschritte."

b) Vertreter der Wirtschaftswissenschaften

1) Professor Dr. H. ARNDT, Dekan der Fakultät für Kultur- und Staatswissenschaften der Technischen Hochschule Darmstadt (Schreiben v.24.9.56)

"Die gestellten Fragen darf ich wie folgt beantworten: Eine "spezielle Theorie der Verkehrskonjunktur sowie der langzeitlichen Dynamik des Verkehrs" halte ich nicht für sinnvoll. Auch wenn es mehrere wirtschaftliche Gebiete gibt, kann es nur eine ökonomische Theorie geben. Unterschiede sind lediglich bei der Anwendung der Theorie zu berücksichtigen. Ein von Interessenstandpunkten freies Handbuch der Verkehrswirtschaft würde sicherlich, und zwar nicht nur bei der gegenwärtigen Verkehrsdebatte, wertvolle Dienste leisten. Ich darf in diesem Zusammenhang auf die vor kurzem erschienene "Verkehrspolitik" von Prof. Dr. von BISSING hinweisen.

Sicherlich wäre es wünschenswert, wenn die Arbeit wissenschaftlicher Institute, die sich mit dem genannten Fragenkreis befassen, durch die zuständigen Behörden finanziell unterstützt würden.

Ebenso scheint mir die Einrichtung einer "verkehrswirtschaftlichen Spezialkonferenz" (unter Vorsitz von Herrn Prof.Dr. BERKENKOPF) zumindest für die Übergangszeit, eine sinnvolle Maßnahme zu sein. Die ausreichende Vertretung der Wirtschaftswissenschaften bei dieser Konferenz wäre - und zwar nicht nur als Gegengewicht gegen Vertreter von Interessengruppen - angebracht."

2) Professor Dr. BRÄUER, Präsident des Bundes der Steuerzahler (Schreiben vom 7.12.1956)

a) Es ist nicht nur wünschenswert, sondern geradezu notwendig, daß der Exekutive und insbesondere den Gesetzgebern in Zukunft mehr detaillierte Forschungsergebnisse zu allgemeinen wirtschaftspolitischen Fragen und zu einzelnen Spezialproblemen zugänglich gemacht werden. Das wird die Verwaltungs- und Gesetzgebungsarbeit nicht nur rein fachlich erleichtern, sondern wird den beteiligten Gremien gleichzeitig stichhaltige Argumente liefern, mit denen sie sich gegen übersteigerte Anforderungen der Interessenten wehren können. Gerade auf dem Gebiete der Verkehrspolitik steht der Öffentlichkeit bislang nur in ungenügendem Maße wirklich objektives wissenschaftliches Material zur Verfügung, wie die langjährigen Debatten um eine Neuordnung der Verkehrspolitik, der Abgabenbelastung des Verkehrs, der Finanzierung des Straßenbaues usw. gezeigt haben.

b) Sehr wichtig erscheint die Untersuchung der Wechselbeziehungen zwischen konjunkturellen Bewegungen und strukturellen Entwicklungen, so wie Sie es in Ihrem Punkt 5 andeuten.

c) Die Ausarbeitung von Methoden zur empirischen Konjunkturbeobachtung auf dem Gebiete des Verkehrs hat in erster Linie von der autonomen Forschung auszugehen. Wenn die in Ihren Punkten 7 und 8 vorgeschlagenen Konferenzen bzw. Gremien den Sinn haben sollen, den Persönlichkeiten bzw. Instituten, die mit der Durchführung einer erweiterten Verkehrskonjunktur-Erforschung beauftragt werden sollen, die Möglichkeit zu geben, der Exekutive und der Wirtschaft ihre Wünsche hinsichtlich der Überlassung von Daten zu unterbreiten, dann können sie wohl einen Erfolg versprechen.

d) Es sollte für die Arbeit der Forschungsinstitute und auch der eventuell zu bildenden Konferenz eindeutig präzisiert werden, daß es nur um die Gewinnung rein verkehrswissenschaftlicher Erkenntnisse geht. Es soll dadurch von vornherein vermieden werden, daß sich diese Gremien um die Erarbeitung von konkreten Vorschlägen zu aktuellen Fragen der Tagespolitik bemühen. Das würde einmal die Objektivität der Forschung in Frage stellen und zum anderen bei der besonderen Eigenart verkehrspolitischer Fragen dazu führen, daß zu Problemen anderer Wissenschaftsbereiche, so z.B. der Finanzwissenschaft, Stellung genommen werden muß; das würde die Verkehrswissenschaftler überfordern. In diesem Zusammenhang ist nur als ein Beispiel auf das Heft 3 der Schriftenreihe des wissenschaftlichen Beirats beim Bundesverkehrsministerium "Grundsätze für die Aufbringung der Kosten der Verkehrswege" hinzuweisen. Der Bund der Steuerzahler hat damals die dort enthaltene Behandlung der Frage einer Verzinsung des Wertes der Straßen ausführlich kritisiert (vgl. Einzeldarstellung Nr. 17 des Bundes der Steuerzahler Seite 9 ff.). "Übergriffe" in andere Wissenschaftsbereiche führen meistens nicht zu brauchbaren Ergebnissen. Dagegen kann die Erarbeitung neuer Einzelerkenntnisse auf einem Wissenschaftsgebiet auch den Nachbarwissenschaften weiterhelfen. So fehlt z.B. der Finanzwissenschaft auch heute noch eine genaue Klärung der weitgehend technischen Frage der Verursachung der Straßenkosten durch einzelne Fahrzeugarten und einzelne Fahrzeuge. Bekanntlich ist die genaue Kenntnis dieser Zusammenhänge Voraussetzung für die Entscheidung, wie gerechte Sonderabgaben für den Kraftverkehr im einzelnen ausgestaltet werden sollen."

3) Professor Dr. E. CARELL, Universität Würzburg (Schreiben vom 12.9.1956)

"Die Verkehrswirtschaft ist ein unlösbarer Teilbereich der Gesamtwirtschaft. Ohne die Klärung der Fragen, welche Faktoren die effektive Nachfrage nach Verkehrsleistungen bestimmen, welche Abhängigkeit zwischen den relativen Preisen der Verkehrsleistungen und der Nachfrage nach Verkehrsleistungen gegeben ist, welcher Zusammenhang zwischen dem Wachstum der Volkswirtschaft und der Entwicklung der Nachfrage nach Verkehrsleistungen besteht, in welcher Weise die Nachfrage durch wirtschaftspolitische Maßnahmen - beispielsweise durch die Setzung von "Von-bis-Preisen" für Getreide, durch die Interventionen der "Einfuhr- und Vorratsstellen" usw. - beeinflußt wird, läßt sich die Frage, in welchem Ausmaß mit einem Steigen der effektiven Nachfrage nach Verkehrsleistungen gerechnet werden muß, nicht annäherungsweise zutreffend beantworten.

Die Volkswirtschaft als Ganzes wiederum ist jedoch vom Stand und von der Entwicklung des Verkehrswesens abhängig. Es ist für die Größe des Volkseinkommens entscheidend wichtig, ob die Verkehrsleistungen nach dem Prinzip der Wirtschaftlichkeit erstellt werden. Die Frage, ob und wie eine Verbesserung des Verkehrswesens die Produktionsbedingungen der Volkswirtschaft so ändert, daß die sich ergebende Steigerung des Volkseinkommens die für eine Verbesserung des Verkehrswesens aufgewendeten Kosten übersteigt, kann nur im gesamtwirtschaftlichen Zusammenhang untersucht werden.

Von besonderer Wichtigkeit scheint mir auch eine Klärung der Frage zu sein, ob bei dem zukünftigen wirtschaftlichen Wachstum mit einem relativen Sinken der Nachfrage nach Verkehrsleistungen zu rechnen ist, oder ob zu erwarten ist, daß die Nachfrage nach Verkehrsleistungen auch relativ steigen wird, d.h. ob sie stärker als das Sozialprodukt wachsen wird.

Da aus produktionstechnischen Gründen Investitionen im Verkehrswesen eine Festlegung des Kapitals auf sehr lange Zeit bedeuten, scheint mir die Behandlung von Fragen der "langzeitlichen Dynamik des Verkehrs", rein praktisch gesehen, weit vordringlicher als die Behandlung der meines Erachtens weit schwierigeren Probleme der konjunkturellen Schwankungen des Verkehrswesens zu sein.

Ich bin der Ansicht, daß etwas in Richtung der Vorschläge des Herrn Dr. ROGMANN getan werden sollte. Im Interesse eines wirtschaftlich sinnvollen Ausbaus des Verkehrswesens wäre es dringend notwendig, die verkehrswirtschaftliche Forschung systematisch zu fördern."

4) Professor Dr. A. FORSTMANN, Freie Universität Berlin,(Schreiben vom 28.8.1956)

"Zum Inhalt des Schreibens darf ich - von meinem Standpunkte als Vertreter der theoretischen Volkswirtschaftslehre - kurz wie folgt Stellung nehmen:

Es bestehen - soweit ich sehe - keine Meinungsverschiedenheiten hinsichtlich der Notwendigkeit einer eingehenden Beobachtung des Verkehrs und seiner Dynamik, um auf Grund einer eingehenden Analyse der hier kausal relevanten Zusammenhänge und Bedingtheiten diejenigen Gesichtspunkte zu ermitteln, deren Beachtung erforderlich ist, um eine zielklare Planung des Verkehrs und der ihm dienenden Einrichtungen erreichen zu können.

Es besteht weiterhin offenbar Übereinstimmung darüber, daß die Verkehrsprobleme zwar einer besonderen Beobachtung und Analysierung bedürfen, daß diese aber nur im Zusammenhang mit dem gesamtwirtschaftlichen Geschehen zweckmäßig sind, da die Verkehrsprobleme mit der allgemeinen Problematik wirtschaftlicher Veränderungen in einem interdependenten Zusammenhange stehen.

Das gilt zunächst für jene im wesentlichen zyklisch verlaufenden "konjunkturellen" Veränderungen, die - gleichviel ob sie in kürzeren oder längeren Wellen verlaufen - wegen der relativen Regelmäßigkeit ihres Verlaufs die Möglichkeit bieten, bestimmtere Aussagen auch über zukünftige Veränderungen im wirtschaftlichen Ablaufe und die Beziehungen zwischen ihnen und der Dynamik des Verkehrs zu machen.

Die Notwendigkeit, die Verkehrsproblematik nicht isoliert, sondern im Rahmen der gesamtwirtschaftlichen Problematik zu behandeln, gilt aber auch für jene exogen bedingten Veränderungen, die sich nicht auf der Grundlage konjunkturtheoretischer Überlegungen erklären lassen, da bei ihnen nicht jene für konjunkturelle Veränderungen charakteristischen kontinuierlich und zyklisch verlaufenden Faktorenvariationen vorliegen, sondern bei denen es sich um diskontinuierlich und azyklisch verlaufende Datenänderungen handelt, die sich nicht aus der "natürlichen" wirtschaftlichen Entwicklung ergeben und die daher auch nicht ökonomisch,d.h. im Rahmen, sondern nur durch Anwendung der Theorie erklärt werden können.

Soweit solche exogen bedingten Einflüsse den Verlauf konjunktureller Veränderungen nicht grundsätzlich bestimmen, sind sie der Grund für die Unterschiede im individuellen Verlauf der einzelnen Konjunkturzyklen. Soweit sie aber bestimmend für den Ablauf wirtschaftlicher Veränderungen sind und insbesondere die wirtschaftliche Struktur in mehr oder weniger ausgeprägter Weise verändern, lassen sie sich nicht auf konjunkturtheoretischer Grundlage erklären und gestalten. Wohin es führt, wenn diese Tatsachen nicht beachtet werden, das hat der Versuch gezeigt, die sogenannte "Weltwirtschaftskrise" auf der Grundlage konjunktureller Überlegungen erklären und gestalten zu wollen. Die hierbei auftretenden Mißerfolge haben zu der Ansicht geführt, daß die Konjunkturen nicht mehr verlaufen würden wie früher, so daß man sich um die Gewinnung neuer Konjunkturtheorien bemühen müßte. Das ist natürlich unrichtig und beruht einfach darauf, daß man die im Wirtschaftsablauf auftretenden Veränderungen nicht nach den Unterschiedlichkeiten ihrer Verursachung zu trennen wußte bzw. zu trennen weiß.

Wenn ich auf die Bedeutung dieser Unterschiedlichkeiten für die Wirtschaftsforschung und damit auch für die Klärung der Verkehrsproblematik besonders hinweise, so deshalb, weil das Problem exogen bedingter Veränderungen nicht nur - wenn auch in seinen Wirkungen mehr oder weniger noch kompensiert - charakteristisch für die wirtschaftlichen Folgewirkungen des Krieges ist, sondern weil es in besonderer Weise auch durch die zweite industrielle Revolution wieder akut werden wird.

Das bedeutet, daß in verkehrswirtschaftlicher Hinsicht nicht nur quantitative Veränderungen eintreten werden, wie sie für konjunkturelle Veränderungen im wesentlichen charakteristisch sind, sondern daß es sich hier vor allem um Veränderungen struktureller Art handeln wird, die sich naturgemäß auch quantitativ auswirken werden.

Es besteht wohl kein Zweifel darüber, daß die Verkehrsprobleme, soweit sie konjunktureller Natur sind, erfolgreich nur im Zusammenhang mit der gesamten Konjunkturproblematik geklärt werden können. Es dürfte sich daher kaum empfehlen, diese Problematik isoliert von der gesamten Konjunkturforschung in Sonderinstituten zu behandeln; vielmehr sind hier die bestehenden Konjunkturinstitute zweckmäßigerweise einzuschalten. Das bedeutet natürlich nicht, daß besondere Probleme nicht in besonderen Instituten untersucht werden und daß insbesondere den Verwaltungen des Verkehrs nicht Abteilungen angeschlossen sind, die das erforderliche empirische Material sammeln und die verkehrspolitischen Maßnahmen beobachten.

Wenn natürlich auch die Behandlung konjunktureller Verkehrsfragen nicht auf rein empirischer Grundlage erfolgen kann, sondern immer nur das

Ergebnis eines Zusammenwirkens von Empire und Theorie sein muß, so gilt das in besonderer Weise für alle jene Veränderungen im verkehrswirtschaftlichen Ablauf, die das Ergebnis exogener Verursachungen sind. Hier haben zweifellos theoretische Gesichtspunkte den Primat, da hier die Möglichkeit jener Analogieschlüsse fehlt wie bei konjunkturellen Veränderungen. Es handelt sich hier um die Erklärung der Wirkungen jener diskontinuierlich und azyklisch verlaufenden Datenänderungen, die das Ergebnis der exogenen Einflüsse sind, durch Anwendung der Erkenntnisse der reinen Theorie unter Berücksichtigung der Besonderheiten der konkreten Situation.

Auf Grund dieser Überlegungen darf ich zu den dem dortigen Schreiben beigefügten Vorschlägen - soweit sie die praktische Seite des Problems betreffen, die ja wohl in erster Linie interessiert - wie folgt kurz Stellung nehmen:

a) Den unter Punkt 7 gemachten Vorschlag halte ich insofern für durchaus zweckmäßig, als zunächst einmal festgestellt werden muß, in welcher Weise die Bearbeitung der Verkehrsproblematik organisatorisch durchgeführt werden soll. Ob die vorgeschlagene Spezialkonferenz auch weiterhin bestehen und in längeren Zeiträumen tagen soll, scheint mir weniger erforderlich

b) Ich bin der Ansicht, daß die praktische Bearbeitung der Verkehrsproblematik, soweit es sich um die konjunkturelle Verkehrsproblematik handelt, zweckmäßigerweise in den Konjunkturforschungsinstituten geleistet werden sollte, da dort die erforderliche Interdependenz mit der allgemeinen Konjunkturproblematik am besten gewahrt ist. Soweit es sich um exogen bedingte Veränderungen im verkehrswirtschaftlichen Ablauf handelt, scheint es mir zweckmäßig, Vertreter der theoretischen Volkswirtschaftslehre heranzuziehen bzw. entsprechende Universitätsinstitute einzuschalten.

c) Zu dem unter Punkt 8 des dortigen Schreibens gemachten Vorschlag möchte ich bemerken, daß es wohl am zweckmäßigsten wäre, die Nutzbarmachung der gewonnenen Forschungsergebnisse dadurch zu gewährleisten, daß in den "Verkehrswirtschaftlichen Beirat beim Bundesminister für Verkehr" mindestens ein Vertreter der Konjunkturforschungsinstitute ebenso wie ein Vertreter der mit der Forschung exogen bedingter Veränderungen betrauten Universitätsinstitute zugezogen werden."

5) Professor Dr. H. GROSS, Universität Kiel (Schreiben vom 13.11.1956)

"Grundsätzlich möchte ich die von dem Herrn Minister für Wirtschaft und Verkehr des Landes Nordrhein-Westfalen ausgehende Initiative aufs wärmste begrüßen und diesen Bemühungen allen Erfolg wünschen. Gerade auf dem Gebiete der Verkehrsforschung dürfte noch erhebliches Neuland vorhanden sein, wie überhaupt die ganze Verkehrswirtschaft in Deutschland, speziell in den Nachkriegsjahren, nicht die ihrer Bedeutung entsprechende Förderung erhalten haben dürfte. Eine bessere Information der Legislative wie auch der Exekutive über die Wechselwirkungen zwischen dem Bereiche des gesamten Wirtschaftslebens, hier speziell die Erkenntnis über die Bedeutung der Verkehrswirtschaft für die gesamten volkswirtschaftlichen Zusammenhänge, dürfte dringend erforderlich sein.

Zu 1. Den Ausführungen muß voll zugestimmt werden.
Zu 2. Hier möchte ich Bedenken anmelden, die sich jedoch wohl weniger auf das Vorhaben als auf die Formulierung der Themenstellung beziehen. Ich halte eine Gegenüberstellung von Verkehrskonjunktur und Wirtschaftskonjunktur usw. nicht für sehr glücklich. Die moderne wirtschaftswissenschaftliche Forschung sieht ja den Verkehr als eine Produktionsstufe im gesamten volkswirtschaftlichen Prozeß und somit als einen Bestandteil der Wirtschaft an. Eine isolierte Betrachtung bzw. Konfrontierung von Verkehrs- und Wirtschaftskonjunktur erscheint mir deshalb nicht ratsam zu sein. Man sollte gerade betonen, daß man die Verkehrskonjunktur innerhalb der Wirtschaftskonjunktur und -dynamik und ihre Interdependenz untersuchen wolle.

Zu 3. Diesen Ausführungen muß wieder voll zugestimmt werden.
Zu 4. Hier wird ein Problem angeschnitten, das von der Verwaltung - ich glaube nur mit Ausnahme Nordrhein-Westfalens - völlig vernachlässigt wurde und wird, nämlich das Problem der Verkehrsbeobachtung und damit das Problem der Auswertung rein wissenschaftlicher oder rein statistischer Arbeiten. Neben dem Ausbau der reinen wissenschaftlichen Verkehrsforschung sollte man auf jeden Fall für die Einrichtung bzw. für den Ausbau der vorgeschlagenen Verkehrsbeobachtungsstellen innerhalb der Verwaltung eintreten. Das intensive Studium der Verkehrsprobleme dürfte zweifellos eine zum mindesten dem Optimum zu tendierende Verkehrspolitik ermöglichen.

Zu 5. Ich möchte meinen, daß man das Konjunkturzyklische nicht allzusehr betonen sollte, da ja nach den Erkenntnissen der neueren Forschung das Wirksamwerden einer zyklischen Entwicklung durchaus umstritten ist, laufen doch die Bemühungen der modernen Wirtschaftswissenschaft gerade darauf hinaus, Schwankungen im Wirtschaftsablauf nach Möglichkeit zu verhindern.

Zu 6. Auch diesem Punkt muß wieder voll zugestimmt werden, weil nur durch großflächige Verkehrsplanung Fehlinvestitionen vermieden und somit optimaler Nutzen erzielt werden kann.

Zu 7. Dieser Vorschlag ist äußerst zu begrüßen. Man sollte alle Kraft einsetzen, um das vorgeschlagene Gremium, - die verkehrswissenschaftliche Spezialkonferenz - möglichst bald bilden zu können. Von der Arbeit dieses Gremiums verspreche ich mir eine ganz außerordentliche Befruchtung der verkehrswissenschaftlichen Forschung.

Zu 8. Nach Möglichkeit sollte man Teillösungen, wie sie hier vorgeschlagen werden, zu Gunsten der unter 7. vorgeschlagenen Lösung gar nicht erst in Angriff nehmen, zumal hier vermutlich doch nur ein Konkurrenzunternehmen zum verkehrswissenschaftlichen Beirat entstehen würde.

Zu 9. und 10. Keine besonderen Ausführungen

Ich darf die Gelegenheit benutzen, Ihnen in der Anlage die September/Oktober-Nummer der Zeitschrift für Wirtschaft, Politik und Gesellschaft "Offene Welt" zu überreichen, die u.a. auch einen Beitrag von mir über "Kalter Krieg der Hörsäle - Was tun die UdSSR, Deutschland und die USA für Wissenschaft und Forschung?" enthält. In ihm habe ich meine in früheren Schriften gemachten Ausführungen über die Forschung in den Vereinigten Staaten und in Deutschland statistisch ergänzt und soweit dies möglich war, ihnen die Verhältnisse in der Sowjetunion kurz gegenübergestellt. Ich glaube, daß die Kenntnis über das, was für die Ausbildung und Forschung in der Sowjetunion geschieht, im Westen und speziell auch bei uns in der Bundesrepublik nicht unterschätzt werden sollte und die Bereitschaft, auf diesem Gebiete bei uns mehr zu tun, vieleicht erhöhen dürfte."

6) Professor Dr. Fr. HUHLE, Technische Hochschule Darmstadt, (Schreiben vom 5.9.1956)

"I. Prüfung der in der Studie dargelegten Gesamtproblematik. Eine Überprüfung der von Dr. ROGMANN (Düsseldorf) in seiner Studie global aufgezeichneten Fragestellung nach der Verkehrskonjunktur und der langzeitlichen Dynamik in der Verkehrswirtschaft, also nach den konjunkturellen Veränderungen und dem strukturellen Wandel im Verkehr, führt zu folgenden Ergebnissen:

1. Die kurzfristigen und langfristigen Veränderungsprozesse in der Verkehrswirtschaft bestehen als allgemeines Problem dieses Zweiges wirtschaftlicher Tätigkeit und als ein spezielles Problem in ihren unterschiedlichen Erscheinungsformen innerhalb der einzelnen Nationalwirtschaften.

Die Erforschung des Allgemeingültigen erstreckt sich auf die Eigenart des Verkehrs, seinen Zusammenhang mit der Volkswirtschaft und der Weltwirtschaft und auf die wechselseitigen Beziehungen zwischen Verkehr und Wirtschaft. Erst nach der systematischen Bearbeitung der allgemeinen theoretischen Wahrheiten in der Verkehrswirtschaft, wofür schon viel Vorarbeit geleistet worden ist, können diese Erkenntnisse auf eine spezielle Verkehrswirtschaft angewendet werden. Es handelt sich dabei eindeutig um einen Fall angewandter Wirtschaftswissenschaft.

2. Für die Lösung des Problems (allgemein sowie speziell) scheint die funktionelle Betrachtungsweise und Methode am geeignetsten zu sein. Der Verkehr ist eine Funktion des Wirtschaftens. Als solche bildet er zwar einen selbständigen Tätigkeitsbereich, kann jedoch nicht isoliert betrachtet werden. Der Verkehr hängt in seinen Zielen, seinen vorkommenden Arten, in der Weite und Begrenzung seiner Aufgaben eng mit allen anderen Wirtschaftsbereichen zusammen. Insofern ist er auch Einwirkungen aller anderen Wirtschaftszweige ausgesetzt. Er beeinflußt selbst alle und wird von ihnen beeinflußt. Größe und Intensität des Verkehrs sind nicht der Ausdruck eigenen Wachstums sondern eine Funktion des vielgestaltigen Wirtschaftens,wobei das Verkehrsergebnis die Resultate einer Fülle von einzelnen Komponenten darstellt.

3. Dieser Tatbestand ist konjunkturell von Bedeutung. Im Verkehrsbedarf gelangen alle Branchenkonjunkturen kombiniert zum Ausdruck, wobei es zur gegenseitigen Verstärkung und Aufhebung von Einzelkräften kommen kann. Dabei ist zu beachten, daß der Verkehr nicht nur Objekt einer konjunkturellen Entwicklung ist, sondern diese als Auftraggeber selbst zu beeinflussen vermag. Dies zwingt dazu, eine isolierte Betrachtung der Verkehrs konjunktur abzulehnen, führt aber zu einem speziellen Verhalten des Verkehrs gegenüber dem kurzfristigen Wandel der Konjunktur. Knapp formuliert, wie es für diese kurze Beurteilung der Gesamtproblematik gestattet sein wird, könnte man sagen: dem Verkehrsapparat fehlt die rasche konjunkturwirtschaftliche Anpassungsfähigkeit. Sie muß ihm aus seiner Struktur heraus fehlen. Die Verhältnisse in der Verkehrswirtschaft zu einem bestimmten

Zeitpunkt sind keine Dauerzustände. Der Verkehr ist dynamisch.

4. Die Verkehrspolitik läßt sich - so folgt hieraus - nicht allein auf die Nöte und Bedürfnisse eines bestimmten Zeitpunktes abstellen. Jede echte Verkehrspolitik, die auf Dauer Gültigkeit haben soll, muß zukunftsträchtig (spekulativ) sein. Sie muß die langzeitliche Dynamik in der Verkehrswirtschaft berücksichtigen.

Dies ist notwendig, weil die realen Grundlagen der Verkehrswirtschaft sich so stark ändern können, daß bei der modernen Gestaltung des Verkehrswesens nicht mehr an frühere Vorbilder angeknüpft werden kann und darf. Verschiedene Vorgänge sind denkbar, insbesondere die folgenden:

a) Die relative Bedeutung der einzelnen Verkehrsmittel verschiebt sich.

b) Der technische Fortschritt schafft neue oder verändert die vorhandenen Verkehrsmittel.

c) Es kommt zu Umwandlungen im Produktionsprozeß, die den Verkehrsbedarf vermindern oder vergrößern.

5. Die allgemeine Gesamtproblematik umfaßt immer die drei Fragenkreise nach den volkswirtschaftlichen Belangen, dem technischen und organisatorischen Verkehrsapparat und dem Verhältnis der Verkehrsmittel untereinander (Koordination der Verkehrsträger). Diese unterschiedlichen Überlegungen volkswirtschaftlicher, finanzwirtschaftlicher, technischer, organisatorischer und wettbewerbsrechtlicher Natur bilden die Voraussetzung für eine richtige verkehrspolitische Entscheidung.

6. Die verkehrspolitische Aufgabe, den volkswirtschaftlichen Verkehrsbedarf zu decken, und in jeder Konjunkturphase für den dazu notwendigen Verkehrsapparat investitionswirtschaftlich zu sorgen, führt zu der Frage, welche Faktoren für die Bemessung des Apparates maßgebend sind. Die Wissenschaft ist sich noch keineswegs einig in der Beantwortung; sie stellt zur Wahl das Intensitätsgesetz von Sax (der Verkehrsapparat muß sich den jeweiligen Wirtschaftsstufen eines Landes anpassen), das Kostendeckungsprinzip (der Verkehr muß sich selbst tragen) und das staatliche Postulat (die staatspolitischen Notwendigkeiten gehen den wirtschaftlichen Belangen voran). Jede der Antworten ist einseitig. Ihnen allen ist aber die Erkenntnis gemeinsam, daß sich die Verkehrsleistungen nie genau an den jeweiligen volkswirtschaftlichen Verkehrsbedarf anpassen lassen. Lang-

fristig erscheint es gesamtwirtschaftlich rationeller zu sein, zeitweilig der notwendigen Kapazität vorauszueilen, statt jedem kleinen Erweiterungsbedarf nachträglich gerecht werden zu müssen. Für die Größe der Investition ist die Verkehrsspitze entscheidend. Das Gleichgewicht zwischen Verkehrsbedarf und Verkehrsleistung ist eine theoretische Forderung, die sich infolge der technischen Dynamik schwer realisieren läßt. Es kann sich immer nur um eine optimale Sättigung des volkswirtschaftlichen Verkehrsbedarfs mit den vorhandenen Transportmöglichkeiten handeln, wobei die Verkehrsverbilligung einen Gradmesser für die Verkehrsvervollkommnung bildet.

7. Die Unterschiedlichkeit der Meinungen, die in der verkehrswirtschaftlichen Literatur zur Gesamtproblematik geäußert werden, erklärt sich aus den verschiedenen Blickpunkten der Bearbeiter. Bei Verkehrsträgern, Verkehrsnutzern und Verkehrswissenschaftlern sind stets Abweichungen in den Grundanschauungen festzustellen, wenn sie nur die spezielle Einzelproblematik berücksichtigen.

8. Die volkswirtschaftliche Betrachtung wählt das Gemeinsame als Ausgangspunkt. Dazu zählen die mannigfachen wechselseitigen Beziehungen zwischen Verkehrsleistungen und Produktionsfaktoren, indem in alle Güter Transportpreise eingehen. Neben dieser Produktionsverbundenheit, die dem Verkehr eigen ist, bewirkt er eine gegenseitige Verklammerung der einzelnen Märkte untereinander. Eine langfristige Verkehrsvervollkommnung kann zur Ausdehnung der Einzelmärkte führen.

9. Die Weiträumigkeit des Verkehrs als Voraussetzung für seine Rentabilität führt zu einer Verknüpfung der wirtschaftlich und technisch begründeten langzeitlichen Dynamik mit politischen Lösungen (europäische Verkehrsintegration).

10. Die Lösung der Gesamtproblematik für einen einzelnen individuellen Fall setzt voraus, daß verschiedene Größenordnungen erfaßt werden. Ihre Kenntnis und laufende Beobachtung bilden die Grundlagen für eine erfolgreiche Verkehrspolitik.

II. Stellungnahme zu den Lösungsvorschlägen.

Zu 1. Da der Verkehr in der arbeitsteiligen Wirtschaft eine ihrer lebenswichtigen Funktionen darstellt, erscheint es als eine dringende Aufgabe, auf der Grundlage der vorhandenen verkehrswissenschaftlichen Ergebnisse Allgemeingültiges über die langzeitliche Dynamik des Verkehrs zu erforschen. Die beginnende Automation in der Industrie wird die überlieferten Standortüberlegungen noch mehr als bisher erschüttern, was sich auf die Verkehrswirtschaft auswirken dürfte. Es ist eine vornehmliche Aufgabe der Wissenschaft, rechtzeitig der Verkehrspraxis und der Verkehrsexekutive Hinweise zu geben und ihnen neue Wege zu weisen.

Zu 2. Ein allgemeines Lehr- oder Handbuch für Fragen des Verkehrs nach dem Beispiel der Handbücher für Banken, für Handel usw. fehlt meines Wissens und wäre als Standardwerk zu begrüßen.

Zu 3. Aus meinen speziellen Erfahrungen an einer Technischen Hochschule, die sich in der staatswissenschaftlichen Fakultät der Ausbildung von Wirtschaftsingenieuren widmet, halte ich es für sinnvoll, insbesondere den Einfluß der technischen Entwicklung auf die langzeitliche Dynamik des Verkehrs und auf die Verkehrskonjunktur zum Gegenstand wissenschaftlicher Arbeiten (Diplomarbeiten, Dissertationen) zu machen. Derartigen Untersuchungen an einer Technischen Hochschule kommt zugute, daß sowohl die technische wie die wirtschaftliche Seite des Verkehrs an Ort und Stelle in Lehre und Forschung behandelt werden. Auf diese Weise sind Vorarbeiten zu größeren wissenschaftlichen Untersuchungen möglich.

Zu 4. Aufgabe der Verkehrsministerien ist die Verkehrslenkung. Sie entscheidet sich entweder für den Weg, die Verkehrsförderung der schon bestehenden Leistungsfähigkeit der Verkehrsmittel anzupassen, oder für die andere Methode, bei der die Verkehrskapazität dem Verkehrsbedarf angeglichen wird.

Welcher Weg im speziellen Fall der meist geeignete und sinnvollste ist, muß die Wissenschaft auf Grund ihrer Forschungen entscheiden.

Ob die Verkehrslegislative, -exekutive und -politik auf diesen Rat hört oder ihn aus "höheren politischen Gründen" mißachtet, ist eine andere Frage. Jedenfalls ist es Aufgabe der Wissenschaft, ein objektives Urteil zu erarbeiten. Eine Unterstützung der um die Klärung der Problematik bemühten Wissenschaft erscheint dann als sinnvoll, wenn diese staatliche Forschungshilfe die Unabhängigkeit der Forschung nicht beeinträchtigt.

Zu 5. Es ist der Ansicht zuzustimmen, daß die laufende Beobachtung und die darauf aufbauende Diagnose und Prognose vornehmlich Aufgaben bestehender Institute sind.

Den statistischen Behörden, insbesondere dem Statistischen Bundesamt, könnten Anregungen für die regelmäßige oder einmalige Feststellung noch fehlender statistischer Größenordnungen gegeben werden. Es wäre zu begrüßen, wenn dafür evtl. Mittel bereit gestellt werden könnten.

Zu 6. Vergleiche hierzu meine Bemerkungen unter I, Punkt 9.

Zu 7. Die Erarbeitung von Vorschlägen über die Art und Weise, in der die Gesamtproblematik bearbeitet werden soll, muß wohl der nächste Schritt sein. Von der geeigneten Organisation dieser umfassenden wissenschaftlichen Arbeit hängt viel ab. Die vorgeschlagene "Verkehrswissenschaftliche Spezialkonferenz" (warum eigentlich "Spezial"?) dürfte in der geschilderten Zusammensetzung die erforderlichen organisatorischen Vorarbeiten erfolgreich lösen. Es darf in diesem Zusammenhang anerkannt werden, daß in unserer mit Tagungen überladenen Gegenwart in diesem Falle Tagungen nur in großen Zeitabständen geplant sind.

Zu 8. Man sollte das eine tun und das andere nicht lassen. Der Forschungsrat könnte eine geeignete Verbindung zwischen den Forschungsstellen und den am Forschungsergebnis interessierten ministeriellen Stellen darstellen.

Zu 9./10. Die Lösungen unter den Punkten 7. und 8. erscheinen erfolgversprechender als die Auswege, die unter 9. und 10. vorgesehen sind."

7) Professor Dr. MEINHOLD, Direktor des Alfred WEBER-Instituts für Sozial- und Staatswissenschaften an der Universität Heidelberg (Schreiben vom 31.7.1956)

"Die Studie von Herrn Dr. ROGMANN habe ich mir angefordert und werde sie lesen, sobald ich irgend dazu komme. Dann kann ich natürlich auch eingehender zu den Vorschlägen Stellung nehmen, die Ihrem Schreiben beigeheftet sind. Zunächst zu den Vorschlägen selber, soweit ich sie ohne die Studie beurteilen kann:

Zu den ersten Fragen: Es steht außer Debatte, daß eine Analyse (ich würde es nicht Theorie nennen) der Verkehrskonjunktur und der langfristigen Dynamik des Verkehrs von hohem Wert wäre. Zur Zeit beschäftigt man sich zunehmend mit der Konjunkturentwicklung einzelner Wirtschaftszweige. Es wäre daher sowohl für die allgemeine Wirtschaftswissenschaft als auch für die Verkehrspolitik von großer Bedeutung, die langfristige Entwicklung des Verkehrs im Zuge der konjunkturellen Entwicklung der Gesamtwirtschaft und des Wirtschaftswachstums zu erforschen.

Es ist auch keine Frage, gerade da es sich nicht um eine Theorie, sondern um eine Analyse handeln sollte, daß dazu entsprechende langfristige Zahlenreihen zur Verfügung stehen müßten. Die bisherigen Publikationen der Bundesbahn, bzw. früher der Reichsbahn, lassen jedoch daran zweifeln, daß derartige Zahlenreihen intern zur Verfügung stehen, bzw. verfügbar gemacht werden können. Es kann sich ja nicht nur darum handeln, einfach festzustellen, wie sich das Verkehrsvolumen in seinen einzelnen Arten im Vergleich zu der konjunkturellen Entwicklung und zum Wirtschaftswachstum verhalten hat. Es wird vielmehr entscheidend darauf ankommen, dabei auch die Entwicklung der Preise und vor allem der Kosten im Verkehrswesen kennen zu lernen, damit man versuchen kann, die Bedeutung der Preise und Kosten für die Verkehrsdynamik abzuschätzen und von der rein konjunkturell bedingten Entwicklung zu unterscheiden. Erst wenn die Möglichkeit, solche Zahlenreihen verfügbar zu machen, besteht, könnte ich mich also für das Anliegen in vollem Umfang einsetzen. Dabei brauchte kein Perfektionismus betrieben zu werden; welche Daten wirklich unerläßlich sind, muß sich an Hand der Probleme herausstellen.

Zu dem mehr organisatorischen Fragenkomplex: Mit den Vorschlägen zu 7 ff), sei es nun eine verkehrswissenschaftliche Spezialkonferenz, sei es ein zweiter oder erweiterter Verkehrswissenschaftlicher Beirat, kann ich mich zunächst nicht recht befreunden. Mir scheint hier zunächst die Aufgabe gegeben zu sein, ein Institut mit der Sichtung des für solche Problemstellungen in Frage kommenden Materials zu beauftragen. Selbstverständlich würde das längere Zeit in Anspruch nehmen. Erst wenn diese Materialfrage geklärt ist, könnte m.E. die wissenschaftliche Diskussion auf Kongressen usw. einsetzen. Dann allerdings wäre eine solche Diskussion in größerem Forum wohl sehr zu empfehlen, da es sich jetzt darum handeln würde, vor Inangriffnahme der weiteren Forschungsarbeit, die ganze Breite der Problemlage zu erkennen. Ich würde denken, daß dazu die in 9) vorgeschlagene Diskussion sehr geeignet wäre, wenn auch konjunktur- und wirtschaftswissenschaftlich intensiver geschulte Herren hinzugezogen würden."

8) Professor Dr. F.NEUMARK, Prorektor der Johann Wolfgang GOETHE-Universität Frankfurt/Main (Schreiben vom 25.8.1956)

"Obgleich mich die in ihren"Vorschlägen" behandelte Problematik sehr interessiert, fürchte ich, zu einer aktiven Mitarbeit wegen zahlreicher anderer Verpflichtungen (Prorektorat, Mitgliedschaft in den wissenschaftlichen Beiräten des Bundeswirtschafts- und-finanzministeriums usw.) in absehbarer Zeit nicht in der Lage zu sein. Der einzige Punkt, zu dem ich vielleicht Stellung nehmen darf, bezieht sich auf Ziffer 8 und 9 Ihrer Vorschläge. Mir scheint, als sei die Gefahr einer Überorganisation sehr groß, und ich würde es daher für richtig halten, wenn im Rahmen der bestehenden Organisationen eine Koordination sichergestellt werden könnte. Dies könnte m.E. etwa in der Form geschehen, daß man aus dem bestehenden verkehrswissenschaftlichen Beirat beim Bundesminister für Verkehr einige, an der von Ihnen zur Debatte gestellten Fragestellung besonders interessierte Mitglieder auswählt und dieses Gremium durch Hinzuziehung von 2 - 3 Mitgliedern des wissenschaftlichen Beirats beim Bundesminister für Wirtschaft einerseits, eine Anzahl von Vertretern der wirtschaftswissenschaftlichen Forschungsinstitute andererseits ergänzt."

9) Professor Dr. H. PETER, Universität Tübingen (Schreiben vom 25.7.56)

"Für das Vertrauen, das Sie mir durch Ihre Anfrage entgegengebracht haben, danke ich Ihnen vielmals. Ich stelle mich gern zur Beratung einschlägiger Fragen zur Verfügung. Allerdings habe ich mich mit Verkehrsproblemen nur gelegentlich geschäftigt. Aber Sie sind sich ja bewußt, daß Sie einen Theoretiker der Sozialökonomik angesprochen haben. Ich glaube auch - und damit komme ich schon zu einer Bemerkung über die beigefügten "Vorschläge" -, daß sich das Verkehrsproblem so zugespitzt hat, daß es ganz grundsätzlich angegangen werden muß. Deshalb ist mir die Themastellung "Theorie der Verkehrskonjunktur sowie der langzeitlichen Dynamik des Verkehrs" schon zu speziell. Konjunkturschwankungen sind für das Verkehrsproblem viel zu kurzfristige Erscheinungen. Das soll nicht heißen, daß die Wirtschaftsforschungsinstitute, die meist den Terminus "Konjunktur" in ihrer Bezeichnung tragen, nicht die geeigneten Stellen sein könnten, denen man bestimmte Forschungsaufgaben übertragen sollte, weil sie über manches Material verfügen und vor allem ausgezeichnet geschulte Forscher für die Bewältigung der Aufgabe haben; sondern bezieht sich nur auf die Problemstellung. Konjunkturen berühren die Verkehrsentwicklung wie die Jahre einen Baum; sie lassen sich nachher in den Jahresringen ablesen. Die Verkehrsinvestitionen legen das Bild der Verkehrsnetze für Generationen fest. Verkehrspolitik bedarf deshalb einer Konzeption, die das berücksichtigt. Das Marktgeschehen der schnellebigen Gegenwart berührt sie nur wenig. Marktwirtschaftliche Gleichgewichtstendenzen könnten sich nur in unvorstellbar langen Perioden durchsetzen. Verkehrseinrichtungen, besonders Straßennetze, bestimmen das Marktgeschehen sehr nachhaltig; die Rückwirkungen sind weniger stark. Die Abhängigkeit des Ausmaßes der Investitionen von der Konjunktur, wie sie etwa bei antizyklischer Finanzpolitik des Staates geradezu gefordert wird, ist für die Verkehrsproblematik wohl doch sekundär. Aber ich will jetzt nicht näher auf Sachfragen eingehen."

10) Professor Dr. B. PFISTER, Deutsches Wirtschaftswissenschaftliches Institut für Fremdenverkehr an der Universität München (Schreiben vom 6.7.1956)

"Unser Institut hat sich mit einer Anzahl von Einzelschriften in die Voraussetzungen und Bedingungen der Fremdenverkehrswirtschaft eingearbeitet und ist dabei notwendigerweise vor allem bei der Konsumforschung und der Durchleuchtung der Fremdenverkehrsströme auf die Probleme des Wachstums der Fremdenverkehrswirtschaft, die mit der Entwicklung des Verkehrswesens eng zusammenhängen, gestoßen. Wir begrüßen daher die Initiative, die Sie ergriffen haben. Wir halten eine Durchleuchtung und Durchforschung der Verkehrsdynamik für notwendig, allerdings nicht im spezifischen Rahmen einer Verkehrskonjunktur, sondern im Rahmen einer Gesamtkonjunktur. Wenn es sich vereinbaren läßt, wird einer der wissenschaftlichen Leiter des Instituts, Professor RÖSSLE oder der Unterzeichnete, bzw. einer der Hauptmitarbeiter, an der geplanten Tagung teilnehmen."

11) Professor Dr. E. PREISER, Universität Heidelberg (Schreiben vom 14.8.1956)

"In Beantwortung Ihres Schreibens vom 16. Juli 1956 möchte ich den Vorschlag machen, daß Sie sich mit dem Vorsitzenden des Wissenschaftlichen Beirats beim BWM, Herrn Prof. E.v. BECKERATH, in Verbindung setzen, um die Frage zu klären, ob das Thema nicht zum Gegenstand einer Tagung dieses Beirats gemacht werden könnte.

Dies schiene mir der gegebene Weg, um Ihrem Hauptanliegen Rechnung zu tragen, das ja darauf hinaus läuft, "die Problematik, die in der Studie dargelegt worden ist, zugleich vom Standpunkt der allgemeinen Nationalökonomie, der Volkswirtschaftspolitik und der Finanzwissenschaft zu beurteilen".

12) Professor Dr. H.G.SCHACHTSCHABEL, Mannheim (Schreiben vom 31.7.1956

"Auf Ihr Schreiben vom 16. Juli 1956 teile ich mit, daß ich grundsätzlich den mir unterbreiteten Vorschlag, in enger Verbindung mit gesamtwirtschaftlichen Forschungszielen eine moderne Theorie des Verkehrs und der Verkehrskonjunktur sowie der langzeitlichen Dynamik des Verkehrs zu entwickeln, begrüße. Ich bin sicher, daß damit ein wichtiges Forschungsgebiet angesprochen wird, dessen Bearbeitung zweifellos fruchtbare Erkenntnisse mit sich bringen wird, besonders dann, wenn die Problematik von den verschiedensten Disziplinen her betrachtet wird und sich eine wissenschaftliche Zusammenarbeit ermöglichen läßt.

Abgesehen davon, daß ich mich mit einigen Vorschlägen, die mehr technischer Art sind, nicht ohne weiteres befreunden kann, glaube ich, daß sich zweckmäßige wissenschaftsorganisatorische Lösungen nur durch eine gemeinsame Aussprache aller Interessierten finden lassen, vor allem auch deswegen, weil dann gleich an Ort und Stelle über Voraussetzungen, Umfang und Intensität sowie sonstige Bedingungen gesprochen werden kann. Aller Vermutuung nach wird sich dann relativ schnell ein konkreter Plan erarbeiten lassen, der dem Forschungsanliegen zugrundegelegt werden kann.

Insofern möchte ich davon Abstand nehmen, im Augenblick meine Überlegungen vorzutragen; vielmehr bitte ich zu erwägen, ob eine Zusammenkunft ermöglicht werden kann, um die angeschnittenen Fragen erörtern zu lassen. Ich kann Ihnen von meiner Seite aus zusichern, daß ich alles daran setzen werde, um bei dieser Zusammenkunft zugegen zu sein. Sollte eine solche Zusammenkunft in absehbarer Zeit aber nicht möglich sein, so bin ich auch gern bereit, meine Überlegungen im einzelnen schriftlich vorzutragen."

13) Professor Dr. SCHUSTER, Deutsches Industrieinstitut Köln (Schreiben vom 27.6.1956)

"Wir bestätigen, daß es notwendig ist, Untersuchungen über die langfristige Entwicklung des Verkehrs durchzuführen. Wir sird selbst auf diese Notwendigkeit aufmerksam gemacht worden, als wir uns mit den OEEC-Untersuchungen über den Energiebedarf Westeuropas im Jahre 1975 befaßten. Diese Untersuchungen weisen auf die Notwendigkeit von Veränderungen im Transportwesen hin und machen darauf aufmerksam, daß z.B. ein Ausbau der Tankerflotte erfolgen muß, weil zunehmend das westeuropäische Energie-Defizit durch Einfuhren von Erdöl aus Übersee gedeckt werden muß. Wir haben uns weiterhin mit dem Problem des Baues von Erdölleitungen in Europa befaßt, woraus sich wiederum Rückwirkungen auf das Transportwesen ergaben. Dies wird hier nur erwähnt, um unsererseits anzuzeigen, daß es sich bei der Untersuchung der langfristigen Entwicklung des Verkehrswesens um ein Problem handelt, das in mehrfacher Hinsicht für die gesamte Industrie Bedeutung hat; denn die Richtung und das Volumen der Entwicklung bestimmt u.a. auch den Ausbau der Eisen- und Stahlproduktion, weil in die Transportmittel ein erheblicher Teil der Eisen- und Stahlproduktion hineingeht.

Wenn wir also die Notwendigkeit der wissenschaftlichen Untersuchungen anerkennen, sind wir aber nicht der Meinung, daß es notwendig ist, hierfür wiederum neue Institutionen zu schaffen. Es genügt u.E., daß finanzielle Mittel für die Forschung bereitgestellt werden und eine Arbeitsgemeinschaft von verkehrswissenschaftlichen Instituten beauftragt wird, die notwendigen Untersuchungen durchzuführen."

14) Professor Dr. Dr. A. SPIETHOFF, Tübingen (Schreiben vom 29.8.1956)

"Eine ernste Erkrankung, ..., ermöglicht mir erst heute, für Ihre Mitteilung und Ihre Einladung zur Mitarbeit vom 16. Juli zu danken. Ich halte Ihren Plan für wichtig und bejahe Ihr Unternehmen lebhaft, und deshalb ist es mir schmerzlich, daß ich mir eine Mitarbeit versagen muß."

15) Professor Dr. K. STING, Universität Marburg (Schreiben vom 3.9.1956)

"Auch ich bin wie die meisten anderen Befragten der Überzeugung, daß es wünschenswert wäre, das Verhältnis zwischen Verkehr und Konjunktur eingehender als bisher zu untersuchen. Der Eisenbahnbau hat im letzten Jahrhundert die Konjunktur sehr stark beeinflußt; vom ungleichen Altersaufbau der Verkehrsmittel dürften merkbare Reinvestitionswellen ausgehen; die Arbeit an den Verkehrswegen ist eine der wichtigsten Arbeitsbeschaffungsreserven. Das Verhältnis Konjunktur-Verkehr zu durchforschen wird zweifellos lohnend sein.

Wenn man sich nun fragt, ob für diese Forschungszwecke etwa ein "Institut für Verkehrskonjunkturforschung" gegründet werden solle, so wird der Nicht-Verkehrswissenschaftler sofort anmelden, daß dann auch andere Wirtschaftssektoren wie etwa die Bauwirtschaft einen ähnlichen Anspruch auf ein ähnliches Institut erheben können. Da die Konjunktur aber überwiegend etwas Gesamtwirtschaftliches ist, so könnte ein Plan, unsere zentralen Konjunkturforschungsinstitute mit einem Kranz sektoraler Konjunkturforschungsinstitute zu umgeben, nicht recht einleuchten.

Anders liegt die Sache, wenn man von den Problemen der langzeitlichen Dynamik ausgeht, bei denen wohl auch das Schwergewicht der ROGMANN'schen Vorschläge liegen dürfte. Bei dieser Erforschung der langzeitlichen Dynamik wird man sich nicht mit einer Extrapolation bisheriger Entwicklungsreihen begnügen dürfen, sondern das Ziel wird hier sein müssen, mögliche und wahrscheinliche Entwicklungsalternativen zu ermitteln, auf unerwünschte Tendenzen hinzuweisen und den politisch und wirtschaftlich entscheidenden Instanzen ein durch Vorausdenken erhelltes Möglichkeitsfeld zu liefern. Einer Aufgabe dieser Art wird man aber nur gerecht werden können, wenn man alles Wissen über den betreffenden Sektor (hier also über die Verkehrswirtschaft) zusammenfaßt und wenn man speziell auch die Pläne und Zukunftserwartungen der Techniker zu Rate zieht.

Aus diesen Gründen dürfte es wohl zweckmäßig sein, für jeden Sektor eine wissenschaftliche Zentralstelle zu schaffen, gewissermaßen als organisatorisches Forschungszentrum; und diesen Zentralstellen wären dann "Abteilungen für Vorausschau" anzugliedern, die also bestehende Entwicklungsalternativen zu ermitteln hätten. Vieles spricht dafür, daß diese Vorausschau, dieses Sich-Befassen mit den Problemen der langzeitlichen Dynamik, am besten zunächst in den sektoralen Instituten versucht wird, während später, nach diesen Vorarbeiten, sich dann auch die zentralen Konjunkturforschungsinstitute entsprechende Vorausschauabteilungen zu schaffen hätten. Man könnte, statt von "Vorausschau" auch von "Planung" sprechen. Aber das Wort Planung ist deshalb vielleicht nicht ganz treffend, weil man unter "Planung" oft auch ein Durchplanen nach schon gefällter Entscheidung versteht, während die Vorausschauabteilungen vor allem den Zweck haben sollten, die Entscheidung geistig vorzubereiten.

Es unterliegt wohl kaum einem Zweifel, daß solche wissenschaftliche Beschäftigung mit den Problemen der langzeitlichen Dynamik unsere Wirtschaft vor vielen Irrwegen und unsere Wirtschaftspolitik vor vielen verhängnisvollen Unterlassungen bewahren wird. Auf der anderen Seite darf man von solcher Vorausschau auch nicht zu viel erwarten. Man kann den Nebelschleier, der vor der Zukunft liegt, zurückschieben, aber nicht beseitigen. Man kann jene Instanzen, die unter den Alternativen dann die Entscheidung treffen müssen, aufklären, aber man wird häufig nicht in der Lage sein, ihnen eine bestmögliche Entscheidung nachzuweisen, da es bei der Divergenz der Interessen der einzelnen Bevölkerungsschichten an einem Maßstab für das gesamtwirtschaftlich Bestmögliche fehlt. Auch wird es von der Staats- und Wirtschaftsverfassung abhängen, ob die Vorarbeiten der Wissenschaft gebührend gewürdigt oder von einem Diktator oder im Kampf der politischen Parteien oder im Ringen der wirtschaftlichen Interessentengruppen mißachtet werden. So wird man vielleicht erwarten dürfen, daß der Hauptvorteil einer wissenschaftlichen Vorausschauarbeit in der Vermeidung, in der Unmöglichmachung der größten und gröbsten Irrtümer bestehen wird, während die Erreichung des Bestmöglichen eine liebenswerte Idee bleibt."

16) Professor Dr. R. STUCKEN , Universität Erlangen (Schreiben vom 26. 7. 1956)

"Ich bejahe ohne jede Einschränkung die hohe Bedeutung der von Ihnen angeschnittenen Fragen und würde es außerordentlich begrüßen, wenn die einschlägigen Untersuchungen durch die gemachten Vorschläge aktiviert würden. In Hinblick auf eine sinnvolle Arbeitsteilung möchte ich jedoch für meine Person keine Zusage einer aktiven Beteiligung an den Untersuchungen geben, zumal ich das arbeitsmäßig nicht würde schaffen können. Aus dem hiesigen Raum wäre wohl Herr Professor Dr. Fritz VOIGT, der Leiter des Industrie- und Verkehrsinstituts an der Hochschule für Wirtschafts- und Sozialwissenschaften Nürnberg, in erster Linie zur Mitarbeit berufen. Ich nehme an, daß Sie bereits mit ihm in Verbindung stehen."

17) Professor Dr. M. E. KAMP, Bonn (Schreiben vom 30.1.1957)

"Die Studie von Herrn Dr. ROGMANN über "Verkehrskonjunktur und langzeitliche Dynamik in der Verkehrswirtschaft" habe ich mit Interesse unter verschiedenen Aspekten gelesen und dabei mancherlei Berührungs- und Anknüpfungspunkte zu der eigenen Forschungsarbeit und ihren Randgebieten festgestellt.

Als Schüler Arthur SPIETHOFFS habe ich das Prinzip des Ausgangs von den Fakten, welches in der Wirtschafts- und Konjunkturforschung dann zwangsläufig auch zur Berücksichtigung der Verkehrsprobleme in modernen Volkswirtschaften führt, stets besonders hoch geschätzt und forschungsmäßig verfolgt. In seiner Studie skizziert ROGMANN nach einigen dogmenhistorischen Unterbauungen den heutigen Stand und insbesondere die Aufgabenstellung der Wirtschaftsforschung und weist dabei auf eine gewisse Vernachlässigung der Verkehrsprobleme hin, die tatsächlich offenkundig ist. Bedeutungsmäßig spielt der Verkehr im Rahmen der konjunkturellen und allgemeinen Wirtschaftsentwicklung eine sowohl "passive" als auch "aktive" Rolle, - d.h. zugleich eine Rolle als "Mitläufer" und als "Initiator" der allgemeinen Wirtschaftsbewegung -, wobei diese Positionen heute mit der konjunkturellen Situation wechseln. Die Tatsache, daß der "Verkehr" mit seiner kapitalintensiven Fundierung z.T. die Funktion der Konjunkturbelebung oder der -stütze ausüben kann, wirft neben der theoretisch-ökonomischen Problematik, die mir auf alle Fälle klärungswürdig erscheint, jedoch auch nicht zu übersehende p o l i t i s c h e Fragen auf, und zwar in doppelter Hinsicht:

(1) Einerseits werden internationale Verkehrsbeziehungen bei ihrer primären Entstehung oder auch späteren Intensivierung - selbst dann, wenn die Eigentümer der Verkehrsträger, z.B. Reedereien, teilweise private Unternehmungen sind, - überwiegend auf politischer Ebene vorbereitet und erfordern eine Abstimmung mit anderen außenpolitischen Belangen.

(2) Ein weiteres politisch bedeutsames Moment liegt darin, daß nach der heute bei uns und vielfach auch in anderen Volkswirtschaften der westlichen Welt realisierten Kompetenz- und Eigentumsverteilung auf dem Verkehrssektor Investitionen in diesem Bereich (insbesondere bei der Eisenbahn) automatisch zu einer absoluten und relativen Vergrößerung des öffentlichen Vermögens und Einflusses gegenüber der privaten Wirtschaftsinitiative führen. Es ist m.E. ein ernstes Dilemma, daß einerseits Betätigungen der öffentlichen Hand auf dem Verkehrssektor die Konjunkturen als typisches Merkmal der kapitalistischen Marktwirtschaft "stützen" können und somit unliebsame Begleiterscheinungen der Wirtschaftsabläufe einer rein liberalen Wirtschaftsordnung mildern, jedoch andererseits dieses therapeutisch wirkende Eingreifen des öffentlichen Verbandes zu einer sukzessiven Vergrößerung seiner wirtschaftlichen Macht mit allen Folgen für die Funktionsfähigkeit der Marktwirtschaft führen kann. Gerade diese Überlegungen lassen es ratsam erscheinen, daß die Probleme der Verkehrskonjunktur und der langzeitlichen Dynamik in der Verkehrswirtschaft im Zusammenhang mit der gesamtwirtschaftlichen Entwicklung von den Vertretern der Privatwirtschaft, der Ministerien und der Wissenschaft an den Hochschulen und Universitäten g e m e i n s a m diskutiert werden. Lösungsprinzipien der heute so ak-

tuellen Verkehrsprobleme mit teilweise starker Zukunftsbeziehung klingen erfreulicherweise auch in der Studie von ROGMANN an, zu dessen wichtigsten prinzipiellen Vorschlägen im Anhang seiner Studie ich kurz wie folgt Stellung nehmen möchte:

(1) Es erscheint mir wünschenswert und erforderlich, das Problem der Verkehrskonjunktur sowie der langzeitlichen Dynamik des Verkehrs wissenschaftlich im Rahmen der ökonomischen Theorie, auch besonders unter finanzpolitischen Gesichtspunkten und ihrer theoretischen Fundierung, ernsthaft zu verfolgen; ein Standard-,Lehr- oder Handbuch über diesen Fragenkreis wäre zu begrüßen. In jedem Falle sollte bei der Gewinnung von Aussagen über die Tendenzen und Regelmäßigkeiten der Verkehrskonjunktur und ihrer Dynamik vor allem eine wirklichkeitsnahe Theorie entwickelt werden, wofür eine Abstimmung mit Vertretern der Verkehrspraxis wünschenswert ist, um alle für den Wissenschaftler wichtigen Daten zu gewinnen und um zu praktikablen Resultaten zu gelangen.

(2) Eine Finanzierung derartiger Vorhaben von öffentlicher Seite wäre wohl notwendig, ohne daß hierbei der Einfluß von Vertretern der Privatwirtschaft und der Wissenschaft gegenüber den Fachleuten der Ministerien geschmälert werden sollte.

(3) Es erscheint konsequent, daß die von den verschiedenen Gruppen erarbeiteten praktischen und theoretischen Erkenntnisse ausgetauscht und allen am Verkehrsproblem berechtigt interessierten Kreisen zugänglich gemacht werden.

(4) Zu den besonders zur Diskussion gestellten Vorschlägen Nr. 7 bis 9 in der ROGMANN'schen Studie möchte ich folgendes bemerken:

Da die in den vorigen Punkten vorgebrachten Thesen zum großen Teil bisher unrealisierte Postulate sind, erscheint es durchaus sinnvoll, eine "Verkehrswissenschaftliche Spezialkonferenz" zu veranstalten, um die Intensivierung und die Arbeitsprinzipien auf diesem Gebiet fachmännisch zu erörtern. Selbstverständlich müßten hierbei Vertreter der privaten Wirtschaft, der Ministerien und der Wissenschaft in sinnvoller Auswahl und in etwa paritätischer Ausgewogenheit beteiligt sein; der Vorschlag, zu versuchen, Herrn Prof. Dr. BERKENKOPF für den Vorsitz zu gewinnen, erscheint mir sehr zweckmäßig.

Eine Veranstaltung von Tagungen in größeren Zeitabständen könnte der gemeinsamen Erarbeitung von Problemstellungen und dem Austausch von Arbeitsergebnissen dienen, nachdem sich auf einer Spezialkonferenz ein kompetentes Gremium konstituiert hat. Die Begründung eines Forschungsrates für Verkehrskonjunktur und langzeitliche Verkehrsdynamik als permanente Einrichtung aus Vertretern der Verkehrs- und Wirtschaftswissenschaften an den Universitäten und Hochschulen, der Institute für Wirtschaftsforschung und der verwaltungseigenen Verkehrsbeobachtung erscheint grundsätzlich angebracht. Gerade diese Einrichtung bedürfte jedoch m.E. einer vorher genau geplanten Besetzung der verantwortlichen Positionen, ferner einer Sicherstellung der Finanzierungsfragen.

Ich hoffe, Ihnen mit dieser - allerdings nur kurzen - Stellungnahme gedient zu haben und bin an Informationen über das eventuelle Zustandekommen der geplanten Institutionen sowie deren Forschungsergebnisse interessiert."

18) Professor Dr.Dr. W.G. WAFFENSCHMIDT, Wirtschaftshochschule Mannheim und Universität Heidelberg (Schreiben vom 25.9.1956)

"Es ist wohl selbstverständlich, daß die Theorie des Verkehrs aus ihren teils technischen, teils gesellschaftlichen und betriebswirtschaftlichen Betrachtungen in eine "volkswirtschaftliche Gesamtrechnung" hineingestellt werden muß. Das verlangt die Verkehrspolitik, verlangt aber auch der Wirtschaftspolitiker. Nach der Art und Weise, die unsere Forschung in den letzten Jahren eingeschlagen hat, um den Weg von der Konversation zur Wissenschaft fortzusetzen, muß das in der Art der Input-Output-Rechnungen erfolgen. Dabei muß der Verkehr nicht nur ein besonderes Konto erhalten, sondern es muß eine Aufgliederung der Untersuchung in Eisenbahn-, Straßen-, Wasser-und Luftverkehr erfolgen. Die Fortschrittsbetrachtung verlangt dann eine Dynamisierung nach Progreß und Konjunktur. Daß hier große Gesetz mäßigkeiten vorliegen, habe ich mehrfach nachgewiesen. Sie finden eine Darstellung für die USA-Wirtschaft in "Technik und Wirtschaft der Gegenwart", Springer-Verlag, Berlin 1952, S.19/20. Dort finden Sie auch den Hinweis auf eine anerkennenswerte Einzeluntersuchung von Mothes, der die Expansion der Eisenbahn auf die Welt-Schienenlängen bezog, jedoch die Intensivierung der Ausnützung der Schienenwege vernachlässigte.

Einschlägige Einzeluntersuchungen wie die errechnete optimale Organisation der Berliner Luftbrücke, Untersuchungen der britischen Luftfahrtgesellschaften über den gesamtoptimalen Einsatz ihrer Flugzeuge, der zu befahrenden Strecken und der Auslastung, zum Teil unter Einsatz von Elektronenrechenmaschinen, sind Beispiele für die neuere Art der Lösungen von Verkehrsproblemen, die viel größere Schwierigkeiten bewältigen, als sie die Extrapolation durch Weiterführung der bisherigen Entwicklung mit sich bringen.

Die Vorschläge Ihres Oberregierungsrats Dr. ROGMANN fassen die Beschaffung von Material für solche Weiterführungen ins Auge, wie es sich aus der Progreß- und Konjunkturbeobachtung ergibt. Das ist sehr verdienstlich, und es wird sich darauf aufbauend zeigen, wieweit und wie stark die Abhängigkeit des Verkehrs von rational erfaßbaren und außerrationalen Variabeln abhängt. Für eine Prognose ist freilich die Weiterzeichnung der Entwicklung über den Augenblick hinaus sozusagen massiv. Bei der Komplikation der Beziehungen verlangt eine Konjunkturpolitik die Einbeziehung der Variabeln in mathematische Funktionen. Das zeigt etwa augenblicklich der simple Schweinepreiszyklus.

Andererseits ist es meines Erachtens für ein Verkehrsressort förderlich, hinsichtlich der Erforschung außerhalb der täglichen Strömung der Interessen verwaltungsmäßig im Wirbel unseres Gefälligkeitsstaates eine Insel für die stille Konjunkturforschung zu finden, auf die es sich abseits vom Kampf zurückziehen kann. Für den dialektischen Fortschrittsprozeß bleibt dann noch genügend Raum.

Es ist nur zu beachten, daß hierbei die Forschung nicht selbst in den Strudel hineingezogen wird. Einstweilen sind die Forschungsinstitute dieser Gefahr nicht erlegen, und auch die Gewerkschaften stehen auf dem Boden wissenschaftlicher Sachlichkeit.

Was die Grundlagen zur Beurteilung der Beziehungen zwischen allgemeiner Volkswirtschaft und Verkehr selbst betrifft, so ist die Statistik der USA weitaus am vollkommensten.

Der Ausbau der Verkehrsstatistik unseres Bundesamtes, dem wohl die Beschaffung der Unterlagen für die Durchführung der Anregung 5 untersteht, müßte zwischen Forschungseinrichtungen und Amt erfolgen.

Die eigentliche Arbeit verlangt Stille, nicht einmal viel Geld. Man sollte es aber nicht in erheblichen Beträgen à fonds perdu geben, sondern laufend als Vergütung für Leistungen.

Die vorgeschlagene Besprechung, Beiräte und Konferenzen liegen auf politisch-organisatorischem Gebiet. Sie sind wohl notwendig, aber ich fürchte, daß der Zeitverlust für mich in keinem Verhältnis steht zu dem Beitrag, den ich dort leisten könnte, im Gegensatz zu der stilleren Arbeit an der Forschungsstelle.

Meines Erachtens wäre der beste Weg, die Haushaltspläne durch einige Mittel für Forschungen zu ergänzen und zwar durch die beteiligten Verkehrsministerien, einen interministeriellen Ausschuß zu bilden, der im Benehmen mit einem kleinen wissenschaftlichen Gremium die Themen stellt und sie in der erforderlichen Zahl den Instituten und Forschungsstellen ausgibt, die sich nach einem Anlauf mit ihren Leistungen laufend empfehlen müßten.

Ich würde mich freuen, Ihnen in der Durchführung Ihrer Pläne behilflich sein zu können, da ich eine innere Freude am Verkehr habe und im Straßenbau, Wasserbau ausgebildet bin, auch als Regierungsbaumeister in Bau und Betrieb in zehnjähriger Praxis auch in einer Eisenbahndirektion tätig war.

Zur Zeit stehen mir für einschlägige Studien drei Institute zur Verfügung, das Institut für Sozial- und Staatswissenschaften an der Universität Heidelberg, das Institut für Volkswirtschaft und Statistik und das Technologische Institut an der Wirtschaftshochschule Mannheim."

19) Geheimrat Professor Dr.Dr. Adolf WEBER,München (Schreiben vom 8.8.1956)

"Die interessante Schrift von Dr. ROGMANN habe ich mit mancherlei Belehrungen gelesen. Er geht aus von der Annahme eines "stürmisch-dynamisch langzeitlichen Prozeß des Verkehrs". Die technischen Voraussetzungen sind in der Tat gegeben, aber die güterwirtschaftlichen Bedingungen für die Ausweitung der technischen Möglichkeiten fehlen, weil allzuviel Kapital - ich nenne es vorgetane Arbeit - in jüngster Vergangenheit und in der Gegenwart für unproduktive Zwecke, insbesondere für die Rüstung vertan wird. Folge ist die erschreckende Kapitalknappheit, vor der wir stehen, ein landesüblicher Zins von weit über 10% (gegenüber 3 1/3% in den 90er Jahren des vorigen Jahrhunderts) ohne Aussicht auf eine Senkung - inflatorische Quaksalberkuren können die Not nur tarnen, nicht beseitigen - zwingen zum Maßhalten gegenüber den Verlockungen der Technik, wenn eine Katastrophe verhindert werden soll. Infolgedessen ist die Diagnose weit wichtiger für uns als eine Prognose, die im Dunkeln tappen muß ....."

20) Professor D. G. WEIPPERT, Vorstand des Staatswissenschaftlichen Seminars an der Universität Erlangen (Schreiben vom 13.11.1956)

"Die große Bedeutung, die von Ihrer Seite den Fragen der Verkehrswirtschaft beigemessen wird, halte ich durchaus für gerechtfertigt und ich darf betonen, daß ich Ihrem Vorhaben sehr positiv gegenüberstehe. Nur nebenbei sei bemerkt, daß bei mir unter dem Titel: "Die Stellung des Post- und Fernmeldewesens in der gesamtwirtschaftlichen Entwicklung der Nachkriegszeit" eine Arbeit angefertigt wird, die den Fragen der Wirtschaftsbewegung und deren Rückwirkung auf den Brief-, Paket-, Telegramm- und Fernsprechverkehr und auf den Zahlungsdienst (Postscheck, Postanweisungen etc.) gewidmet ist.

Ich wende mich nun den Vorschlägen im einzelnen zu. Im gegenwärtigen Augenblick erscheint mir die Herausgabe eines Standardhandbuches wichtiger zu sein als die Abfassung eines Lehrbuches. Dies, obgleich ich mir bewußt bin, daß ungeachtet einiger Neuerscheinungen auf dem Gebiete des Verkehrswesens an Lehrbüchern ein gewisser Mangel besteht.

Ich bin auch der Meinung, daß es nicht Aufgabe der Verkehrsministerien und der Behörden sein kann, eigene Institute zur Erforschung der Verkehrskonjunktur und der langzeitlichen Dynamik des Verkehrswesens zu errichten. Als wünschenswert würde ich es erachten, daß Universitätsinstitute, die mit den entsprechenden Mitteln auszustatten wären, sich dieser Frage annehmen. Besonderes Gewicht wäre dabei auf die Erkenntnis übernationaler, großräumiger Zusammenhänge zu legen. Eine Abstimmung der deutschen Statistiken mit den entsprechenden des Auslandes ist von Anfang an anzustreben. Übereinstimmung besteht meinerseits auch mit Punkt 5 und 6 der "Vorschläge".

Um bei der Klärung der vielen offenen Fragen auf dem Gebiet des Verkehrswesens zu rascheren Ergebnissen zu kommen, wird es wohl, auch wenn man nicht immer neu sich konstituierenden Vereinigungen das Wort redet, unerläßlich sein, eine, wie es in den "Vorschlägen" genannt wird, "verkehrswirtschaftliche Spezialkonferenz" zu bilden.

Zu Punkt 8 möchte ich bemerken, daß die Erweiterung des Beirates beim Bundesminister für Verkehr sehr wünschenswert sein dürfte, jedoch nicht nur durch einen, sondern zwei bis drei empirisch arbeitende Vertreter der Forschungsinstitute. Statt des Forschungsrates erschiene es mir zweckmäßiger, ein entsprechendes aktionsfähiges Gremium innerhalb der verkehrswirtschaftlichen Gesellschaft zu bilden."

III. Hauptfazit der Stellungnahmen und Vorschläge

Die vorstehend unter B. II. wiedergegebenen Stellungnahmen und Vorschläge enthalten eine Fülle von Anregungen. Die gedankliche Vertiefung der sachlich-wissenschaftlichen Zusammenhänge ist die Hauptfrucht der Umfrage.
In der dieser Schrift gestellten Thematik, die sich in erster Linie auf die Organisation der Forschung bezieht, können die wissenschaftlichen Sachfragen leider nicht näher gewürdigt werden. Die eingegangenen Stellungnahmen und Vorschläge schließen sich nur zum Teil an die Vorschläge des Verfassers in seiner ersten Studie an. Es ist versucht worden, die in den Stellungnahmen mehr oder minder deutlich enthaltenen Fragestellungen und Vorschläge herauszukristallisieren. Dabei ergab sich, daß im Grunde genommen 31 mehr oder weniger unterschiedliche Fragestellungen und Vorschläge aufgeworfen worden sind. Von diesen 31 Fragestellungen und Vorschlägen beziehen sich nur 13 auf die ersten Vorschläge des Verfassers. Die nunmehr vorliegenden 31 Fragestellungen und Vorschläge sind in der dieser Schrift beigefügten Übersicht in einer sinngemäß geordneten Reihenfolge wiedergegeben worden. Es entstand die Frage, ob Stellungnahmen und Vorschläge einer einzelnen Persönlichkeit oder eines einzelnen Instituts das gleiche Gewicht haben wie Stellungnahmen und Vorschläge, die z.B. vom "Wissenschaftlichen Beirat beim BVM" aus erfolgten. Es leuchtet ein, daß der Versuch, eine völlig zulängliche Gewichtung durchzuführen, nicht befriedigend gelingen kann. Verfasser hat sich entschlossen, die Vorschläge der einzelnen Persönlichkeiten und der einzelnen Institute sowie der einzelnen Organisationen, Verwaltungen usw. jeweils nur mit 1 zu gewichten. Dagegen erschien es angebracht, die Vorschläge des "Wissenschaftlichen Beirats beim BVM" mit 9 zu gewichten, weil hinter diesen einstimmig angenommenen Vorschlägen 9 einzelne Forscherpersönlichkeiten bzw. Institute stehen.
Die in der Übersicht gebotene Aufgliederung der Fragestellungen und Vorschläge ist das Ergebnis gewissermaßen eines "Meinungstests". Jedoch ist einschränkend zu betonen, daß damit nicht behauptet werden soll, es handele sich um eine Meinungsbefragung, die entsprechend den bei solchen Be-

fragungen üblichen Methoden richtig "geschichtet" wäre. Dennoch darf man wohl annehmen, daß sich in den 31 Vorschlägen ein Querschnitt der insgesamt vorhandenen Meinungen widerspiegelt, der für die Auffindung der besten wissenschafts-organisatorischen Möglichkeiten und Wege brauchbar erscheint.

Die Aufstellung der Übersicht begegnete mancherlei Schwierigkeiten. Sie bestanden nicht nur in den schon hervorgehobenen Unzulänglichkeiten, sondern in bedeutendem Grade auch in der Unvollständigkeit der Stellungnahmen zu den in der Vorspalte aufgeführten Fragestellungen und Vorschlägen. Dieser letzte Umstand ist nicht verwunderlich, wurden doch viele neue Fragestellungen und Vorschläge von den Einsendern selbst entwickelt, ohne daß sie zugleich zur Kenntnis aller in der Übersicht berücksichtigten Organisationen, Verwaltungen, Ministerien, Institute und Einzelpersönlichkeiten gebracht werden konnten. Eine große Unsicherheit ergab sich schließlich daraus, daß in einer Reihe von Fällen zwar eine positive Stellungnahme zu irgendeinem Vorschlag erfolgte, nicht aber zugleich die Negation zu einem Alternativvorschlag zum Ausdruck gebracht wurde und umgekehrt. Verfasser weist auf diese und andere Unzulänglichkeiten und Mängel ausdrücklich hin, um zu vermeiden, daß die in der Übersicht zusammengerechneten Stellungnahmen und ihre Häufigkeitsverteilung als statistisch völlig ausreichend bewertet werden. Nach Auffassung des Verfassers handelt es sich, wie schon betont, um nicht mehr und nicht weniger als einen für die weiteren Überlegungen zwar brauchbaren, aber keineswegs vollkommenen Querschnitt der bestehenden Meinungen. Unter diesen Einschränkungen wollen die im Anschluß an die Übersicht folgenden Auswertungsbemerkungen verstanden werden. Aus Raumgründen beschränken sie sich auf die Summenergebnisse der Spalten 18 - 20, hier aber auch nur, soweit es sich um zahlenmäßig ins Gewicht fallende Stellungnahmen und Vorschläge handelt.

Die Frage:" Ist gegenüber bisher im Interesse der Verkehrspolitik künftig eine stärkere Intensivierung und Systematisierung der Erforschung der Verkehrskonjunktur und der langzeitigen Verkehrsdynamik erforderlich?" (1) wurde mit 92 Stimmen(einstimmig) bejaht. Es liegt demnach ein allgemein anerkanntes Bedürfnis vor, die Erforschung der Verkehrskonjunktur und der langzeitigen Verkehrsdynamik mehr als bisher zu intensivieren und zu systematisieren.

H a u p t

der Stellungnahmen und Vorschläge in

(Stand am

Lfd. Nr.	Fragestellungen und Vorschläge (+ : decken sich mit den Vorschlägen des Verfassers in der ersten Studie)	Verkehrs-u.Wirtschaftsorganisati- nen, Verkehrsverwaltungen		
		ja	nein	fragl.
1	2	3	4	5
1 +	Ist gegenüber bisher im Interesse der Verkehrspolitik künftig eine stärkere Intensivierung und Systematisierung der Erforschung der Verkehrskonjunktur und der langzeitigen Verkehrsdynamik erforderlich?	33	-	-
2 +	Empfiehlt sich die Erforschung der Verkehrskonjunktur und langzeitigen Verkehrsdynamik in Verbindung mit der Wirtschaftskonjunktur und langzeitigen Wirtschaftsdynamik?	15	-	1
3 +	Kann oder soll diese Forschung durch Ministerien, Behörden, Verwaltungen oder Verkehrs-bzw.Wirtschaftsorganisationen durchgeführt werden?	-	5	-
4 +	Ist die Intensivierung der verwaltungseigenen Verkehrsbeobachtung hinsichtlich der aktuellen kurzfristigen Auswertung der Forschungsergebnisse und für deren unverzügliche Nutzbarmachung in der Verkehrspolitik empfehlenswert?	4	-	-
5 +	Ist die Erforschung der thematischen Zusammenhänge Aufgabe nur der Verkehrswissenschaftlichen Institute?	1	14	1
6 +	Oder ist sie Aufgabe nur der Wirtschaftsforschungsinstitute?	-	15	1
7 +	Oder empfiehlt sich eine Zusammenarbeit bzw.Beratung zwischen Verkehrswissenschaftlichen Instituten und Wirtschaftsforschungsinstituten?	17	1	1
8	Ist zur Sicherung des Forschungserfolges die Abstimmung zwischen allen vorhandenen einschlägigen Instituten (d.h. nicht nur Verkehrswissenschaftlichen Instituten und Wirtschaftsforschungsinstituten), die für die Erforschung der Verkehrskonjunktur und insbesondere der langzeitigen Verkehrsdynamik in Verbindung mit den entsprechenden Wirtschaftsvorgängen in Betracht kommen, erforderlich?	-	-	-
9	Sind an den Forschungen außer Verkehrswissenschaftlern (selbst wenn sie zugleich Nationalökonomen sind) auch Vertreter (im allgemeineren Sinne) der Volkswirtschaftstheorie, Volkswirtschaftspolitik, Finanzwissenschaft und Sozialwissenschaft zu beteiligen?	-	-	-
10	Ist es tunlich, daß die einzelnen Institute neben den gemeinsam durchzuführenden Forschungsarbeiten zur Verkehrskonjunktur und zur langzeitigen Verkehrsdynamik zusätzliche Untersuchungen über diese Gebiete auf Grund eigener Initiative anstellen?	-	-	-

i s
.scher und finanzieller Hinsicht.
er 1956)

ehrsministe- u. andere sterien		Abgeordnete des Deutschen Bundestages			Verkehrswissenschaft			Wirtschaftswissenschaften			Zusammen (Sp. 3 - 17)		
nein	fragl.	ja	nein	fragl.	ja	nein	fragl.	ja	nein	fragl.	ja	nein	fragl.
7	8	9	10	11	12	13	14	15	16	17	18	19	20
-	-	3	-	-	21	-	-	25	-	-	92	-	-
-	-	3	-	-	13	-	-	23	-	-	58	-	1
-	-	-	-	-	-	-	-	-	4	-	-	9	-
-	-	-	-	-	-	-	-	4	-	-	8	-	-
1	2	-	-	-	9	3	-	-	2	3	10	20	6
1	2	-	-	-	-	13	-	2	1	3	2	30	6
-	2	-	-	-	13	-	-	4	-	1	35	1	4
-	-	-	-	-	1	-	-	-	-	-	1	-	-
-	-	-	-	-	1	-	-	6	-	-	7	-	-
-	-	-	-	-	-	-	-	2	-	-	2	-	-

1	2	3	4
11	Eignen sich Fragen der Verkehrskonjunktur und der langzeitigen Dynamik in der Verkehrswirtschaft z.B. auch als Untersuchungsobjekte für Diplomarbeiten und Dissertationen?	-	-
12	Empfiehlt sich zunächst die Sichtung des Zahlenmaterials und seine methodische Gegenüberstellung und Zusammenfassung in einer Grundlagenuntersuchung durch ein Institut oder einige Institute und dann erst die Klärung der organisatorischen und finanziellen Möglichkeiten der Inangriffnahme der eigentlichen und kontinuierlichen Forschungsarbeiten zur Verkehrskonjunktur und zur langzeitigen Verkehrsdynamik?	-	-
13	Ist zu vermuten, daß die bisher aus der Statistik anfallenden Zahlen für die Erforschung der Verkehrskonjunktur und der langzeitigen Verkehrsdynamik nicht ausreichen oder nicht genügend herangezogen werden, und ist es daher zu empfehlen, von vornherein das Stat.Bundesamt und andere statistische Institutionen (z.B.Kraftfahrt-Bundesamt, Bundesamt für den Güterfernverkehr usw., Internationale stat. Stellen) an der Verplanung der Forschung zu beteiligen?	-	-
14 +	Würde ein neues Lehr- oder Handbuch der Verkehrswissenschaft, in dem ausführlich auch die Fragen der Verkehrskonjunktur und der langzeitigen Verkehrsdynamik behandelt werden würden, eine Lücke ausfüllen?	3	-
15	Empfiehlt sich eine allgemeine Vorklärung der organisatorischen und finanziellen Grundlagen auf einer Konferenz der Verkehrsminister der Bundesrepublik Deutschland?	-	-
16	Soll anschließend etwa ein kleiner Arbeitsausschuß die wissenschaftsorganisatorischen Möglichkeiten (u.a.wissenschaftliche Arbeitsteilung, Finanzierung) prüfen, bevor die Forschung selbst anläuft?	3	-
17	Soll die Bildung eines aus einem "Interministeriellen Ausschuß der Verkehrsministerien" (bzw."Koordinierungsausschuß beim BVM") und einer kleinen "Wissenschaftlichen Gruppe" (evtl. unter Zuziehung von Praktikern) zusammengesetzten Gremiums erwogen werden, das Themen zu stellen und Forschungsaufträge an Institute und Forschungsstellen zu vergeben hätte?	2	-
18 +	Ist für die Klärung der organisatorischen Vorfragen eine größere "Verkehrswissenschaftliche Konferenz"geeignet?	5	20
19	Soll evtl. die Aufgabe einer aus weiteren interessierten Kreisen zusammengesetzten "Verkehrswissenschaftlichen Konferenz" darin bestehen, daß vor ihr von Zeit zu Zeit über die Forschungsergebnisse Bericht erstattet wird, um auf diese Weise einen engen Kontakt zwischen Wissenschaft und Praxis zu pflegen (insbesondere auch zur Beratung der Wissenschaft aus Kreisen der Praxis)?	2	-

	7	8	9	10	11	12	13	14	15	16	17	18	19	20
	-	-	-	-	-	-	-	-	1	-	-	1	-	-
	-	-	-	-	-	9	-	-	1	-	-	10	-	-
	-	-	-	-	-	3	-	-	5	-	-	8	-	-
	-	1	-	-	-	-	-	-	4	-	-	7	-	1
	-	-	-	-	-	-	-	-	-	-	-	1	-	-
	-	-	-	-	-	3	-	-	-	-	-	7	-	1
	-	-	-	-	-	1	-	-	1	-	-	4	-	-
	9	3	2	-	-	3	10	1	9	6	-	20	45	6
	-	-	1	-	-	3	-	-	-	-	-	6	-	1

1	2	3	4
20+	Ist ein "Forschungsrat für Verkehrskonjunktur und langzeitige Verkehrsdynamik"(als ständige Arbeitsverbindung von Experten der Verkehrswissenschaft, der empirischen Konjunkturforschung, der allgemeinen Wirtschaftswissenschaften und der verwaltungseigenen Verkehrsbeobachtung) zweckmäßig?	4	18
21	Sollten "Verkehrswissenschaftliche Konferenz" und "Forschungsrat" von vornherein in einer einzigen Institution vereinigt werden?	-	-
22	Empfiehlt sich die Bildung eines "Verkehrswissenschaftlichen Forschungszentrums" - in dem alles Wissen über die Verkehrswirtschaft zusammengefaßt und auch die Pläne und Zukunftserwartungen der Techniker herangezogen werden - sowie Angliederung einer "Abteilung für Vorausschau" an diese Zentralstelle?	1	-
23+	Sollten die wissenschaftsorganisatorischen Möglichkeiten und Erfordernisse evtl. im Rahmen der "Deutschen Verkehrswissenschaftlichen Gesellschaft" geprüft werden?	6	2
24	Empfiehlt sich die Aufstellung allgemeiner Richtlinien für die Forschung durch den "Wissenschaftlichen Beirat beim BVM"?	3	-
25	Sollte etwa aus einigen Herren des "Wissenschaftlichen Beirats beim BVM" und Vertretern der "Wirtschaftswissenschaftlichen Forschungsinstitute" ein Gremium gebildet werden, das sich der Koordinierung der einschlägigen Forschungsarbeiten anzunehmen hätte?	-	-
26 +	Empfiehlt sich die Ergänzung des "Wissenschaftlichen Beirats beim BVM" durch Vertreter von Wirtschaftsforschungsinstituten?	4	7
27	Ist die Ergänzung des "Wissenschaftlichen Beirats beim BVM" durch Vertreter (im allgemeineren Sinne) der Wirtschafts - und Sozialwissenschaften erwägenswert?	-	-
28	Empfiehlt sich die Verstärkung des "Wissenschaftlichen Beirats beim BVM" aus Kreisen der Praxis?	1	-
29	Empfiehlt es sich, daß mindestens für die erste Zeit alle organisatorischen und finanziellen Fragen sowie andere Fraggen der Vorplanung in einem Gremium geprüft werden, dessen Vorsitz Herrn Staatssekretär Prof. Dr. BRANDT angeboten werden sollte?	-	-
30+	Ist für die erfolgreiche Erforschung der thematischen Zusammenhänge die Zurverfügungstellung zusätzlicher Forschungsmittel eine unabdingbare Voraussetzung?	5	-
31	Zur Durchführung der Forschung über "Verkehrskonjunktur und langzeitige Verkehrsdynamik" haben ihre Mitarbeit angeboten:		
	Institute:	-	-
	Forscherpersönlichkeiten:	-	-

6	7	8	9	10	11	12	13	14	15	16	17	18	19	20
1	8	3	3	-	-	2	12	-	5	5	2	15	43	9
-	-	-	-	-	-	-	-	-	1	-	-	1	-	-
-	-	-	-	-	-	-	-	-	1	-	-	2	-	-
3	-	2	2	-	-	5	10	-	3	1	-	19	13	7
1	-	-	-	-	-	10	-	-	-	-	-	14	-	-
1	-	-	-	-	-	-	-	-	1	-	-	2	-	-
2	-	2	1	-	-	1	10	-	4	1	1	12	18	6
-	-	-	-	-	-	-	-	-	2	-	-	2	-	-
-	-	-	-	-	-	-	-	-	-	-	-	1	-	-
-	-	-	-	-	-	2	-	-	1	-	-	3	-	-
1	-	1	-	-	-	10	-	-	9	-	-	25	-	1
-	-	-	-	-	-	5	-	-	7	-	-	12	-	-
-	-	-	-	-	-	2	-	-	1	-	-	3	-	-

Auf die Frage:" Empfiehlt sich die Erforschung der Verkehrskonjunktur und langzeitigen Verkehrsdynamik in Verbindung mit der Wirtschaftskonjunktur und langzeitigen Wirtschaftsdynamik?" (2) haben 58 Einsender zustimmend geantwortet. Es dürfte damit unzweifelhaft sein, daß die Erforschung der Verkehrskonjunktur und der langzeitigen Verkehrsdynamik nur in Verbindung mit der Wirtschaftskonjunktur und der langzeitigen Wirtschaftsdynamik Erfolg verspricht.

Sämtliche 9 zu diesem Punkt eingegangenen Stellungnahmen verneinen die Frage "Kann oder soll diese Forschung durch Ministerien, Behörden, Verwaltungen oder Verkehrs- bzw. Wirtschaftsorganisationen durchgeführt werden?" (3).

Ebenso sprechen sich sämtliche 8 hierzu vorliegenden eingegangenen Stellungnahmen positiv zu der Frage "Ist die Intensivierung der verwaltungseigenen Verkehrsbeobachtung hinsichtlich der aktuellen kurzfristigen Auswertung der Forschungsergebnisse und für deren unverzügliche Nutzbarmachung in der Verkehrspolitik empfehlenswert?" (4) aus.

Geteilt ist die Auffassung zu der Frage "Ist die Erforschung der thematischen Zusammenhänge Aufgabe nur der Verkehrswissenschaftlichen Institute?" (5). Nur 10 Stellungnahmen bejahen die Frage, 20 Stellungnahmen verneinen sie, und 6 Stellungnahmen lassen die eindeutige Beantwortung offen. Damit ist wohl mindestens zweifelhaft, ob die Erforschung der thematischen Zusammenhänge eine Aufgabe nur der Verkehrswissenschaftlichen Institute darstellt.

Auf die nächste Frage "Oder ist sie Aufgabe nur der Wirtschaftsforschungsinstitute" (6) haben nur 2 Stimmen bejahend, jedoch 30 Stimmen verneinend geantwortet, 6 Stellungnahmen ließen die Frage offen. Die Erforschung der thematischen Zusammenhänge wird von der Mehrheit nicht als eine Aufgabe nur der Wirtschaftsforschungsinstitute angesehen.

Sehr eindeutig sind die Stellungnahmen zur Frage "Oder empfiehlt sich eine Zusammenarbeit (bzw. Beratung) zwischen Verkehrswissenschaftlichen Instituten und Wirtschaftsforschungsinstituten?" (7) ausgefallen. Nicht weniger als 35 Stellungnahmen empfehlen eine Zusammenarbeit (bzw. Beratung) zwischen Verkehrswissenschaftlichen Instituten und Wirtschaftsforschungsinstituten. Nur eine einzige Stimme verneint die Notwendigkeit der Zusammenarbeit, 4 Stellungnahmen entscheiden sich nicht eindeutig. Die Zusammenarbeit zwischen Verkehrswissenschaftlichen Instituten und Wirtschaftsforschungsinstituten scheint einer mehrheitlichen Auffassung zu entsprechen.

Bemerkenswert ist, daß 7 Stellungnahmen sich dafür aussprechen, an den Forschungen außer Verkehrswissenschaftlern auch Vertreter (im allgemeineren Sinne) der Volkswirtschaftstheorie, Volkswirtschaftspolitik, Finanzwissenschaft und Sozialwissenschaft zu beteiligen (9).

In den Stellungnahmen zur Frage 12 gelangt die Auffassung der Mitglieder des Wissenschaftlichen Beirats beim BVM zum Ausdruck. Der Vorschlag, zunächst das Zahlenmaterial zu sichten und zu gewinnen, das für die Erforschung der Verkehrskonjunktur und der langzeitigen Verkehrsdynamik benötigt wird, es alsdann gegenüberzustellen und in einer Grundlagenuntersuchung zusammenzufassen, verdient sicher eine ernste Beachtung. Erst wenn eine solche Grundlagenuntersuchung zur Verfügung steht, verspricht die kontinuierliche Erforschung der Verkehrskonjunktur und der langzeitigen Prozesse sowie deren Analyse Erfolg.

Offenbar bestehen Zweifel, ob die bisher aus der Statistik anfallenden Zahlen für die Erforschung der Verkehrskonjunktur und der langzeitigen Verkehrsdynamik ausreichen, denn 8 Stellungnahmen befassen sich mit dieser Frage. Sie verdient,geprüft zu werden (13).

Die Frage "Würde ein neues Lehr- oder Handbuch der Verkehrswissenschaft, in dem ausführlich auch die Fragen der Verkehrskonjunktur und der langzeitigen Verkehrsdynamik behandelt werden würden, eine Lücke ausfüllen?" (14) wird von 7 Einsendern bejaht. Inzwischen ist das Lehrbuch des Professors Frhr. v. BISSING erschienen; ein weiteres Lehrbuch befindet sich in Vorbereitung.

Der Vorschlag, auf einer Konferenz der Verkehrsminister der Bundesrepublik Deutschland die organisatorischen und finanziellen Grundlagen allgemein vorzuklären (15), ging vom Herrn Bundesminister für Verkehr selbst aus. Die Frage wird als Tagesordnungspunkt bereits auf der nächsten Konferenz behandelt werden.

Man darf wohl die Stellungnahmen zu den Fragen 16 und 17 zusammenfassen. Dann haben sich 11 Stellungnahmen dafür ausgesprochen, zunächst in einem kleinen Arbeitsausschuß die organisatorischen und finanziellen Möglichkeiten der Durchführung der Forschung zu prüfen, bevor die Forschung selbst anläuft. Sicher handelt es sich hier um einen Vorschlag, der verwirklicht werden sollte.

Auf die Frage "Ist für die Klärung der organisatorischen Vorfragen eine größere "Verkehrswissenschaftliche Konferenz" geeignet?" (18) stehen 20 Ja-Stimmen nicht weniger als 45 Nein-Stimmen gegenüber, 6 Stimmen haben sich nicht eindeutig ausgesprochen. Die Einberufung einer "Verkehrswissenschaftlichen Konferenz" zum Zweck der Klärung der organisatorischen Vorfragen dürfte demnach nicht mehr in Betracht kommen. Aber sie ist auch deshalb nicht unbedingt mehr notwendig, weil die in dieser Übersicht dargestellten Stellungnahmen und Vorschläge so umfassend sind, daß von einer Verkehrswissenschaftlichen Konferenz kaum zusätzliche Einsichten würden gewonnen werden können.

Bemerkenswert ist aber, daß 6 Stellungnahmen die Aufgabe einer aus weiteren interessierten Kreisen zusammengesetzten "Verkehrswissenschaftlichen Konferenz" darin sehen, daß vor ihr von Zeit zu Zeit über die Forschungsergebnisse Bericht erstattet wird, um auf diese Weise einen engen Kontakt zwischen Wissenschaft und Praxis zu pflegen - insbesondere auch zur Beratung der Wissenschaft aus Kreisen der Praxis - (19).

Die Frage "Ist ein "Forschungsrat für Verkehrskonjunktur und langzeitige Verkehrsdynamik" (als ständige Arbeitsverbindung von Experten der Verkehrswissenschaft, der empirischen Konjunkturforschung, der allgemeinen Wirtschaftswissenschaften und der verwaltungseigenen Verkehrsbeobachtung) zweckmäßig?" (20) hat nur in 15 Stellungnahmen Zustimmung gefunden, in 43 Stellungnahmen wurde sie verneint, 9 Stellungnahmen ließen die Frage offen. Die Auffassung einer weit überwiegenden Mehrheit betrachtet einen "Forschungsrat" nicht für erforderlich.

Bemerkenswert sind die Stellungnahmen zur Frage "Sollten die wissenschaftsorganisatorischen Möglichkeiten und Erfordernisse evtl. im Rahmen der "Deutschen Verkehrswissenschaftlichen Gesellschaft" geprüft werden?" (23). 19 Stimmen haben sich für eine Einschaltung der "Deutschen Verkehrswissenschaftlichen Gesellschaft", 13 Stimmen dagegen ausgesprochen, 7 Stellungnahmen ließen die Frage offen.

Die Frage "Empfiehlt sich die Aufstellung allgemeiner Richtlinien für die Forschung durch den "Wissenschaftlichen Beirat beim BVM"?" (24) wurde mit 14 Stimmen, darunter 9 Stimmen des Verkehrswissenschaftlichen Beirats beim BVM, bejaht.

Zur Frage "Empfiehlt sich die Ergänzung des "Wissenschaftlichen Beirats beim BVM" durch Vertreter von Wirtschaftsforschungsinstituten?" (26) haben sich 12 Stellungnahmen positiv, 18 Stellungnahmen ablehnend geäußert, 6 Stellungnahmen ließen die Frage offen.

Auf die Frage "Ist für die erfolgreiche Erforschung der thematischen Zusammenhänge die Zurverfügungstellung zusätzlicher Forschungsmittel eine unabdingbare Voraussetzung?" (30) haben 25 Einsender eine bejahende Antwort gegeben. Es unterliegt keinem Zweifel, daß die Erforschung der Verkehrskonjunktur und der langzeitigen Verkehrsdynamik nur durchführbar sein wird, wenn man dafür zusätzliche Forschungsmittel zur Verfügung stellt. Aus den einzelnen Stellungnahmen ergibt sich aber, daß nicht einmal mit besonders hohen zusätzlichen Forschungsmitteln gerechnet werden muß.

Das Interesse an der Intensivierung und Systematisierung der Forschung über Verkehrskonjunktur und langzeitige Verkehrsdynamik beschränkt sich nicht auf Stellungnahmen und Vorschläge, sondern spricht sich auch darin aus, daß nicht weniger als 12 Institute und 3 Forscherpersönlichkeiten ihre Mitarbeit angeboten haben (31). Dieses tätige Interesse ist dankbar zu begrüßen. Es sollte sorgfältig geprüft werden, in welcher Form und in welchem Ausmaß die Forschungstätigkeit der Institute und Persönlichkeiten in Anspruch genommen werden kann.

C. Vorläufige Vorschläge und Empfehlungen für die Konferenz der Verkehrsminister der Bundesrepublik Deutschland

I. Vorbemerkung

Die zusammenfassende Betrachtung der eingegangenen Stellungnahmen und Vorschläge hat ergeben, daß sie sich nicht selten in mehrfacher Hinsicht wesentlich voneinander unterscheiden. In vielen Stellungnahmen aber klingt die Mahnung durch, das als notwendig anerkannte Forschungsanliegen nicht durch die Bildung zu großer und zu heterogener Gremien zu gefährden. Solche Gremien seien weder in der Lage, die organisatorischen und finanziellen Vorfragen zu klären und zu entscheiden, noch die Forschung selbst durchzuführen.

Im Grunde genommen lassen sich die Vorschläge in 3 Gruppen gliedern:

1. Organisation und Finanzierung der Forschung,

2. Inhalt und Durchführung der Forschung (Problemstellung, Forschungsaufgaben im einzelnen),

3. Verkehrspolitische Nutzung der Forschungsergebnisse.

Es soll versucht werden, nach diesem Einteilungsprinzip einige Empfehlungen und Vorschläge zu entwerfen. Verfasser ist sich der Schwierigkeit, ja der Unmöglichkeit, bewußt, hierbei allen einzelnen zur Diskussion stehenden Stellungnahmen und Vorschlägen gerecht zu werden. Jede Auswahl ist vor ein "Entweder - Oder" bzw. vor ein "Sowohl - Als auch" gestellt.
Es ist aber vorteilhaft, daß überhaupt eine Auswahl möglich ist: darin liegt der Wert der Vielzahl der Vorschläge und sogar noch derjenigen Vorschläge, die als weniger empfehlenswert in diesem Gesamtvorschlag des Verfassers nicht mehr berücksichtigt werden konnten. Natürlich können die folgenden Vorschläge nur die persönliche Meinung des Verfassers wiedergeben, mit allen Vorbehalten und Mängeln, die jeder persönlichen Meinung anhaften. Die Vorschläge entsprechen aber dem Bemühen um strenge Objektivität. Sie versuchen Wege zu zeigen, die gangbar sind und deshalb vielleicht auch auf eine Billigung durch die Verkehrsminister-Konferenz, durch die Wissenschaft und durch die Praxis werden rechnen können. Daß es sich in den Vorschlägen nur um die nächsten Schritte handeln kann, dürften die eingegangenen Stellungnahmen bewiesen haben. Bevor von Inhalt und Durchführung der Forschung - Problemstellungen und Forschungsaufgaben im einzelnen - (2.) und von der verkehrspolitischen Nutzung der Forschungsergebnisse (3.) die Rede sein kann, muß die Vorfrage der Organisation und Finanzierung der Forschung (1.) wenigstens im vorläufigen Sinne geklärt sein.

Die Vorschläge des Verfassers stellen nicht schon die offizielle Meinung des Ministeriums für Wirtschaft und Verkehr des Landes Nordrhein-Westfalen dar.

II. Vorschläge und Empfehlungen

1. Organisation und Finanzierung der Forschung

Echte Forschung ist autonom und soll autonom bleiben; Forschung ist eine Angelegenheit der autonomen Wissenschaft. Es bedeutet keinen Eingriff in die Autonomie der Wissenschaft, wenn vom Staate als dringlich empfundene Forschungsanliegen nominiert werden und die Wissenschaft um die Inangriffnahme solcher Forschungsaufgaben gebeten wird. Aber selbst dann ist es nicht Aufgabe des Staates, von sich aus die Forschung zu "organisieren". Wissenschaftliche Forschung schließt die "Organisation" durch die Wissenschaft ein. Der Staat kann zwar Forschungsaufträge"erteilen", seine Institutionen werden sich auch zur Beratung zur Verfügung stellen, der Staat wird die Forschung nach Kräften finanziell unterstützen, aber die eigentliche "Organisation" der Forschung und der Forschungsvorhaben wird er der Wissenschaft überlassen.

Daraus folgt, daß ein Gremium, das über die bestmögliche Form der Verwirklichung des Forschungsanliegens beraten und befinden soll, von einem Wissenschaftler geleitet werden sollte. In diesem Gremiun sollten Institutionen und Persönlichkeiten vertreten sein, die fachlich Wesentliches zum Thema (auch in organisatorischer und finanzieller Hinsicht) zu sagen haben.

Über die beste Form der Realisierung des Forschungsanliegens gibt es fachlich unterschiedliche Meinungen. Die Auffassungen bedürfen daher einer fachlichen Erörterung. Als Gremium hierfür eignet sich vielleicht ein kleiner Ausschuß mit folgender Besetzung:

1 Leiter (als primus in pares): Der Vorsitzende des "Wissenschaftlichen Beirats beim BVM".

1 Geschäftsführer des Ausschusses

14 Mitglieder:

a) drei Mitglieder des "Wissenschaftlichen Beirats beim BVM" oder z.T. Verkehrswissenschaftler, die nicht dem Beirat angehören (zu vereinbaren durch den Beirat),

b) drei Vertreter der "Wirtschaftsforschungsinstitute" (zu vereinbaren durch die Arbeitsgemeinschaft der Wirtschaftsforschungsinstitute),

c) zwei Vertreter der Nationalökonomie im weiteren Sinne (von den Mitgliedern zu a) und b) zu vereinbaren),

d) ein Vertreter des Stat. Bundesamtes,

e) ein Vertreter der "Deutschen Verkehrswissenschaftlichen Gesellschaft",

f) ein Vertreter des Bundesministeriums für Verkehr,

g) ein Vertreter des Bundesministeriums für das Post- und Fernmeldewesen,

h) zwei (einschl. des Geschäftsführers:drei) Vertreter der Verkehrsministerien der Länder
(Im Verhinderungsfall werden Vorsitzender und Mitglieder durch von ihnen zu benennende Persönlichkeiten vertreten).

Von den insgesamt 16 Mitgliedern des Ausschusses wären 11 Vertreter der Wissenschaft, 5 Vertreter der Ministerien. Die Autonomie der Wissenschaft wäre in einem solchen Ausschuß, was die "Organisation" der Forschung anbetrifft, voll gewährleistet. Sie würde lediglich hinsichtlich der"Finanzierung'durch Vertreter des Staates komplementiert.

Da mindestens die langzeitige Dynamik des Verkehrs und ihre Wechselbeziehungen mit der langzeitigen Dynamik der Wirtschaft ohne Berücksichtigung der technischen Entwicklungskräfte der Volkswirtschaft nicht zulänglich beurteilt werden können, empfiehlt es sich, von vornherein technische Experten als Berater heranzuziehen.

Der Vorsitzende sowie die wissenschaftlichen Mitglieder und Berater des Ausschusses werden wahrscheinlich eine ziemlich umfangreiche zusätzliche wissenschaftliche Arbeit im Ausschuß auf sich nehmen müssen, vor der andere wissenschaftliche Arbeiten zeitweilig zurücktreten werden. Es dürfte daher erwägenswert sein, für die Ausschußarbeiten ein angemessenes Honorar oder einen Ausgleich in anderer Form zur Verfügung zu stellen.

Die Aufgabe des Ausschusses sollte vor allem in der Koordinierung der Meinungen der wissenschaftlichen Gruppen und Persönlichkeiten bestehen. Der Ausschuß sollte zunächst ein Umriß-Forschungsprogramm entwerfen, über Art und Maß der wissenschaftlichen Arbeitsteilung und Zusammenarbeit befinden, die Finanzierung der Forschung erwägen und binnen kurzer Zeit (nach Möglichkeit bis zur übernächsten Verkehrsminister-Konferenz) seine Vorschläge der Konferenz der Verkehrsminister vorlegen. Sofern die Verkehrsministerkonferenz nicht schon während ihrer nächsten Sitzung über die Inangriffnahme der von den Professoren Dr. NAPP-ZINN (Frankfurt), SCHMITT (Freiburg) und WELTER (Mainz) angebotenen gemeinschaftlichen Grundlagenuntersuchung beschließen will, sollte der Ausschuß zum Ausdruck bringen, ob er die sofortige Inangriffnahme der Untersuchung empfiehlt.

2. Inhalt und Durchführung der Forschung

Das durch den Ausschuß vorgelegte Umriß-Forschungsprogramm wird noch nicht Aufschluß geben können über die später durchzuführenden einzelnen Forschungsaufgaben. Denn zunächst wird eine Grundlagenuntersuchung im Sinne der Vorschläge der Professoren NAPP-ZINN, SCHMITT und WELTER abgeschlossen werden müssen. Wahrscheinlich wird also ein differenziertes Forschungsprogramm erst aufgestellt werden können, sobald jene Grundlagenuntersuchung vorliegt. Auch dieses differenzierte Forschungsprogramm bedarf der Koordinierung innerhalb der Wissenschaft und der Abstimmung hinsichtlich der Finanzierung mit den Vertretern des Staates. Es kann notwendig werden, daß gewisse Untersuchungen kontinuierlich fortgesetzt werden müssen und sich über eine Reihe von Jahren erstrecken werden. Daraus ergibt sich, daß der Ausschuß nicht nur die unter B. 1.) skizzierten Aufgaben zu erfüllen hätte, sondern bestehen bleiben müßte, um auch die künftige Koordinierung zu sichern.

Mehr läßt sich zur Zeit über Inhalt und Durchführung der Forschung noch nicht sagen.

3. Verkehrspolitische Nutzung der Forschungsergebnisse

Vorerst werden sich Verkehrspolitik, Legislative und Exekutive, Verkehrsverwaltungen und Verkehrsorganisationen sowie die gesamte Volkswirtschaft mit den Ergebnissen der bisherigen unzulänglichen Forschungen über die Wechselbeziehungen zwischen Verkehrskonjunktur und Wirtschaftskonjunktur sowie über die langzeitigen Prozesse in Verkehr und Wirtschaft begnügen müssen. Sobald aber die Grundlagenuntersuchung abgeschlossen ist, erst recht, sobald die ersten Ergebnisse der differenzierten Forschung vorliegen, ist es geboten, die Erkenntnisse einem größeren Gremium vorzutragen. Denn dann gilt es, die Erkenntnisse mit den Praktikern der Verwaltungen und Organisationen des Verkehrs und der Wirtschaft zu erörtern und sie unverzüglich verkehrspolitisch (und wirtschafts- sowie finanzpolitisch) zu nutzen.

Ob man hierfür einen "Forschungsrat" oder eine "Verkehrswissenschaftliche Konferenz" oder ein anderes geeignetes Gremium bildet, wie eng oder wie weit man den Teilnehmerkreis ziehen will, das kann inzwischen in aller Ruhe überlegt werden. Es ist jetzt noch verfrüht, in dieser Hinsicht irgendwelche Empfehlungen zu geben oder Vorschläge zu machen.

Die in den Stellungnahmen lebhaft diskutierte Möglichkeit der Erweiterung des "Wissenschaftlichen Beirats beim BVM" ist ebenfalls eine Angelegenheit, die ggf. erst später wieder aufgegriffen werden sollte. Vorerst dürfte sie infolge der ablehnenden Stellungnahme des Beirats, der natürlich am besten selbst über seine Zusammensetzung entscheidet, nicht mehr aktuell sein.

Am Schluß dieser Schrift darf Verfasser allen Institutionen und Persönlichkeiten, die in so kurzer Zeit nach Erscheinen der ersten Studie (Mai 1956) mit großer Sorgfalt die vorgetragenen Gedanken und Vorschläge geprüft und weitergeführt haben, so daß schon jetzt die Realisierung der Vorschläge in greifbare Nähe gerückt ist, seinen aufrichtigen Dank zum Ausdruck bringen. Alles wissenschaftliche Bemühen um die Erkenntnis der Wechselbeziehungen zwischen Verkehrskonjunktur und Wirtschaftskonjunktur sowie zwischen den langzeitigen Wachstums- und Umgliederungsprozessen in Wirtschaft und Verkehr dient der deutschen Volkswirtschaft und dem deutschen Volk, es dient auch dem europäischen Gedanken.

FORSCHUNGSBERICHTE DES WIRTSCHAFTS- UND VERKEHRSMINISTERIUMS NORDRHEIN-WESTFALEN

Herausgegeben von Staatssekretär Prof. Dr. h. c. Leo Brandt

HEFT 1
Prof. Dr.-Ing. E. Flegler, Aachen
Untersuchungen oxydischer Ferromagnet-Werkstoffe
1952, 20 Seiten, DM 6,75

HEFT 2
Prof. Dr. W. Fuchs, Aachen
Untersuchungen über absatzfreie Teeröle
1952, 32 Seiten, 5 Abb., 6 Tabellen, DM 10,—

HEFT 3
Techn.-Wissenschaftl. Büro für die Bastfaserindustrie, Bielefeld
Untersuchungsarbeiten zur Verbesserung des Leinenwebstuhls
1952, 44 Seiten, 7 Abb., 3 Tabellen, DM 12,50

HEFT 4
Prof. Dr. E. A. Müller und Dipl.-Ing. H. Spitzer, Dortmund
Untersuchungen über die Hitzebelastung in Hüttebetrieben
1952, 28 Seiten, 5 Abb., 1 Tabelle, DM 9,—

HEFT 5
Dipl.-Ing. W. Fister, Aachen
Prüfstand der Turbinenuntersuchungen
1952, 40 Seiten, 30 Abb., 3 Schaltbilder, DM 1,—

HEFT 6
Prof. Dr. W. Fuchs, Aachen
Untersuchungen über die Zusammensetzung und Verwendbarkeit von Schwelteerfraktionen
1952, 36 Seiten, DM 10.50

HEFT 7
Prof. Dr. W. Fuchs, Aachen
Untersuchungen über emsländisches Petrolatum
1952, 36 Seiten, 1 Abb., 17 Tabellen, DM 10,50

HEFT 8
M. E. Meffert und H. Stratmann, Essen
Algen-Großkulturen im Sommer 1951
1953, 52 Seiten, 4 Abb., 20 Tabellen, DM 9,75

HEFT 9
Techn.-Wissenschaftl. Büro für die Bastfaserindustrie, Bielefeld
Untersuchungen über die zweckmäßige Wicklungsart von Leinengarnkreuzspulen unter Berücksichtigung der Anwendung hoher Geschwindigkeiten des Garnes
Vorversuche für Zetteln und Schären von Leinengarnen auf Hochleistungsmaschinen
1952, 48 Seiten, 7 Abb., 7 Tabellen, DM 9,25

HEFT 10
Prof. Dr. W. Vogel, Köln
„Das Streifenpaar" als neues System zur mechanischen Vergrößerung kleiner Verschiebungen und seine technischen Anwendungsmöglichkeiten
1953, 20 Seiten, 6 Abb., DM 4,50

HEFT 11
Laboratorium für Werkzeugmaschinen und Betriebslehre, Technische Hochschule Aachen
1. Untersuchungen über Metallbearbeitung im Fräsvorgang mit Hartmetallwerkzeugen und negativem Spanwinkel
2. Weiterentwicklung des Schleifverfahrens für die Herstellung von Präzisionswerkstücken unter Vermeidung hoher Temperaturen
3. Untersuchung von Oberflächenveredlungsverfahren zur Steigerung der Belastbarkeit hochbeanspruchter Bauteile
1953, 80 Seiten, 61 Abb., DM 15,75

HEFT 12
Elektrowärme-Institut, Langenberg (Rhld.)
Induktive Erwärmung mit Netzfrequenz
1952, 22 Seiten 6 Abb., DM 5,20

HEFT 13
Techn.-Wissenschaftl. Büro für die Bastfaserindustrie, Bielefeld
Das Naßspinnen von Bastfasergarnen mit chemischen Zusätzen zum Spinnbad
1953, 52 Seiten, 4 Abb., 19 Tabellen, DM 10,—

HEFT 14
Forschungsstelle für Acetylen, Dortmund
Untersuchungen über Aceton als Lösungsmittel für Acetylen
1952, 64 Seiten, 10 Abb., 26 Tabellen, DM 12,25

HEFT 15
Wäschereiforschung Krefeld
Trocknen von Wäschestoffen
1953, 48 Seiten, 14 Abb., 2 Tabellen, DM 9,—

HEFT 16
Max-Planck-Institut für Kohlenforschung, Mülheim a. d. Ruhr
Arbeiten des MPI für Kohlenforschung
1953, 104 Seiten, 9 Abb., DM 17,80

HEFT 17
Ingenieurbüro Herbert Stein, M.-Gladbach
Untersuchung der Verzugsvorgänge in den Streckwerken verschiedener Spinnereimaschinen. 1. Bericht: Vergleichende Prüfung mit verschiedenen Dickenmeßgeräten
1952, 36 Seiten, 15 Abb., DM 8,—

HEFT 18
Wäschereiforschung Krefeld
Grundlagen zur Erfassung der chemischen Schädigung beim Waschen
1953, 68 Seiten, 15 Abb., 15 Tabellen, DM 12,75

HEFT 19
Techn.-Wissenschaftl. Büro für die Bastfaserindustrie, Bielefeld
Die Auswirkung des Schlichtens von Leinengarnketten auf den Verarbeitungswirkungsgrad, sowie die Festigkeit und Dehnungsverhältnisse der Garne und Gewebe
1953, 48 Seiten, 1 Abb., 9 Tabellen, DM 9,—

HEFT 20
Techn.-Wissenschaftl. Büro für die Bastfaserindustrie, Bielefeld
Trocknung von Leinengarnen I
Vorgang und Einwirkung auf die Garnqualität
1953, 62 Seiten, 18 Abb., 5 Tabellen, DM 12,—

HEFT 21
Techn.-Wissenschaftl. Büro für die Bastfaserindustrie, Bielefeld
Trocknung von Leinengarnen II
Spulenanordnung und Luftführung beim Trocknen von Kreuzspulen
1953, 66 Seiten, 22 Abb., 9 Tabellen, DM 13,—

HEFT 22
Techn.-Wissenschaftl. Büro für die Bastfaserindustrie, Bielefeld
Die Reparaturanfälligkeit von Webstühlen
1953, 28 Seiten, 7 Abb., 5 Tabellen, DM 5,80

HEFT 23
Institut für Starkstromtechnik, Aachen
Rechnerische und experimentelle Untersuchungen zur Kenntnis der Metadyne als Umformer von konstanter Spannung auf konstanten Strom
1953, 52 Seiten, 20 Abb., 4 Tafeln, DM 9,75

HEFT 24
Institut für Starkstromtechnik, Aachen
Vergleich verschiedener Generator-Metadyne-Schaltungen in bezug auf statisches Verhalten
1952, 44 Seiten, 23 Abb., DM 8,50

HEFT 25
Gesellschaft für Kohlentechnik mbH., Dortmund-Eving
Struktur der Steinkohlen und Steinkohlen-Kokse
1953, 58 Seiten, DM 11,—

HEFT 26
Techn.-Wissenschaftl. Büro für die Bastfaserindustrie, Bielefeld
Vergleichende Untersuchungen zweier neuzeitlicher Ungleichmäßigkeitsprüfer für Bänder und Garne hinsichtlich ihrer Eignung für die Bastfaserspinnerei
1953, 64 Seiten, 30 Abb., DM 12,50

HEFT 27
Prof. Dr. E. Schratz, Münster
Untersuchungen zur Rentabilität des Arzneipflanzenanbaues Römische Kamille, Anthemis nobilis L.
1953, 16 Seiten, 1 Tabelle, DM 3,60

HEFT 28
Prof. Dr. E. Schratz, Münster
Calendula officinalis L. Studien zur Ernährung, Blütenfüllung und Rentabilität der Drogengewinnung
1953, 24 Seiten, 2 Abb., 3 Tabellen, DM 5,20

HEFT 29
Techn.-Wissenschaftl. Büro für die Bastfaserindustrie, Bielefeld
Die Ausnützung der Leinengarne in Geweben
1953, 100 Seiten, 14 Abb., 10 Tabellen, DM 17,80

HEFT 30
Gesellschaft für Kohlentechnik mbH., Dortmund-Eving
Kombinierte Entaschung und Verschwelung von Steinkohle; Aufarbeitung von Steinkohlenschlämmen zu verkokbarer oder verschwelbarer Kohle
1953, 56 Seiten, 16 Abb., 10 Tabellen, DM 10,50

HEFT 31
Dipl.-Ing. A. Stormanns, Essen
Messung des Leistungsbedarfs von Doppelsteg-Kettenförderern
1954, 54 Seiten, 18 Abb., 3 Anlagen, DM 11,—

HEFT 32
Techn.-Wissenschaftl. Büro für die Bastfaserindustrie, Bielefeld
Der Einfluß der Natriumchloridbleiche auf Qualität und Verwebbarkeit von Leinengarnen und die Eigenschaften der Leinengewebe unter besonderer Berücksichtigung des Einsatzes von Schützen- und Spulenwechselautomaten in der Leinenweberei
1953, 64 Seiten, 2 Abb., 12 Tabellen, DM 11,50

HEFT 33
Kohlenstoffbiologische Forschungsstation e. V.
Eine Methode zur Bestimmung von Schwefeldioxyd und Schwefelwasserstoff in Rauchgasen und in der Atmosphäre
1953, 32 Seiten, 8 Abb., 3 Tabellen, DM 6.50

HEFT 34
Textilforschungsanstalt Krefeld
Quellungs- und Entquellungsvorgänge bei Faserstoffen
1953, 52 Seiten, 13 Abb., 13 Tabellen, DM 9,80

WESTDEUTSCHER VERLAG · KÖLN UND OPLADEN

HEFT 35

Professor Dr. W. Kast, Krefeld
Feinstrukturuntersuchungen an künstlichen Zellulosefasern verschiedener Herstellungsverfahren. Teil I: Der Orientierungszustand
1953, 74 Seiten, 30 Abb., 7 Tabellen, DM 13,80

HEFT 36

Forschungsinstitut der feuerfesten Industrie, Bonn
Untersuchungen über die Trocknung von Rohton
Untersuchungen über die chemische Reinigung von Silika- und Schamotte-Rohstoffen mit chlorhaltigen Gasen
1953, 60 Seiten, 5 Abb., 5 Tabellen, DM 11,—

HEFT 37

Forschungsinstitut der feuerfesten Industrie, Bonn
Untersuchungen über den Einfluß der Probenvorbereitung auf die Kaltdruckfestigkeit feuerfester Steine
1953, 40 Seiten, 2 Abb., 5 Tabellen, DM 7,80

HEFT 38

Forschungsstelle für Acetylen, Dortmund
Untersuchungen über die Trocknung von Acetylen zur Herstellung von Dissousgas
1953, 36 Seiten, 11 Abb., 3 Tabellen, DM 6,80

HEFT 39

Forschungsgesellschaft Blechverarbeitung e. V., Düsseldorf
Untersuchungen an prägegemusterten und vorgelochten Blechen
1953, 46 Seiten, 34 Abb., DM 9,50

HEFT 40

Landesgeologe Dr.-Ing. W. Wolff, Amt für Bodenforschung, Krefeld
Untersuchungen über die Anwendbarkeit geophysikalischer Verfahren zur Untersuchung von Spateisengängen im Siegerland
1953, 46 Seiten, 8 Abb., DM 8,80

HEFT 41

Techn.-Wissenschaftl. Büro für die Bastfaserindustrie, Bielefeld
Untersuchungsarbeiten zur Verbesserung des Leinenwebstuhles II
1953, 40 Seiten, 4 Abb., 5 Tabellen, DM 7,80

HEFT 42

Professor Dr. B. Helferich, Bonn
Untersuchungen über Wirkstoffe — Fermente — in der Kartoffel und die Möglichkeit ihrer Verwendung
1953, 58 Seiten, 9 Abb., DM 11,—

HEFT 43

Forschungsgesellschaft Blechverarbeitung e. V., Düsseldorf
Forschungsergebnisse über das Beizen von Blechen
1953, 48 Seiten, 38 Abb., 2 Tabellen, DM 11,30

HEFT 44

Arbeitsgemeinschaft für praktische Dehnungsmessung, Düsseldorf
Eigenschaften und Anwendungen von Dehnungsmeßstreifen
1953, 68 Seiten, 43 Abb., 2 Tabellen, DM 13,70

HEFT 45

Losenhausenwerk Düsseldorfer Maschinenbau AG., Düsseldorf
Untersuchungen von störenden Einflüssen auf die Lastgrenzenanzeige von Dauerschwingprüfmaschinen
1953, 36 Seiten, 11 Abb., 3 Tabellen, DM 7,25

HEFT 46

Prof. Dr. W. Fuchs, Aachen
Untersuchungen über die Aufbereitung von Wasser für die Dampferzeugung in Benson-Kesseln
1953, 58 Seiten, 18 Abb., 9 Tabellen, DM 11,20

HEFT 47

Prof. Dr.-Ing. K. Krekeler, Aachen
Versuche über die Anwendung der induktiven Erwärmung zum Sintern von hochschmelzenden Metallen sowie zur Anlegierung und Vergütung von aufgespritzten Metallschichten mit dem Grundwerkstoff
1954, 66 Seiten, 39 Abb., DM 13,90

HEFT 48

Max-Planck-Institut für Eisenforschung, Düsseldorf
Spektrochemische Analyse der Gefügebestandteile in Stählen nach ihrer Isolierung
1953, 38 Seiten, 8 Abb., 5 Tabellen, DM 7,80

HEFT 49

Max-Planck-Institut für Eisenforschung, Düsseldorf
Untersuchungen über Ablauf der Desoxydation und die Bildung von Einschlüssen in Stählen
1953,52 Seiten, 19 Abb., 3 Tabellen, DM 12,40

HEFT 50

Max-Planck-Institut für Eisenforschung, Düsseldorf
Flammenspektralanalytische Untersuchung der Ferritzusammensetzung in Stählen
1953, 44 Seiten, 15 Abb., 4 Tabellen, DM 8,60

HEFT 51

Verein zur Förderung von Forschungs- und Entwicklungsarbeiten in der Werkzeugindustrie e. V., Remscheid
Untersuchungen an Kreissägeblättern für Holz, Fehler- und Spannungsprüfverfahren
1953, 50 Seiten, 23 Abb., DM 10,—

HEFT 52

Forschungsstelle für Acetylen, Dortmund
Untersuchungen über den Umsatz bei der explosiblen Zersetzung von Azetylen
a) Zersetzung von gasförmigem Azetylen
b) Zersetzung von an Silikagel adsorbiertem Azetylen
1954, 48 Seiten, 8 Abb., 10 Tabellen, DM 9,25

HEFT 53

Professor Dr.-Ing. H. Opitz, Aachen
Reibwert und Verschleißmessungen an Kunststoffgleitführungen für Werkzeugmaschinen
1954, 38 Seiten, 18 Abb., DM 8,20

HEFT 54

Professor Dr.-Ing. F. A. F. Schmidt, Aachen
Schaffung von Grundlagen für die Erhöhung der spez. Leistung und Herabsetzung des spez. Brennstoffverbrauches bei Ottomotoren mit Teilbericht über Arbeiten an einem neuen Einspritzverfahren
1954, 34 Seiten, 15 Abb., DM 7,40

HEFT 55

Forschungsgesellschaft Blechverarbeitung e. V. Düsseldorf
Chemisches Glänzen von Messing und Neusilber
1954, 50 Seiten, 21 Abb., 1 Tabelle, DM 10,20

HEFT 56

Forschungsgesellschaft Blechverarbeitung e. V., Düsseldorf
Untersuchungen über einige Probleme der Behandlung von Blechoberflächen
1954, 52 Seiten, 42 Abb., DM 11,20

HEFT 57

Prof. Dr.-Ing. F. A. F. Schmidt, Aachen
Untersuchungen zur Erforschung des Einflusses des chemischen Aufbaues des Kraftstoffes auf sein Verhalten im Motor und in Brennkammern von Gasturbinen
1954, 70 Seiten, 32 Abb., DM 14,60

HEFT 58

Gesellschaft für Kohlentechnik mbH., Dortmund
Herstellung und Untersuchung von Steinkohlenschwelteer
1954, 74 Seiten, 9 Abb., 9 Tabellen, DM 13,75

HEFT 59

Forschungsinstitut der Feuerfest-Industrie e. V., Bonn
Ein Schnellanalysenverfahren zur Bestimmung von Aluminiumoxyd, Eisenoxyd und Titanoxyd in feuerfestem Material mittels organischer Farbreagenzien auf photometrischem Wege
Untersuchungen des Alkali-Gehaltes feuerfester Stoffe mit dem Flammenphotometer nach Riehm-Lange
1954, 62 Seiten, 12 Abb., 3Tabellen, DM 11,60

HEFT 60

Forschungsgesellschaft Blechverarbeitung e. V., Düsseldorf
Untersuchungen über das Spritzlackieren im elektrostatischen Hochspannungsfeld
1954, 82 Seiten, 53 Abb., 7 Tabellen, DM 17,—

HEFT 61

Verein zur Förderung von Forschungs- und Entwicklungsarbeiten in der Werkzeugindustrie e. V., Remscheid
Schwingungs- und Arbeitsverhalten von Kreissägeblättern für Holz
1954, 54 Seiten, 31 Abb., DM 11,40

HEFT 62

Professor Dr. W. Franz, Institut für theoretische Physik der Universität Münster
Berechnung des elektrischen Durchschlags durch feste und flüssige Isolatoren
1954, 36 Seiten, DM 7,—

HEFT 63

Textilforschungsanstalt Krefeld
Neue Methoden zur Untersuchung der Wirkungsweise von Textilhilfsmitteln
Untersuchungen über Schlichtungs- und Entschlichtungsvorgänge
1954, 34 Seiten, 1 Abb., 5 Tabellen, DM 6,80

HEFT 64

Textilforschungsanstalt Krefeld
Die Kettenlängenverteilung von hochpolymeren Faserstoffen
Über die fraktionierte Fällung von Polyamiden
1954, 44 Seiten, 13 Abb., DM 8,60

HEFT 65

Fachverband Schneidwarenindustrie, Solingen
Untersuchungen über das elektrolytische Polieren von Tafelmesserklingen aus rostfreiem Stahl
1954, 90 Seiten, 38 Abb., 9 Tabellen, DM 17,35

HEFT 66

Dr.-Ing. P. Füsgen VDI †, Düsseldorf
Untersuchungen über das Auftreten des Ratterns bei selbsthemmenden Schneckengetrieben und seine Verhütung
1954, 32 Seiten, 5 Abb., DM 6,60

HEFT 67

Heinrich Wösthoff o. H. G., Apparatebau, Bochum
Entwicklung einer chemisch-physikalischen Apparatur zur Bestimmung kleinster Kohlenoxyd-Konzentrationen
1954, 94 Seiten, 48 Abb., 2 Tabellen, DM 18,25

HEFT 68

Kohlenstoffbiologische Forschungsstation e. V., Essen
Algengroßkulturen im Sommer 1952
II. Über die unsterile Großkultur von Scenedesmus obliquus
1954, 62 Seiten, 3 Abb., 29 Tabellen, DM 11,40

HEFT 69

Wäschereiforschung Krefeld
Bestimmung des Faserabbaues bei Leinen unter besonderer Berücksichtigung der Leinengarnbleiche
1954, 48 Seiten, 15 Abb., 3 Tabellen, DM 9,60

HEFT 70

Wäschereiforschung Krefeld
Trocknen von Wäschestoffen
1954, 52 Seiten, 18 Abb., 3 Tabellen, DM 10,—

HEFT 71

Prof. Dr.-Ing. K. Leist, Aachen
Kleingasturbinen, insbesondere zum Fahrzeugantrieb
1954, 114 Seiten, 85 Abb., DM 22,—

HEFT 72

Prof. Dr.-Ing. K. Leist, Aachen
Beitrag zur Untersuchung von stehenden geraden Turbinengittern mit Hilfe von Druckverteilungsmessungen
1954, 152 Seiten, 111 Abb., DM 36,20

HEFT 73

Prof. Dr.-Ing. K. Leist, Aachen
Spannungsoptische Untersuchungen von Turbinenschaufelfüßen
1954, 66 Seiten, 46 Abb., 2 Tabellen, DM 14,60

HEFT 74

Max-Planck-Institut für Eisenforschung, Düsseldorf
Versuche zur Klärung des Umwandlungsverhaltens eines sonderkarbidbildenden Chromstahls
1954, 58 Seiten, 10 Abb., DM 14,—

HEFT 75

Max-Planck-Institut für Eisenforschung, Düsseldorf
Zeit-Temperatur-Umwandlungs-Schaubilder als Grundlage der Wärmebehandlung der Stähle
1954, 44 Seiten, 13 Abb., DM 8,70

HEFT 76

Max-Planck-Institut für Arbeitsphysiologie, Dortmund
Arbeitstechnische und arbeitsphysiologische Rationalisierung von Mauersteinen
1954, 52 Seiten, 12 Abb., 3 Tabellen, DM 10,20

HEFT 77

Meteor Apparatebau Paul Schmeck GmbH., Siegen
Entwicklung von Leuchtstoffröhren hoher Leistung
1954, 46 Seiten, 12 Abb., 2 Tabellen, DM 9,15

HEFT 78

Forschungsstelle für Acetylen, Dortmund
Über die Zustandsgleichung des gasförmigen Acetylens und das Gleichgewicht Acetylen — Aceton
1954, 42 Seiten, 3 Abb., 8 Tabellen, DM 8,—

HEFT 79

Techn.-Wissenschaftl. Büro für die Bastfaserindustrie, Bielefeld
Trocknung von Leinengarnen III
Spinnspulen- und Spinnkopstrocknung
Vorgang und Einwirkung auf die Garnqualität
1954, 74 Seiten, 18 Abb., 10 Tabellen, DM 14,—

HEFT 125
Prof. Dr. E. Kappler, Münster
Eine neue Methode zur Bestimmung von Kondensations-Koeffizienten von Wasser
1955, 46 Seiten, 11 Abb., 1 Tabelle, DM 9,10

HEFT 126
Prof. Dr.-Ing. J. Mathieu, Aachen
Arbeitszeitvergleich
Grundlagen, Methodik und praktische Durchführung
1955, 70 Seiten, DM 13,—

HEFT 127
Güteschutz Betonstein e. V., Arbeitskreis Nordrhein-Westfalen, Dortmund
Die Betonwaren-Gütesicherung im Lande Nordrhein-Westfalen
1955, 58 Seiten, 15 Abb., 3 Tabellen, DM 11,50

HEFT 128
Prof. Dr. O. Schmitz-DuMont, Bonn
Untersuchungen über Reaktionen in flüssigem Ammoniak
1955, 96 Seiten, 11 Abb., 6 Tabellen, DM 17,75

HEFT 129
Prof. Dr.-Ing. J. Mathieu und Dr. C. A. Roos, Aachen
Die Anlernung von Industriearbeitern
I. Ergebnisse einer grundsätzlichen Untersuchung der gegenwärtigen Industriearbeiter-Kurzanlernung
1955, 106 Seiten, DM 19,70

HEFT 130
Prof. Dr.-Ing. J. Mathieu und Dr. C. A. Roos, Aachen
Die Anlernung von Industriearbeitern
II. Beiträge zur Methodenfrage der Kurzanlernung
1955, 108 Seiten, DM 19,90

HEFT 131
Dr. W. Hoerburger, Köln
Versuche zur Biosynthese von Eiweiß aus Kohlenwasserstoff
1955, 34 Seiten, 2 Abb., DM 6,90

HEFT 132
Prof. Dr. W. Seith, Münster
Über Diffusionserscheinungen in festen Metallen
1955, 42 Seiten, 19 Abb., 4 Tabellen, DM 9,10

HEFT 133
Prof. Dr. E. Jenckel, Aachen
Über einen für Schwermetalle selektiven Ionenaustauscher
1955, 48 Seiten, 8 Abb., 13 Tabellen, DM 9,50

HEFT 134
Prof. Dr.-Ing. H. Winterhager, Aachen
Über die elektrochemischen Grundlagen der Schmelzfluß-Elektrolyse von Bleisulfid in geschmolzenen Mischungen mit Bleichlorid
1955, 54 Seiten, 20 Abb., 5 Tabellen, DM 11,80

HEFT 135
Prof. Dr.-Ing. K. Krekeler und Dr.-Ing. H. Peukert, Aachen
Die Änderung der mechanischen Eigenschaften thermoplastischer Kunststoffe durch Warmrecken
1955, 54 Seiten, 27 Abb., DM 11,10

HEFT 136
Dipl.-Phys. P. Pilz, Remscheid
Über spezielle Probleme der Zerkleinerungstechnik von Weichstoffen
1955, 58 Seiten, 19 Abb., 2 Tabellen, DM 11,50

HEFT 137
Prof. Dr. W. Baumeister, Münster
Beiträge zur Mineralstoffernährung der Pflanzen
1955, 64 Seiten, 6 Tabellen, DM 11,80

HEFT 138
Dr. P. Hölemann und Ing. R. Hasselmann, Dortmund
Untersuchungen über die Zersetzungswärme von gasförmigem und in Azeton gelöstem Azetylen
1955, 54 Seiten, 8 Abb., 7 Tabellen, DM 10,40

HEFT 139
Prof. Dr. W. Fuchs, Aachen
Studien über die thermische Zersetzung der Kohle und die Kohlendestillatprodukte
1955, 64 Seiten, 20 Abb., 22 Tabellen, DM 11,80

HEFT 140
Dr.-Ing. G. Hausberg, Essen
Modellversuche an Zyklonen
1955, 78 Seiten, 24 Abb., DM 15,70

HEFT 141
Dr. J. van Calker und Dr. R. Wienecke, Münster
Untersuchungen über den Einfluß dritter Analysenpartner auf die spektrochemische Analyse
1955, 42 Seiten, 15 Abb., DM 9,10

HEFT 142
Dipl.-Ing. G. M. F. Wiebel, Hannover, A. Konermann und A. Ottenheym, Sennelager
Entwicklung eines Kalksandleichtsteines
1955, 38 Seiten, 4 Abb., DM 8,—

HEFT 143
Prof. Dr. F. Wever, Dr. A. Rose und Dipl.-Ing. W. Straßburg, Düsseldorf
Härtbarkeit und Umwandlungsverhalten der Stähle
1955, 50 Seiten, 12 Abb., 3 Tabellen, DM 10,70

HEFT 144
Prof. Dr. H. Wurmbach, Bonn
Steuerung von Wachstum und Formbildung
1955, 48 Seiten, 19 Abb., DM 10,30

HEFT 145
Dr. G. Hennemann, Werdohl (Westf.)
Beitrag zur Interpretation der modernen Atomphysik
1955, 34 Seiten, DM 10,—

HEFT 146
Dr.-Ing. F. Gruß, Düsseldorf
Sterilisation mit Heißluft
1955, 34 Seiten, 10 Abb., DM 7,70

HEFT 147
Dr.-Ing. W. Rudisch, Unna
Untersuchung einer drehelastischen Elektromagnet-Synchronkupplung
1955, 82 Seiten, 65 Abb., DM 17,70

HEFT 148
Prof. Dr. H. Bittel u. Dipl.-Phys. L. Storm, Münster
Untersuchungen über Widerstandsrauschen
1955, 40 Seiten, 5 Abb., DM 8,40

HEFT 149
Dipl.-Ing. K. Konopicky und Dipl.-Chem. P. Kampa, Bonn
I. Beitrag zur flammenphotometrischen Bestimmung des Calciums.
Dr.-Ing. K. Konopicky, Bonn
II. Die Wanderung von Schlackenbestandteilen in feuerfesten Baustoffen
1955, 54 Seiten, 10 Abb., 5 Tabellen, DM 11,—

HEFT 150
Prof. Dr.-Ing. O. Kienzle und Dipl.-Ing. W. Timmerbeil, Hannover
Das Durchziehen enger Kragen an ebenen Fein- und Mittelblechen
1955, 52 Seiten, 20 Abb., 8 Tabellen, DM 11,30

HEFT 151
Dipl.-Ing. P. Karabasch, Aachen
Feststellung des optimalen Gasgehaltes von Bronzen zur Erzielung druckdichter Gußstücke
1956, 64 Seiten, 31 Abb., 5 Tabellen, DM 13,90

HEFT 152
Dipl.-Ing. G. Müller, Köln
Ermittlung der Laufeigenschaften (Vergießbarkeit) von Bronze und Rotguß mittels der Schneider-Gießspirale
1955, 60 Seiten, 33 Abb., DM 13,30

HEFT 153
Prof. Dr. F. Wever, Dr.-Ing. W. A. Fischer und Dipl.-Ing. J. Engelbrecht, Düsseldorf
I. Die Reduktion sauerstoffhaltiger Eisenschmelzen im Hochvakuum mit Wasserstoff und Kohlenstoff
II. Einfluß geringer Sauerstoffgehalte auf das Gefüge und Alterungsverhalten von Reineisen
1955, 54 Seiten, 15 Abb., 2 Tabellen, DM 12,40

HEFT 154
Prof. Dr.-Ing. P. Bardenheuer und Dr.-Ing. W. A. Fischer, Düsseldorf
Die Verschlackung von Titan aus Stahlschmelzen im sauren und basischen Hochfrequenzofen unter verschiedenen Schlacken
1955, 36 Seiten, 10 Abb., 1 Tabelle, DM 7,95

HEFT 155
Dipl.-Phys. K. H. Schirmer, München
Die auf Grau abgestimmte Farbwiedergabe im Dreifarbenbuchdruck
1955, 46 Seiten, 17 Abb., 2 Farbtafeln, DM 10,—

HEFT 156
Prof. Dr.-Ing. B. von Borries und Mitarbeiter, Düsseldorf
Die Entwicklung regelbarer permanentmagnetischer Elektronenlinsen hoher Brechkraft und eines mit ihnen ausgerüsteten Elektronenmikroskopes neuer Bauart
1956, 102 Seiten, 52 Abb., DM 22,55

HEFT 157
Dr. W. Jawtusch, Dr. G. Schuster und Prof. Dr.-Ing. R. Jaeckel, Bonn
Untersuchungen über die Stoßvorgänge zwischen neutralen Atomen und Molekülen
1955, 48 Seiten, 15 Abb., 3 Tabellen, DM 10,50

HEFT 158
Dipl.-Ing. W. Rosenkranz, Meinerzhagen
Ein Beitrag zum Problem der Spannungskorrosion bei Preßprofilen und Preßteilen aus Aluminium-Legierungen
1956, 112 Seiten, 61 Abb., 5 Tabellen, DM 27,40

HEFT 159
Dr.-Ing. O. Viertel und O. Oldenroth, Krefeld
Das Bleichen von Weißwäsche mit Wasserstoffsuperoxyd bzw. Natriumhypochlorit beim maschinellen Waschen
1955, 54 Seiten, 23 Abb., 2 Tabellen, DM 11,45

HEFT 160
Prof. Dr. W. Klemm, Münster
Über neue Sauerstoff- und Fluor-haltige Komplexe
1955, 50 Seiten, 13 Abb., 7 Tabellen, DM 10,80

HEFT 161
Prof. Dr. W. Weltzien und Dr. G. Hauschild, Krefeld
Über Silikone und ihre Anwendung in der Textilveredlung
1955, 162 Seiten, 22 Abb., 10 Tabellen, DM 27,—

HEFT 162
Prof. Dr. F. Wever, Prof. Dr. A. Kochendörfer und Dr.-Ing. Chr. Rohrbach, Düsseldorf
Kennzeichnung der Sprödbruchneigung von Stählen durch Messung der Fließspannung, Reißspannung und Brucheinschnürung an dreiachsig beanspruchten Proben
1955, 58 Seiten, 26 Abb., DM 13,—

HEFT 163
Dipl.-Ing. W. Rohs und Text.-Ing. H. Griese, Bielefeld
Untersuchungsarbeiten zur Verbesserung des Leinenwebstuhls III
1955, 80 Seiten, 15 Abb., 18 Tabellen, DM 15,80

HEFT 164
Dr.-Ing. H. Schmachtenberg, Köln
Neuartige Prüfeinrichtungen für Kraftfahrzeuge
1955, 44 Seiten, 23 Abb., DM 9,60

HEFT 165
Dr.-Ing. W. Wilhelm, Aachen
Instationäre Gasströmung im Auspuffsystem eines Zweitaktmotors
1955, 62 Seiten, 31 Abb., 8 Tabellen, DM 13,60

HEFT 166
Prof. Dr. M. v. Stackelberg, Dr. H. Heindze, Dr. H. Hübschke und Dr. K. H. Frangen, Bonn
Kolloidchemische Untersuchungen
1955, 106 Seiten, 8 Abb., 13 Tabellen, DM 21,25

HEFT 167
Prof. Dr.-Ing. F. Schuster, Essen
I. Über die Heißkarburierung von Brenngasen mit Ölen und Teeren
II. Die Strahlungsvorgänge in brennstoffbeheizten Öfen bei verschiedenen Verbrennungsatmosphären
1955, 38 Seiten, 8 Abb., DM 8,30

HEFT 168
Prof. Dr.-Ing. F. Schuster, Essen
I. Luftvorwärmung an Gasfeuerungen
II. Heizwerthöhe von Brenngasen und Wirkungsgrad sowie Gasverbrauch bei der Gasverwendung
III. Sauerstoffangereicherte Luft und feuerungstechnische Kenngrößen von Brenngasen
1955, 60 Seiten, 18 Abb., DM 12,50

HEFT 169
Forschungsinstitut für Pigmente und Lacke, Stuttgart
Arbeiten über die Bestimmung des Gebrauchswertes von Lackfilmen durch physikalische Prüfungen
1955, 70 Seiten, 23 Abb., 4 Tabellen, DM 15,—

HEFT 170
Prof. Dr. F. Wever, Dr. A. Rose und Dipl.-Ing. L. Rademacher, Düsseldorf
Anwendung der Umwandlungsschaubilder auf Fragen der Werkstoffauswahl beim Schweißen und Flammhärten
1955, 64 Seiten, 25 Abb., DM 13,70

HEFT 80
Techn.-Wissenschaftl. Büro für die Bastfaserindustrie, Bielefeld
Die Verarbeitung von Leinengarn auf Webstühlen mit und ohne Oberbau
1954, 30 Seiten, 2 Abb., 2 Tabellen, DM 6,—

HEFT 81
Prüf- und Forschungsinstitut für Ziegeleierzeugnisse, Essen-Kray
Die Einführung des großformatigen Einheits-Gitterziegels im Lande Nordrhein-Westfalen
1954, 54 Seiten, 2 Abb., 2 Tabellen, DM 10,—

HEFT 82
Vereinigte Aluminium-Werke AG., Bonn
Forschungsarbeiten auf dem Gebiet der Veredelung von Aluminium-Oberflächen
1954, 46 Seiten, 34 Abb., DM 9,60

HEFT 83
Prof. Dr. S. Strugger, Münster
Über die Struktur der Proplastiden
1954, 30 Seiten, 15 Abb., DM 8,40

HEFT 84
Dr. H. Baron, Düsseldorf
Über Standardisierung von Wundtextilien
1954, 32 Seiten, DM 6,40

HEFT 85
Textilforschungsanstalt Krefeld
Physikalische Untersuchungen an Fasern, Fäden, Garnen und Geweben:
Untersuchungen am Knickscheuergerät nach Weltzien
1954, 40 Seiten, 11 Abb., 8 Tabellen, DM 10,—

HEFT 86
Prof. Dr.-Ing. H. Opitz, Aachen
Untersuchungen über das Fräsen von Baustahl sowie über den Einfluß des Gefüges auf die Zerspanbarkeit
1954, 108 Seiten, 73 Abb., 7 Tabellen, DM 22,—

HEFT 87
Gemeinschaftsausschuß Verzinken, Düsseldorf
Untersuchungen über Güte von Verzinkungen
1954, 68 Seiten, 56 Abb., 3 Tabellen, DM 15,30

HEFT 88
Gesellschaft für Kohlentechnik mbH., Dortmund-Eving
Oxydation von Steinkohle mit Salpetersäure
1954, 62 Seiten, 2 Abb., 1 Tabelle, DM 11,50

HEFT 89
Verein Deutscher Ingenieure, Gleitlagerforschung, Düsseldorf
und Prof. Dr.-Ing. G. Vogelpohl, Göttingen
Versuche mit Preßstoff-Lagern für Walzwerke
1954, 70 Seiten, 34 Abb., DM 14,10

HEFT 90
Forschungs-Institut der Feuerfest-Industrie, Bonn
Das Verhalten von Silikasteinen im Siemens-Martin-Ofengewölbe
1954, 62 Seiten, 15 Abb., 11 Tabellen, DM 11,90

HEFT 91
Forschungs-Institut der Feuerfest-Industrie, Bonn
Untersuchungen des Zusammenhangs zwischen Leistung und Kohlenverbrauch von Kammeröfen zum Brennen von feuerfesten Materialien
1954, 42 Seiten, 6 Abb., DM 8,30

HEFT 92
Techn.-Wissenschaftl. Büro für die Bastfaserindustrie, Bielefeld
und Laboratorium für textile Meßtechnik, M.-Gladbach
Messungen von Vorgängen am Webstuhl
1954, 76 Seiten, 45 Abb., DM 15,50

HEFT 93
Prof. Dr. W. Kast, Krefeld
Spinnversuche zur Strukturerfassung künstlicher Zellulosefasern
1954, 82 Seiten, 39 Abb., 6 Tabellen, DM 16,—

HEFT 94
Prof. Dr. G. Winter, Bonn
Die Heilpflanzen des MATTHIOLUS (1611) gegen Infektionen der Harnwege und Verunreinigung der Wunden bzw. zur Förderung der Wundheilung im Lichte der Antibiotikaforschung
1954, 58 Seiten, 1 Abb., 2 Tabellen, DM 11,50

HEFT 95
Prof. Dr. G. Winter, Bonn
Untersuchungen über die flüchtigen Antibiotika aus der Kapuziner- (Tropaeolum maius) und Gartenkresse (Lepidium sativum) und ihr Verhalten im menschlichen Körper bei Aufnahme von Kapuziner- bzw. Gartenkressensalat per os
1955, 74 Seiten, 9 Abb., 25 Tabellen, DM 14,—

HEFT 96
Dr.-Ing. P. Koch, Dortmund
Austritt von Exoelektronen aus Metalloberflächen unter Berücksichtigung der Verwendung des Effektes für die Materialprüfung
1954, 34 Seiten, 13 Abb., DM 7,—

HEFT 97
Ing. H. Stein, Laboratorium für textileMeßtechnik, M.-Gladbach
Untersuchung der Verzugsvorgänge an den Streckwerken verschiedener Spinnereimaschinen
2. Bericht: Ermittlung der Haft-Gleiteigenschaften von Faserbändern und Vorgarnen
1955, 98 Seiten, 54 Abb., DM 21,—

HEFT 98
Fachverband Gesenkschmieden, Hagen
Die Arbeitsgenauigkeit beim Gesenkschmieden unter Hämmern
1955, 132 Seiten, 55 Abb., 9 Tabellen, DM 24,75

HEFT 99
Prof. Dr.-Ing. G. Garbotz, Aachen
Der Kraft- und Arbeitsaufwand sowie die Leistungen beim Biegen von Bewehrungsstählen in Abhängigkeit von den Abmessungen, den Formen und der Güte der Stähle (Ermittlung von Leistungsrichtlinien)
1955, 136 Seiten, 53 Abb., 3 Anlagen, 18 Tabellen, DM 30,—

HEFT 100
Prof. Dr.-Ing. H. Opitz, Aachen
Untersuchungen von elektrischen Antrieben, Steuerungen und Regelungen an Werkzeugmaschinen
1955, 166 Seiten, 71 Abb., 3 Tabellen, DM 31,30

HEFT 101
Prof. Dr.-Ing. H. Opitz, Aachen
Wirtschaftlichkeitsbetrachtungen beim Außenrundschleifen
1955, 100 Seiten, 56 Abb., 3 Tabellen, DM 19,30

HEFT 102
Dr. P. Hölemann, Ing. R. Hasselmann und Ing. G. Dix, Dortmund
Untersuchungen über die thermische Zündung von explosiblen Acetylenzersetzungen in Kapillaren
1954, 44 Seiten, 5 Abb., 4 Tabellen, DM 8,60

HEFT 103
Prof. Dr. W. Weizel, Bonn
Durchführung von experimentellen Untersuchungen über den zeitlichen Ablauf von Funken in komprimierten Edelgasen sowie zu deren mathematischen Berechnung
1955, 46 Seiten, 12 Abb., DM 9,10

HEFT 104
Prof. Dr. W. Weizel, Bonn
Über den Einfluß der Elektroden auf die Eigenschaften von Cadmium-Sulfid-Widerstands-Photozellen
1955, 48 Seiten, 12 Abb., DM 9,45

HEFT 105
Dr.-Ing. R. Meldau, Harsewinkel/Westf.
Auswertung von Gekörn — Analysen des Musterstaubes „Flugasche Fortuna I"
1955, 42 Seiten, 14 Abb., DM 8,50

HEFT 106
ORR. Dr.-Ing. W. Küch, Dortmund
Untersuchungen über die Einwirkung von feuchtigkeitsgesättigter Luft auf die Festigkeit von Leimverbindungen
1954, 60 Seiten, 10 Abb., 6 Tabellen, DM 11,40

HEFT 107
Prof. Dr. H. Lange und Dipl.-Phys. P. St. Pütter, Köln
Über die Konstruktion von Laboratoriumsmagneten
1955, 66 Seiten, 19 Abb., 1 Tabelle, DM 12,30

HEFT 108
Prof. Dr. W. Fuchs, Aachen
Untersuchungen über neue Beizmethoden und Beizabwässer
I. Die Entzunderung von Drähten mit Natriumhydrid
II. Die Aufbereitung von Beizabwässern
1955, 82 Seiten, 15 Abb., 14 Tabellen, 1 Falttafel, DM 15,25

HEFT 109
Dr. P. Hölemann und Ing. R. Hasselmann, Dortmund
Untersuchungen über die Löslichkeit von Azetylen in verschiedenen organischen Lösungsmitteln
1954, 42 Seiten, 10 Abb., 8 Tabellen, DM 8,30

HEFT 110
Dr. P. Hölemann und Ing. R. Hasselmann, Dortmund
Untersuchungen über den Druckverlauf bei der explosiblen Zersetzung von gasförmigem Azetylen
1955, 54 Seiten, 10 Abb., 5 Tabellen, DM 11,—

HEFT 111
Fachverband Steinzeugindustrie, Köln
Die Entwicklung eines Gerätes zur Beschickung seitlicher Feuer von Steinzeug-Einzelkammeröfen mit festen Brennstoffen
1955, 46 Seiten, 16 Abb., DM 9,40

HEFT 112
Prof. Dr.-Ing. H. Opitz, Aachen
Verschleißmessungen beim Drehen mit aktivierten Hartmetallwerkzeugen
1954, 44 Seiten, 17 Abb., 6 Tabellen, DM 8,80

HEFT 113
Prof. Dr. O. Graf, Dortmund
Erforschung der geistigen Ermüdung und nervösen Belastung: Studien über die vegetative 24-Stunden-Rhythmik in Ruhe und unter Belastung
1955,40 Seiten, 12 Abb., DM 8,20

HEFT 114
Prof. Dr. O. Graf, Dortmund
Studien über Fließarbeitsprobleme an einer praxisnahen Experimentieranlage
1954, 34 Seiten, 6 Abb., DM 7,—

HEFT 115
Prof. Dr. O. Graf, Dortmund
Studium über Arbeitspausen in Betrieben bei freier und zeitgebundener Arbeit (Fließarbeit) und ihre Auswirkung auf die Leistungsfähigkeit
1955, 50 Seiten, 13 Abb., 2 Tabellen, DM 9,80

HEFT 116
Prof. Dr.-Ing. E. Siebel und Dr.-Ing. H. Weiss, Stuttgart
Untersuchungen an einigen Problemen des Tiefziehens — I. Teil
1955, 74 Seiten, 50 Abb., 5 Tabellen, DM 14,50

HEFT 117
Dr.-Ing. H. Beißwänger, Stuttgart, und Dr.-Ing. S. Schwandt, Trier
Untersuchungen an einigen Problemen des Tiefziehens — II. Teil
1955, 92 Seiten, 34 Abb., 8 Tabellen, DM 17,70

HEFT 118
Prof. Dr. E. A. Müller und Dr. H. G. Wenzel, Dortmund
Neuartige Klima-Anlage zur Erzeugung ungleicher Luft- und Strahlungstemperaturen in einem Versuchsraum
1955, 68 Seiten, 10 z. T. mehrfarb. Abb., DM 14,—

HEFT 119
Dr.-Ing. O. Viertel, Krefeld
Wäscherei- und energietechnische Untersuchung einer Gemeinschafts-Waschanlage
1955, 50 Seiten, 18 Abb., DM 10,20

HEFT 120
Dipl.-Ing. A. Weisbecker, Lüdenscheid
Über Anfressung an Reinstaluminium-Schweißnähten bei der elektrolytischen Oxydation
Gebr. Hörstermann GmbH., Velbert
Entwicklung und Erprobung eines neuartigen Gummibandförderers
1955, 46 Seiten, 18 Abb., DM 9,70

HEFT 121
Dr. H. Krebs, Bonn
I. Die Struktur und die Eigenschaften der Halbmetalle
II. Die Bestimmung der Atomverteilung in amorphen Substanzen
III. Die chemische Bindung in anorganischen Festkörpern und das Entstehen metallischer Eigenschaften
1955, 124 Seiten, 36 Abb., 13 Tabellen, DM 22,90

HEFT 122
Prof. Dr. W. Fuchs, Aachen
Untersuchungen zur Verbesserung der Wasseraufbereitung und Wasseranalyse:
Über die Schnellbewertung von Ionenaustauscher
1955, 62 Seiten, 32 Abb., DM 12,30

HEFT 123
Dipl.-Ing. J. Emondts, Aachen
Über Bodenverformungen bei stark gestörtem und mächtigem, wasserführendem Deckgebirge im Aachener Steinkohlengebiet
1955, 196 Seiten, 37 Abb., 10 Tabellen, DM 28,80

HEFT 124
Prof. Dr. R. Seyffert, Köln
Wege und Kosten der Distribution der Hausratwaren im Lande Nordrhein-Westfalen
1955, 74 Seiten, 25 Tabellen, DM 9,—

WESTDEUTSCHER VERLAG · KÖLN UND OPLADEN

HEFT 171

Wäschereiforschung Krefeld
Untersuchung der Wäscheentwässerung mit Hilfe von Zentrifugen und Pressen
1955, 42 Seiten, 16 Abb., 4 Tabellen, DM 9,70

HEFT 172

Dipl.-Ing. W. Rohs, Dr.-Ing. G. Satlow und Text.-Ing. G. Heller, Bielefeld
Trocknung von Hanfgarnen. Kreuzspultrocknung
1955, 60 Seiten, 7 Abb., 4 Tabellen, DM 10,30

HEFT 173

Prof. Dr. R. Hosemann und Dipl.-Phys. G. Schoknecht, Berlin; vorgelegt von Prof. Dr. W. Kast, Krefeld
Lichtoptische Herstellung und Diskussion der Faltungsquadrate parakristalliner Gitter
1956, 108 Seiten, 63 Abb., 6 Tabellen, DM 24,70

HEFT 174

Prof. Dr. W. von Fragstein, Dr. J. Meingast und H. Hoch, Köln
Herstellung von Solen einheitlicher Teilchengröße und Ermittlung ihrer optischen Eigenschaften
1955, 78 Seiten, 80 Abb., 4 Tabellen, DM 18,25

HEFT 175

Dr.-Ing. H. Zeller, Aachen
Beitrag zur eindimensionalen stationären und nichtstationären Gasströmung mit Reibung und Wärmeleitung, insbesondere in Rohren mit unstetigen Querschnittsänderungen.
1956, 138 Seiten, 56 Abb., DM 29,30

HEFT 176

Dipl.-Ing. H. Schöberl, Duisburg
Über die Methoden zur Ermittlung der Verbrennungstemperatur von Brennstoffen und ein Vorschlag zu ihrer Verbesserung
1955, 30 Seiten, 3 Abb., DM 6,50

HEFT 177

Dipl.-Ing. H. Stüdemann, Solingen, und Dr.-Ing. W. Müchler, Essen
Entwicklung eines Verfahrens zur zahlenmäßigen Bestimmung der Schneideigenschaften von Messerklingen
1956, 104 Seiten, 68 Abb., 4 Tabellen, DM 22,20

HEFT 178

Prof. Dr. M. von Stackelberg u. Dr. W. Hans, Bonn
Untersuchungen zur Ausarbeitung und Verbesserung von polarographischen Analysenmethoden
1955, 46 Seiten, 14 Abb., DM 10,50

HEFT 179

Dipl.-Ing. H. F. Reineke, Bochum
Entwicklungsarbeiten auf dem Gebiete der Meß- und Regeltechnik
1955, 46 Seiten, 10 Abb., DM 10,—

HEFT 180

Dr.-Ing. W. Piepenburg, Dipl.-Ing. B. Bühling und Bauing. J. Behnke, Köln
Putzarbeiten im Hochbau und Versuche mit aktiviertem Mörtel und mechanischem Mörtelauftrag
1955, 116 Seiten, 31 Abb., 68 Tabellen, DM 23,—

HEFT 181

Prof. Dr. W. Franz, Münster
Theorie der elektrischen Leitvorgänge in Halbleitern und isolierenden Festkörpern bei hohen elektrischen Feldern
1955, 28 Seiten, 2 Abb., 1 Tabelle, DM 6,20

HEFT 182

Dr.-Ing. P. Schenk u. Dr. K. Osterloh, Düsseldorf
Katalytisch-thermische Spaltung von gasförmigen und flüssigen Kohlenwasserstoffen zur Spitzengaserzeugung
1955, 50 Seiten, 11 Abb., 11 Tabellen, DM 10,90

HEFT 183

Dr. W. Bornheim, Köln
Entwicklungsarbeiten an Flaschen- und Ampullen-Behandlungsmaschinen für die pharmazeutische Industrie
1956, 48 Seiten, 24 Abb., DM 11,70

HEFT 184

Dr.-Ing. E. Printz, Kettwig
Vollhydraulische Parallel-Kupplung für Ackerschlepper
1955, 32 Seiten, 4 Abb., DM 7,80

HEFT 185

Dipl.-Ing. W. Rohs und Text.-Ing. G. Heller, Bielefeld
Studien an einem neuzeitlichen Kreuzspultrockner für Bastfasergarne mit Wiederbefeuchtungszone
1955, 52 Seiten, 9 Abb., 3 Tabellen, DM 10,70

HEFT 186

Dr. E. Wedekind, Krefeld
Untersuchungen zur Arbeitsbestgestaltung bei der Fertigstellung von Oberhemden in gewerblichen Wäschereien
1955, 124 Seiten, 28 Abb., 6 Tabellen, 2 Falttaf., DM 12,—

HEFT 187

Dipl.-Ing. F. Göttgens, Essen
Über die Eigenarten der Bimetall-, Thermo- und Flammenionisationssicherungsmethode in ihrer Anwendung auf Zündsicherungen
1955, 40 Seiten, 6 Abb., 4 Tabellen, DM 8,40

HEFT 188

W. Kinnebrock, Langenberg (Rhld.)
Der Einfluß des Austausches gleicher Gaskochbrenner bzw. Gaskochbrennerteile auf den Wirkungsgrad und insbesondere auf den CO-Gehalt der Verbrennungsgase
1955, 42 Seiten, 7 Tabellen, DM 8,70

HEFT 189

Fa. E. Leybold's Nachfolger, Köln
I. Ausgewählte Kapitel aus der Vakuumtechnik
II. Zum Verlust anorganisch-nichtflüchtiger Substanzen während der Gefriertrocknung
1955, 52 Seiten, 16 Abb., 3 Tabellen, DM 11,20

HEFT 190

Prof. Dr. A. Neuhaus, Prof. Dr. O. Schmitz-DuMont und Dipl.-Chem. H. Reckhard, Bonn
Zur Kenntnis der Alkalititanate
1955, 60 Seiten, 13 Abb., 1 Tabelle, DM 12,20

HEFT 191

Dr. H. Söhngen, Darmstadt
Schwingungsverhalten eines Schaufelkranzes im Vakuum
1955, 36 Seiten, 7 Abb., DM 7,80

HEFT 192

Dipl.-Phys. E. M. Schneider, München
Kohlebogenlampen für Aufnahme und Kopie
1955, 48 Seiten, 21 Abb., 3 Tabellen, DM 10,60

HEFT 193

Prof. Dr. O. Schmitz-DuMont, Bonn
Untersuchungen über neue Pigmentfarbstoffe
1956, 50 Seiten, 16 Abb., 8 Tabellen, DM 11,20

HEFT 194

Dr. K. Hecht, Köln
Entwicklung neuartiger physikalischer Unterrichtsgeräte
1955, 42 Seiten, 16 Abb., DM 9,90

HEFT 195

Dr.-Ing. E. Rößger, Köln
Gedanken über einen neuen deutschen Luftverkehr
1955, 342 Seiten, 29 Abb., 122 Tabellen, DM 50,—

HEFT 196

Dipl.-Ing. W. Rohs und Text.-Ing. H. Griese, Bielefeld
Auswirkungen von Garnfehlern bei der Verarbeitung von Leinengarnen
1955, 36 Seiten, 3 Abb., 6 Tabellen, DM 7,80

HEFT 197

Dr. E. Wedekind, Krefeld
Untersuchungen zur Bestimmung der optimalen Arbeitsplatzgröße bei Mehrstuhlarbeit in der Weberei
1955, 92 Seiten, 34 Abb., DM 18,50

HEFT 198

Prof. Dr. J. Weissinger, Karlsruhe
Zur Aerodynamik des Ringflügels. Die Druckverteilung dünner, fast drehsymmetrischer Flügel in Unterschallströmung
1955, 42 Seiten, 5 Abb., DM 9,—

HEFT 199

Textilforschungsanstalt Krefeld
Die Messung von Gewebetemperaturen mittels Temperaturstrahlung
1955, 50 Seiten, 12 Abb., DM 10,90

HEFT 200

R. Seipenbusch, Langenberg (Rhld.)
Spitzengas durch Zusatz von Flüssiggas-Wassergas- und Flüssiggas-Generatorgas-Gemischen zu Stadtgas
1955, 48 Seiten, 21 Tabellen, DM 10,35

HEFT 201

Dr.-Ing. E. W. Pleines, Frankfurt/Main
Die Sicherheit im Luftverkehr
1956, 194 Seiten, 39 Abb., 19 Tabellen, DM 39,45

HEFT 202

Dipl.-Ing. D. Fiecke, Stuttgart/Zuffenhausen
Die Bestimmung der Flugzeugpolaren für Entwurfszwecke. I. Teil: Unterlagen
1956, 216 Seiten, 171 Diagr., DM 59,70

HEFT 203

Dr. G. Wandel, Bonn
Uferbewachsung und Lebendverbauung an den Nordwestdeutschen Kanälen und ihren Zuflüssen sowie an der Ruhr
1956, 122 Seiten, 88 Abb., DM 25,70

HEFT 204

Dipl.-Ing. B. Naendorf, Langenberg (Rhld.)
Bestimmung der Brenneigenschaften und des Brennverhaltens verschiedener Gasarten und Einfluß verschiedener Düsengestaltung
1955, 32 Seiten, DM 7,10

HEFT 205

Dr. C. Schaarwächter, Düsseldorf
Über plastische Kupfer-Eisen-Phosphor-Legierungen
1956, 36 Seiten, 10 Abb., 10 Tabellen, DM 8,30

HEFT 206

Dr. P. Hölemann, Ing. R. Hasselmann und Ing. G. Dix, Dortmund
Untersuchungen über die Vorgänge bei der Zersetzung von in Azeton gelöstem Azetylen
1956, 74 Seiten, 7 Abb., 7 Tabellen, DM 15,55

HEFT 207

Prof. Dr.-Ing. H. Opitz, Dipl.-Ing. K. H. Fröhlich und Dipl.-Ing. H. Siebel, Aachen
Richtwerte für das Fräsen von unlegierten und legierten Baustählen mit Hartmetall. I. Teil
1956, 48 Seiten, 27 Abb., 3 Tabellen, DM 11,10

HEFT 208

Prof. Dr.-Ing. H. Müller, Essen
Untersuchung von Elektrowärmegeräten für Laienbedienung hinsichtlich Sicherheit und Gebrauchsfähigkeit. I. Untersuchungen an Kochplatten
1956, 100 Seiten, 76 Abb., 7 Tabellen, DM 22,70

HEFT 209

Dr. K. Bunge, Leverkusen
Materialabbau in Funkenentladungen. Untersuchungen an Zinkkathoden
1956, 54 Seiten, 10 Abb., 5 Tabellen, DM 11,40

HEFT 210

Dr. W. Porschen und Prof. Dr. W. Riezler, Bonn
Langlebige Alphaaktivitäten bei natürlichen Elementen
1955, 40 Seiten, 5 Abb., 4 Tabellen, DM 8,80

HEFT 211

Prof. Dipl.-Ing. W. Sturtzel und Dr.-Ing. W. Graff, Duisburg
Die Versuchsanstalt für Binnenschiffbau, Duisburg
1956, 48 Seiten, 22 Abb., DM 11,—

HEFT 212

Dipl.-Ing. H. Spodig, Selm
Untersuchung zur Anwendung der Dauermagnete in der Technik
1955, 44 Seiten, 25 Abb., DM 9,80

HEFT 213

Dipl.-Ing. K. F. Rittinghaus, Aachen
Zusammenstellung eines Meßwagens für Bau- und Raumakustik
in Vorbereitung

HEFT 214

Dr.-Ing. J. Endres, München
Berechnung der optimalen Leistungen, Kraftstoffverbräuche und Wirkungsgrade von Einkreis-Turbolader-Strahltriebwerken am Boden und in der Höhe bei Fluggeschwindigkeiten von 0—2000 km/h
1956, 72 Seiten, 18 Abb., 8 Tabellen, DM 15,40

HEFT 215

Prof. Dr.-Ing. H. Opitz und Dr.-Ing. G. Weber, Aachen
Einfluß der Wärmebehandlung von Baustählen auf Spanentstehung, Schnittkraft- und Standzeitverhalten
1956, 80 Seiten, 30 Abb., 10 Tabellen, DM 18,40

HEFT 216

Dr. E. Kloth, Köln
Untersuchungen über die Ausbreitung kurzer Schallimpulse bei der Materialprüfung mit Ultraschall
1956, 90 Seiten, 60 Abb., 4 Tabellen, DM 19,40

HEFT 217

Rationalisierungskuratorium der Deutschen Wirtschaft (RKW), Frankfurt/Main
Typenvielzahl bei Haushaltgeräten und Möglichkeiten einer Beschränkung
1956, 328 Seiten, 2 Abb., 181 Tabellen, DM 49,50

HEFT 218

Dr. F. Keune, Aachen
Bericht über eine Theorie der Strömung um Rotationskörper ohne Anstellung bei Machzahl Eins
1955, 40 Seiten, 8 Abb., 5 Formelblätter, DM 8,80

WESTDEUTSCHER VERLAG · KÖLN UND OPLADEN

HEFT 219

Prof. Dr. W. Fuchs, Aachen
Untersuchungen zur Holzabfallverwertung und zur Chemie des Lignins
1955, 54 Seiten, 11 Abb., 15 Tabellen, DM 11,40

HEFT 220

Prof. Dr. W. Fuchs, Aachen
Die Entwicklung neuer Regel- und Kontroll-Apparate zur coulometrischen Analyse
1956, 76 Seiten, 17 Abb., 23 Tabellen, DM 15,50

HEFT 221

Dr. W. Meyer-Eppler, Bonn
Experimentelle Untersuchungen zum Mechanismus von Stimme und Gehör in der lautsprachlichen Kommunikation
1955, 56 Seiten, 24 Abb., DM 13,45

HEFT 222

Dr. L. Köllner, Münster, und Dipl.-Volkswirt M. Kaiser, Bochum
Die internationale Wettbewerbsfähigkeit der westdeutschen Wollindustrie
1956, 214 Seiten, DM 39,50

HEFT 223

Dr.-Ing. K. Alberti und Dr. F. Schwarz, Köln
Über das Problem Hartbrand - Weichbrand
1956, 54 Seiten, 25 Abb., 14 Tabellen, DM 12,10

HEFT 224

Dipl.-Ing. H. Stüdeman und Ing. R. Beu, Solingen
Verfahren zur Prüfung der Korrosionsbeständigkeit von Messerklingen aus rostfreiem Stahl
1956, 82 Seiten, 28 Abb., DM 16,90

HEFT 225

Dr.-Ing. E. Barz, Remscheid
Der Spannungszustand von Gattersägeblättern
1956, 74 Seiten, 54 Abb., DM 16,50

HEFT 226

Technisch-wissenschaftliches Büro für die Bastfaserindustrie, Bielefeld
Untersuchungen zur Verbesserung des Leinenwebstuhles IV
Die Wirkung verschiedener Kettbaumbremsen auf die Verwebung von Leinengarnen
1956, 64 Seiten, 9 Abb., 4 Tabellen, DM 13,50

HEFT 227

Prof. Dr. F. Wever, Düsseldorf, und Dr. W. Wepner, Köln
Untersuchung der Alterungsneigung von weichen unlegierten Stählen durch Härteprüfung bei Temperaturen bis 300 Grad C
1956, 34 Seiten, 20 Abb., 3 Tabellen, DM 7,95

HEFT 228

Prof. Dr. F. Wever, Dr. W. Koch, Düsseldorf, und Dr. B. A. Steinkopf, Dortmund
Spektrochemische Grundlagen der Analyse von Gemischen aus Kohlenmonoxyd, Wasserstoff und Stickstoff
1956, 42 Seiten, 18 Abb., 1 Tabelle, DM 9,90

HEFT 229

Prof. Dr. F. Wever, Dr. W. Koch und Dr.-Ing. H. Malissa, Düsseldorf
Über die Anwendung disubstituierter Dithiocarbamate der analytischen Chemie
1956, 44 Seiten, 30 Abb., 5 Tabellen, DM 10,50

HEFT 230

Prof. Dr. F. Wever, Düsseldorf, und Dr. W. Wepner, Köln
Bestimmung kleiner Kohlenstoffgehalte im Alpha-Eisen durch Dämpfungsmessung
1956, 34 Seiten, 5 Abb., 2 Tabellen, DM 7,70

HEFT 231

Dr.-Ing. W. Küch, Dortmund
Über die Wechselwirkung zwischen Holzschutzbehandlung und Verleimung
1956, 48 Seiten, 10 Abb., 8 Tabellen, DM 10,40

HEFT 232

Prof. Dr.-Ing. O. Kienzle, Hannover und Dr.-Ing. H. Münnich, Schweinfurt
Feststellung der Spannungen und Dehnungen und Bruchdrehzahlen der unter Fliehkraft und Bearbeitungskraft beanspruchten Schleifkörper
in Vorbereitung

HEFT 233

Dr. H. Haase, Hamburg
Infrarot-Bibliographie
1956, 90 Seiten, DM 17,80

HEFT 234

Dr.-Ing. K. G. Speith und Dr.-Ing. A. Bungeroth, Duisburg
Versuche zur Steigerung des Kokillen-Schluckvermögens beim Stranggießen von Stahl
1956, 26 Seiten, 5 Abb., DM 6,15

HEFT 235

Prof. Dr.-Ing. K. Leist und Dipl.-Ing. W. Dettmering, Aachen
Turbinenschaufeln aus Kunststoff für Kaltluftversuchsanlagen
1956, 46 Seiten, 43 Abb., 3 Tabellen, DM 12,30

HEFT 236

Dr.-Ing. O. Viertel und S. Lucas, Krefeld
Ergebnisse einer Hausfrauenbefragung über Wascheinrichtungen und Waschmethoden in städtischen Haushaltungen
1956, 34 Seiten, 4 Abb., DM 7,60

HEFT 237

Dr. P. Endler und Dr. H. Ludes, Köln
Bericht über eine Studienreise zur Orientierung der heutigen Behandlung der Lungentuberkulose in den Vereinigten Staaten von Nordamerika
1956, 32 Seiten, DM 7,10

HEFT 238

Institut für textile Meßtechnik, M.-Gladbach, e. V.
Untersuchung der Verzugsvorgänge an den Streckwerken verschiedener Spinnereimaschinen. 3. Bericht: Theoretische Betrachtungen über den Einfluß schlagender Zylinder und Druckrollen
1956, 66 Seiten, 21 Abb., DM 14,10

HEFT 239

Prof. Dr.-Ing. K. Leist und Dipl.-Ing. H. Scheele, Aachen und Dipl.-Ing. F. H. Flottmann, Herne
Versuche an einem neuartigen luftgekühlten Hochleistungs-Kolbenkompressor
1956, 72 Seiten, 19 Abb., 7 Tabellen, DM 14,40

HEFT 240

Prof. Dr.-Ing. K. Leist und Dipl.-Ing. H. Scheele, Aachen
Temperaturmessungen an einem einstufigen luftgekühlten 4-Zylinder-Kolbenkompressor mit Kühlgebläse
1956, 74 Seiten, 36 Abb., DM 14,80

HEFT 241

Prof. Dr.-Ing. K. Leist und Dipl.-Ing. M. Pötke, Aachen
Leistungsversuche an einem Kühlluftgebläse
1956, 60 Seiten, 13 Abb., DM 11,70

HEFT 242

Prof. Dr.-Ing. K. Leist und Dipl.-Ing. K. Graf, Aachen
Straßenfahrzeuge mit Gasturbinenantrieb
1956, 82 Seiten, 63 Abb., DM 17,20

HEFT 243

Prof. Dr.-Ing. K. Leist und Dipl.-Ing. S. Förster, Aachen
Die französische Kleingasturbine Artouste — 1. Teil
1956, 80 Seiten, 41 Abb., DM 15,85

HEFT 244

Prof. Dr. F. Wever, Dr. W. Koch und Dr. S. Eckhard, Düsseldorf
Erfahrungen mit der spektrochemischen Analyse von Gefügebestandteilen des Stahles
1956, 32 Seiten, 8 Abb., 2 Tabellen, DM 7,80

HEFT 245

Prof. Dr.-Ing. habil. K. Krekeler, Aachen
Das Verbinden von Metallen durch Kunstharzkleber. Teil I: Eigenschaften und Verwendung der Metallklebstoffe
1956, 48 Seiten, 8 Abb., DM 10,25

HEFT 246

Prof. Dr.-Ing. habil. K. Krekeler, Aachen
Das Verbinden von Metallen durch Kunstharzkleber. Teil II: Untersuchungen an geklebten Leichtmetall-Verbindungen
1956, 80 Seiten, 40 Abb., DM 17,50

HEFT 247

Dr. H. Söhngen, Darmstadt
Strömung vor einem Überschall-Laufrad
1956, 26 Seiten, 4 Abb., DM 7,60

HEFT 248

Rheinische Aktiengesellschaft für Braunkohlenbergbau und Brikettfabrikation, Köln
Untersuchung der Bindemitteleigenschaften von Braunkohlenfilteraschen
1956, 176 Seiten, 26 Abb., 30 Tabellen, DM 35,60

HEFT 249

Dr. M.-E. Meffert, Essen
Weitere Kulturversuche Scenedesmus obliquus
1956, 36 Seiten, 5 Abb., 10 Tabellen, DM 8,—

HEFT 250

Dr. F. Schwarz und Dr.-Ing. K. Alberti, Köln
Entwicklung von Untersuchungsverfahren zur Gütebeurteilung von Industriekalken
1956, 36 Seiten, 9 Abb., DM 16,50

HEFT 251

Prof. Dr. H. Bittel, Münster
Zur Statistik der ferromagnetischen Elementarvorgänge und ihren Einfluß auf das Barkhausenrauschen
1956, 52 Seiten, 14 Abb., DM 11,65

HEFT 252

Dipl.-Ing. H. Frings, Geilenkirchen
Die Wirkung abfallender Wetterführung auf Wettertemperatur, Grubengasgehalt und Staubbildung
in Vorbereitung

HEFT 253

Dipl.-Ing. S. Schirmanski, Berghausen
Stand und Auswertung der Forschungsarbeiten über Temperatur- und Feuchtigkeitsgrenzen bei der bergmännischen Arbeit
in Vorbereitung

HEFT 254

Prof. Dr. R. Danneel, Bonn
Quantitative Untersuchungen über die Entwicklung des Ehrlich-Ascitestumors bei Inzuchtmäusen
1956, 52 Seiten, 17 Tabellen, DM 11,75

HEFT 255

Ing. B. v. Schlippe, Bad Nauheim
Strömung von Flüssigkeiten mit temperaturabhängiger Zähigkeit (Kühlung von Ölen)
1956, 54 Seiten, 12 Abb., 4 Tabellen, DM 11,70

HEFT 256

Prof. Dr. C. Schmieden und Dipl.-Math. K. H. Müller, Darmstadt
Die Strömung einer Quellstrecke im Halbraum — eine strenge Lösung der Navier-Stokes-Gleichungen
1956, 40 Seiten, 9 Abb., DM 8,80

HEFT 257

Prof. Dr. G. Lehmann und Dr. J. Tamm, Dortmund
Die Beeinflussung vegetativer Funktionen des Menschen durch Geräusche
1956, 48 Seiten, 25 Abb., 3 Tabellen, DM 11,20

HEFT 258

Dr. H. Paul, Linz (Rhein), und Prof. Dr. O. Graf, Dortmund
Zur Frage der Unfälle im Bergbau
1956, 52 Seiten, 9 Abb., 22 Tabellen, DM 11,20

HEFT 259

Prof. D. W. Linke, Aachen
Strömungsvorgänge in künstlich belüfteten Räumen
1956, 52 Seiten, 37 Abb., 1 Tabelle, DM 11,80

HEFT 260

Prof. Dr. W. Kast, Freiburg (Br.), Prof. Dr. A. H. Stuart und Dipl.-Phys. H. G. Fendler, Hannover
Lichtzerstreuungsmessungen an Lösungen hochpolymerer Stoffe
1956, 70 Seiten, 25 Abb., 5 Tabellen, DM 15,60

HEFT 261

Prof. Dr. W. Kast, Freiburg (Br.)
Feinstruktur-Untersuchungen an künstlichen Zellulosefasern verschiedener Herstellungsverfahren. Teil II: Der Kristallisationszustand
1956, 80 Seiten, 27 Abb., 11 Tabellen, DM 17,20

HEFT 262

Dr.-Ing. W. Batel, Aachen
Untersuchungen zur Absiebung feuchter, feinkörniger Haufwerke und Schwingsieben
1956, 100 Seiten, 45 Abb., 5 Tabellen, DM 23,40

HEFT 263

Prof. Dr. H. Lange und Dipl.-Phys. R. Kohlhaas, Köln
Über die Wärmeleitfähigkeit von Stählen bei hohen Temperaturen: Teil I: Literaturbericht
1956, 48 Seiten, 26 Abb., 8 Tabellen, DM 10,70

HEFT 264

Prof. Dr. W. Weizel, Bonn
Durch schnelle Funkenzusammenbrüche ausgelöste Signale auf einer Leitung
1956, 26 Seiten, 4 Abb., 3 Tabellen, DM 6,10

HEFT 265

Prof. Dr. F. Micheel und Dr. R. Engel, Münster
Eine Apparatur zur elektrophoretischen Trennung von Stoffgemischen
1956, 38 Seiten, 21 Abb., DM 9,20

HEFT 266

Fliesen-Beratungsstelle Bad Godesberg-Mehlem
Güteeigenschaften keramischer Wand- und Bodenfliesen und deren Prüfmethoden
1956, 32 Seiten, DM 7,10

HEFT 267

Prof. Dr. W. Weizel und B. Brandt, Bonn
Zur Stabilität stromstarker Glimmentladungen
1956, 36 Seiten, 7 Abb., DM 8,40

WESTDEUTSCHER VERLAG · KÖLN UND OPLADEN

HEFT 268

Prof. Dr.-Ing. G. Vogelpohl, Göttingen
Über die Tragfähigkeit von Gleitlagern und ihre Berechnung
1956, 76 Seiten, 24 Abb., 7 Tabellen, DM 16,85

HEFT 269

Markscheider R. Bals, Bochum
Eignung des Gebirgsankerausbaus zur Erleichterung des Streckenvortriebs im Steinkohlenbergbau
1956, 84 Seiten, 41 Abb., DM 18,75

HEFT 270

Dr. H. Krebs und Mitarbeiter, Bonn
Die Trennung von Racematen auf chromatographischem Wege
1956, 62 Seiten, 18 Tabellen, DM 12,95

HEFT 271

Prof. Dr.-Ing. H. Opitz und Dipl.-Ing. H. Axer, Aachen
Beeinflussung des Verschleißverhaltens bei spanenden Werkzeugen durch flüssige und gasförmige Kühlmittel und elektrische Maßnahmen
1956, 46 Seiten, 28 Abb., DM 10,70

HEFT 272

Prof. Dr. W. Fuchs und Dr. H. Dresia, Aachen
Untersuchungen über die Schnellverbrennung und Schnellvergasung fester Brennstoffe
1956, 56 Seiten, 14 Abb., 3 Tabellen, DM 11,90

HEFT 273

Fa. K. W. Tacke G.m.b.H., Wuppertal-Barmen
Erfahrungen beim Verspinnen von Perlonfasern und bei der Herstellung von Trikotagen aus gesponnenem Perlon
1956, 36 Seiten, DM 7.90

HEFT 274

Prof. Dr.-Ing. K. Krekeler, Aachen
Qualitative Untersuchungen bei Verbindungsschweißungen mittels Lichtbogenschweißautomaten unter Verwendung von Blankdraht und Zugabe von ferromagnetischem Pulver als Umhüllung
1956, 68 Seiten, 40 Abb., 8 Tabellen, DM 15,45

HEFT 275

Prof. Dr.-Ing. habil. K. Krekeler, Aachen, und Dipl.-Ing. H. Verhoeven, Aachen
Quantitative Untersuchungen von Punktschweißverbindungen an Tiefzieh- und Aluminiumblechen, die nach dem Argonarc-Punktschweißverfahren hergestellt werden
1956, 64 Seiten, 45 Abb., DM 14,60

HEFT 276

Fa. E. Haage, Mülheim (Ruhr)
Entwicklungsarbeiten im Apparatebau für Laboratorien
1956, 48 Seiten, 18 Abb., DM 10,50

HEFT 277

Dr.-Ing. W. Müchler, Essen
Untersuchung und zahlenmäßige Bestimmung der Schneideigenschaften von Messern und besonderer Berücksichtigung rostfreier Messerstähle
1956, 60 Seiten, 27 Abb., 5 Tabellen, DM 13,20

HEFT 278

Dipl.-Ing. J. Stelter und Dipl.-Ing. H. Kickert, Aachen
I. Sichtbarmachung von Ultraschallfeldern unter Verwendung photographischer Emulsionsschichten
II. Methode zur Bestimmung der wirklichen Temperaturverhältnisse in Flüssigkeiten während der Beschallung (Nach einer Diplom-Arbeit von H. Schnitzler)
1956, 54 Seiten, 24 Abb., DM 12,75

HEFT 279

Dr. F. Keune, Aachen
Der gewölbte und verwundene Tragflügel ohne Dicke in Schallnähe
1956, 42 Seiten, 15 Abb., DM 9,25

HEFT 280

Dipl.-Ing. J. Stelter und Dipl.-Ing. E. Pfende, Aachen
Über Störerscheinungen bei Schallgeschwindigkeitsmessungen mittels der Interferometermethode
1956, 42 Seiten, 13 Abb., DM 9,60

HEFT 281

Prof. Dr.-Ing. K. Lürenbaum, Aachen
Der Meßwagen des Instituts für Maschinen-Dynamik der Deutschen Versuchsanstalt für Luftfahrt, Aachen
1956, 34 Seiten, 17 Abb., DM 8,60

HEFT 282

Bergrat a. D. Scherer, Bochum
Das B.T.-Schwelverfahren und seine Anwendung auf der Anlage Marienau
1956, 44 Seiten, 7 Abb., DM 9,60

HEFT 283

Prof. Dr. F. Wever und Dr.-Ing. W. Lueg, Düsseldorf
Warmstauchversuche zur Ermittlung der Formänderungsfestigkeit von Gesenkschmiede-Stählen
1956, 44 Seiten, 19 Abb., DM 9,90

HEFT 284

Prof. Dr. F. Wever, Düsseldorf, Dr.-Ing. H. J. Wiester, Essen, Dr.-Ing. F. W. Straßburg, Duisburg, Prof. Dr.-Ing. H. Opitz, Aachen, und Dr.-Ing. K. H. Fröhlich, Köln
Einfluß des Gefüges auf die Zerspanbarkeit von Einsatz- und Vergütungsstählen
in Vorbereitung

HEFT 285

Prof. Dr.-Ing. O. Kienzle, Dr.-Ing. K. Lange, Hannover, und Dipl.-Ing. H. Meinert, Osterode
Einfluß der Oberfläche auf das Verschleißverhalten von Schmiedegesenken
1956, 62 Seiten, 29 Abb., 8 Tabellen, DM 14,60

HEFT 286

Dr.-Ing. K. Lange, Hannover, Dipl.-Ing. H. Meinert, Osterode, unter Mitarbeit von Dr.-Ing. H. Arend, Mülheim (Ruhr)
Verschleißverhalten hartverchromter Schmiedegesenke
1956, 74 Seiten, 53 Abb., 6 Tabellen, DM 17,65

HEFT 287

Prof. Dr.-Ing. habil. K. Krekeler, Aachen
Änderungen der mechanischen Eigenschaftswerte thermoplastischer Kunststoffe bei Beanspruchung in verschiedenen Medien
1956, 62 Seiten, 23 Abb., 5 Tabellen, DM 13,70

HEFT 288

Dr. K. Brücker-Steinkuhl, Düsseldorf
Anwendung mathematisch-statischer Verfahren in der Industrie
1956, 103 Seiten, 27 Abb., 14 Tabellen, DM 24,20

HEFT 289

Prof. Dr.-Ing. H. Winterhager, Aachen
Kombinierter Widerstands- und Lichtbogen-Vakuumofen zur Verarbeitung von Titanschwamm
Prof. Dr. Dr. h. c. R. Schwarz, Aachen
Erforschung neuer Wege zur Darstellung von Titanmetall
in Vorbereitung

HEFT 290

Dr. D. Horstmann, Düsseldorf
I. Der verstärkte Angriff des Zinks auf Eisen im Temperaturgebiet um 500° C
II. Einfluß eines Antimongehaltes auf den Angriff von Zinkschmelzen auf Eisen
1956, 48 Seiten, 33 Abb., 3 Tabellen, DM 11,90

HEFT 291

Dr.-Ing. H. J. Wiester und Dr. D. Horstmann, Düsseldorf
Der Angriff eisengesättigter Zinkschmelzen auf silizium- und manganhaltiges Eisen
1956, 52 Seiten, 45 Abb., 8 Tabellen, DM 12,60

HEFT 292

Dipl.-Ing. W. Rohs und Text.-Ing. H. Griese, Bielefeld
Webversuche an Leinenwebstühlen mit verbesserter Schaftbewegung
1956, 34 Seiten, 3 Abb., 2 Tabellen, DM 7,60

HEFT 293

Prof. J. W. Korte, unter Mitarbeit von Dipl.-Ing. P. A. Mäcke und Dipl.-Ing. W. Leutzbach, Aachen
Die Leistungsfähigkeit von Verkehrsanlagen des motorisierten städtischen Straßenverkehrs
1956, 98 Seiten, 35 Abb., 5 Tabellen, 1 Falttafel, DM 22,50

HEFT 294

Dipl.-Ing. B. Naendorf, Essen
Untersuchungen industrieller Gasbrenner
1956, 58 Seiten, 6 Abb., 3 Tabellen, DM 12,40

HEFT 295

Prof. Dr.-Ing. H. Opitz und Dipl.-Ing. H. Axer, Aachen
Untersuchung und Weiterentwicklung neuartiger elektrischer Bearbeitungsverfahren
1956, 42 Seiten, 27 Abb., DM 10,30

HEFT 296

Prof. Dr.-Ing. H. Opitz, Aachen
I. Untersuchungen an elektronischen Regelantrieben
II. Statistische Untersuchungen zur Ausnutzung von Drehbänken
1956, 46 Seiten, 18 Abb., DM 10,40

HEFT 297

Dr. K. Schaarwächter, Düsseldorf
Die Reduktion von Siliziumtetrachlorid im Lichtbogen zur nachfolgenden Silizierung von Eisenblechen
in Vorbereitung

HEFT 298

Prof. Dr.-Ing. E. Oehler, Aachen
Untersuchung von kritischen Drehzahlen, die durch Kreiselmomente verursacht werden
1956, 50 Seiten, 35 Abb., DM 13,15

HEFT 299

Dr. J. Fassbender und W. Hoppe, Bonn
Eine photoelektrische Nachlaufeinrichtung für Analogie-Rechenmaschinen
1956, 20 Seiten, 8 Abb., DM 7,65

HEFT 300

Prof. Dr. E. Schütz und Privatdozent Dr. H. Caspers, Münster
Tierexperimentelle Untersuchungen über die Alkoholwirkungen auf Erregbarkeit und bioelektrische Spontanaktivität der Hirnrinde
1956, 44 Seiten, 6 Abb., 1 Tabelle, DM 9,55

HEFT 301

Prof. Dr. W. Weltzien, Dr. G. Cossmann und P. Diehl, Krefeld
Über die fraktionierte Füllung von Polyamiden (II)
1956, 54 Seiten, 1 Abb., 16 Tabellen, DM 11,30

HEFT 302

Prof. Dr.-Ing. W. Wegener und Dipl.-Ing. Willi Zahn, Aachen
Untersuchungen von gesponnenen Garnen auf ihre Gleichmäßigkeit nach verschiedenen Meßmethoden
in Vorbereitung

HEFT 303

Prof. Dr.-Ing. S. Kiesskalt, Aachen
Das Institut der Forschungsgesellschaft Verfahrenstechnik e. V. an der Technischen Hochschule Aachen
1956, 76 Seiten, 20 Abb., 3 Tabellen, DM 16,40

HEFT 304

Prof. Dr.-Ing. K. Krekeler, Düsseldorf, und Dipl.-Ing. A. Kleine-Albers, Aachen
Beitrag zur thermoelastischen Warmformbarkeit von Hart PVC
in Vorbereitung

HEFT 305

Prof. Dr.-Ing. K. Krekeler, Düsseldorf, Dr.-Ing. H. Peukert, Aachen, und Dipl.-Ing. W. Schmitz, Siegburg
Heißgas-Schweißung von Hart-Polyvinylchlorid mit Zusatzwerkstoff
1956, 44 Seiten, 27 Abb., 5 Tabellen, DM 12,50

HEFT 306

Prof. Dr. B. Rensch, Münster
Elektrophysiologische Untersuchungen zur Analysierung der Bildung von Assoziationen und Gedächtnisspuren in Gehirn und Rückenmark
Prof. Dr. A. Loeser, Münster
Akute und chronische Giftwirkungen sauerstoffhaltiger Lösungsmittel
1956, 36 Seiten, 9 Abb., DM 8,90

HEFT 307

Privatdozent Dr. J. Juilfs, Krefeld
Vergleichende Untersuchungen zur elastischen und bleibenden Dehnung von Fasern
1956, 36 Seiten, 11 Abb., DM 8,30

HEFT 308

Privatdozent Dr. J. Juilfs, Krefeld
Zur Messung der Fadenglätte
1956, 22 Seiten, 10 Abb., 2 Tabellen, DM 8,—

HEFT 309

Prof. Dr. K. Cruse und Mitarbeiter, Clausthal-Zellerfeld
Aufbau und Arbeitsweise eines universell verwendbaren Hochfrequenz-Titrationsgerätes
in Vorbereitung

HEFT 310

Dr. P. F. Müller, Bonn
Die Integrieranlage des Rheinisch-Westfälischen Instituts für Instrumentelle Mathematik in Bonn
1956, 62 Seiten, 6 Abb., 30 Satzskizzen, DM 14,45

HEFT 311

Prof. Dr. F. Wever und Dr. M. Hempel, Düsseldorf
Dauerschwingfestigkeit von Stählen bei erhöhten Temperaturen
Teil I: Erkenntnisse aus bisherigen Dauerschwingversuchen in der Wärme
1956, 48 Seiten, 19 Abb., 2 Tabellen, DM 10,90

HEFT 312

Prof. Dr. F. Wever und Dr. M. Hempel, Düsseldorf
Dauerschwingfestigkeit von Stählen bei erhöhten Temperaturen
Teil II: Zug-Druck-Dauerschwingversuche an zwei warmfesten Stählen bei Temperaturen von 500 bis 650°
1956, 48 Seiten, 20 Abb., 3 Tabellen, DM 11,80

WESTDEUTSCHER VERLAG · KÖLN UND OPLADEN

HEFT 313

Prof. Dr. F. Wever, Dr. W. Koch und Dipl.-Phys. H. Rohde, Düsseldorf
Änderungen des Babitus und der Gitterkonstanten des Zementits in Chromstählen bei verschiedenen Wärmebehandlungen
1956, 88 Seiten, 29 Abb., 8 Tabellen, DM 20,90

HEFT 314

Prof. Dr. F. Wever und Dr.-Ing. A. Krisch, Düsseldorf, und Dr.-Ing. H.-J. Wiester, Essen
Veränderungen im Gefügeaufbau von Chrom-Nickel-Molybdän-Stählen bei langzeitiger Beanspruchung im Zeitstandversuch bei 500°
1956, 48 Seiten, 26 Abb., 5 Tabellen, DM 11,70

HEFT 315

Prof Dr F. Wever und Dr.-Ing. A. Krisch, Düsseldorf
Metallkundliche Untersuchungen an Zeitstandproben
1956, 38 Seiten, 12 Abb., DM 9,15

HEFT 316

Dr. F. Keune, Aachen
Zusammenfassende Darstellung und Erweiterung des Aequivalenzsatzes für schallnahe Strömung
1956, 80 Seiten, 22 Abb., DM 17,90

HEFT 317

Dr.-Ing. J. Stelter, Aachen
Mikrobiologische Ultraschallwirkungen
in Vorbereitung

HEFT 318

Dipl.-Ing. H. Kickert, Aachen
Über die Ausbreitung von Ultraschall in Luft
in Vorbereitung

HEFT 319

Prof. Dr. C. Kröger, Aachen
Gemengereaktionen und Glasschmelze
in Vorbereitung

HEFT 320

Dr. H.-E. Caspary, Köln
Verwendung von Szintillationszählern anstelle von Zählrohren zur zerstörungsfreien Materialprüfung
1956, 42 Seiten, 13 Abb., 2 Tabellen, DM 10,10

HEFT 321

Prof. Dr. F. Wever, Düsseldorf, und Dr. W. Wepner, Köln
Gleichzeitige Bestimmung kleiner Kohlenstoff- und Stickstoffgehalte im α-Eisen durch Dämpfungsmessung
1956, 30 Seiten, 3 Abb., 4 Tabellen, DM 6,80

HEFT 322

Prof. Dr.-Ing. F. Bollenrath und Dipl.-Ing. W. Domke, Aachen
Eigenspannungen in vergüteten, dickwandigen Stahlzylindern nach Oberflächenhärtung mit induktiver Erwärmung
1956, 30 Seiten, 9 Abb., 2 Tabellen, DM 6,90

HEFT 323

Prof. Dr. R. Seyffert, Köln
Wege und Kosten der Distribution der Textilien, Schuh- und Lederwaren
1956, 98 Seiten, 37 Tabellen, 1 Falttaf., DM 12,—

HEFT 324

Prof. Dr.-Ing. H. Opitz, Dr.-Ing. E. Saljé und Dipl.-Ing. K. E. Schwartz, Aachen
Richtwerte für das Außenrund-Längs- und Einstechschleifen
1956, 62 Seiten, 44 Abb., 2 Tabellen, DM 13,85

HEFT 325

Prof. Dr. E. Schratz, Münster
Pharmakognostische Untersuchungen am Medizinal-Rhabarber
in Vorbereitung

HEFT 326

Prof. Dr.-Ing. E. Essers und Mitarbeiter, Aachen
Deichselkräfte an Lastzügen
in Vorbereitung

HEFT 327

Prof. Dr.-Ing. habil. K. Krekeler und Dr.-Ing. H. Peukert, Aachen
Beitrag zur thermoelastischen Formbarkeit von Polyäthylen
1956, 56 Seiten, 49 Abb., 9 Tabellen, DM 12,80

HEFT 328

Dr. H. Maeder, Belo Horizonte
Schweißen von Temperguß
in Vorbereitung

HEFT 329

Dipl.-Ing. A. Krüger, Karlsruhe, und Feuerwehr-Ing. R. Radusch, Dortmund
Wasserzerstäubung im Strahlrohr
1956, 86 Seiten, 21 Abb., 3 Tabellen, DM 18,65

HEFT 330

Dipl.-Physiker E. Pepping, Aachen
Die Durchflußzahl des Rechteckschlitzes in einer sehr großen Wand
in Vorbereitung

HEFT 331

Dipl.-Ing. G. Bretschneider, Ruit
Die Messung der wiederkehrenden Spannung mit Hilfe des Netzmodelles
in Vorbereitung

HEFT 332

Prof. Dr.-Ing. R. Jaeckel und Dr. G. Reich, Bonn
Messung von Dampfdrucken im Gebiet unter 10^{-2} Torr
1956, 42 Seiten, 16 Abb., 2 Tabellen, DM 10,40

HEFT 333

Prof. Dipl.-Ing. W. Sturtzel und Dr.-Ing. W. Graff, Duisburg
I. Der Flachwassereinfluß auf den Form- und Reibungswiderstand von Binnenschiffen
II. Der Flachwassereinfluß auf die Nachstrom- und Sogverhältnisse bei Binnenschiffen
1956, 44 Seiten, 14 Abb., DM 9,80

HEFT 334

Prof. Dr. W. Weizel und Dr. G. Meister, Bonn
Spektralanalyse durch Messung des Interferenz-Kontrastes
1956, 42 Seiten, DM 9,80

HEFT 335

Prof. Dr. W. Weizel und H. Hornberg, Bonn
Untersuchungen der anodischen Teile einer Glimmentladung
in Vorbereitung

HEFT 336

Dr. Tung-ping Yao, Aachen
Die Viskosität metallischer Schmelzen
in Vorbereitung

HEFT 337

Dr. R. Hoeppener und Dr. W. Biertber, Bonn
Tektonik und Lagerstätten im Rheinischen Schiefergebirge
in Vorbereitung

HEFT 338

Prof. Dr.-Ing. W. Wegener, Aachen, und Dipl.-Ing. J. Schneider, M.-Gladbach
Die Bedeutung der Knotenart für die Herabminderung der Fadenbrüche
in Vorbereitung

HEFT 339

Prof. Dr.-Ing. W. Wegener und Dipl.-Ing. W. Zahn, Aachen
Vergleich des normalen mit verschiedenen abgekürzten Baumwollspinnverfahren in bezug auf Gleichmäßigkeit und Sortierungsstreuung der Garne
1956, 56 Seiten, 17 Abb., 17 Tabellen, DM 12,70

HEFT 340

Dipl.-Ing. W. Rohs und Dipl.-Ing. R. Otto, Bielefeld
Das Naßspinnen von Bastfasergarnen mit Spinnbadzusätzen unter Ausnutzung einer zentralen Spinnwasserversorgungsanlage
1956, 56 Seiten, 2 Abb., 6 Tabellen, DM 11,60

HEFT 341

Prof. Dr.-Ing. H. Winterhager und Dipl.-Ing. L. Werner, Aachen
Präzisions-Meßverfahren zur Bestimmung des elektrischen Leitvermögens geschmolzener Salze
1956, 44 Seiten, 19 Abb., 1 Tabelle, DM 10,60

HEFT 342

Prof. Dr.-Ing. H. Winterhager und Dipl.-Ing. W. Barthel, Aachen
Die Gewinnung von Titanschlackenkonzentraten aus eisenreichen Ilemniten
in Vorbereitung

HEFT 343

Prof. Dr.-Ing. W. Petersen, Aachen, und Dipl.-Ing. S. Wawroschek, Aachen
Die zweckmäßigsten Gütebestimmungsverfahren und Brikettierungsbedingungen bei der Erzeugung von Braunkohlen-Eisenerz-Briketts
1956, 64 Seiten, 28 Abb., DM 13,95

HEFT 344

Prof. Dr.-Ing. W. Fucks, Aachen
Zur Deutung einfachster mathematischer Sprachcharakteristiken
1956, 38 Seiten, 12 Abb., DM 7,80

HEFT 345

Dipl.-Ing. G. Cerbe und Dipl.-Ing. H. Monstadt, Essen
Konvektive Trocknung mit gasbeheizter Luft und Trocknung durch Gasstrahler
in Vorbereitung

HEFT 346

Dipl.-Ing. O. Arnold, Aachen
Erfahrungen mit Kernbohrungen zur Lagerstättenuntersuchung im Erzbergbau
in Vorbereitung

HEFT 347

S. Ruff, F. Kipp, H. Hansteen und G. Müller, Bonn
Untersuchungen zur Frage der Gehörschädigungen des fliegenden Personals der Propellerflugzeuge
in Vorbereitung

HEFT 348

Prof. Dr.-Ing. E. Piwowarsky und Dr.-Ing. E. G. Nickel, Aachen
Metallurgie eines hochwertigen Gußeisens mit kompakter. bis kugelförmiger Graphitausbildung
in Vorbereitung

HEFT 349

Dr.-Ing. W. A. Fischer, Dr.-Ing. H. Treppschuh und Dr.-Ing. K. H. Köthemann, Düsseldorf
Tiegel aus Schmelzmagnesia für Vakuuminduktionsöfen
in Vorbereitung

HEFT 350

Prof. Dr.-Ing. habil. K. Krekeler und Dr.-Ing. H. Peukert, Aachen
Das Spannungsverhalten der Kunststoffe bei der Verarbeitung
in Vorbereitung

HEFT 351

Prof. Dr.-Ing. H. Opitz, Dipl.-Ing. H. Axer und Dipl.-Ing. H. Rhode, Aachen
Zerspannbarkeit hochwarmfester und nichtrostender Stähle. Teil I
in Vorbereitung

HEFT 352

Dipl.-Ing. H. Fauser, Aachen
Fahrdynamik und Batterie-Arbeitsverbrauch von Akkumulatorenlokomotiven im Untertagebetrieb
in Vorbereitung

HEFT 353

Forschungsinstitut für Rationalisierung, Aachen
Schlagwortregister zur Rationalisierung
in Vorbereitung

HEFT 354

Dipl.-Ing. D. Wagener, Aachen
Auswirkungen neuer Gaserzeugungs-Verfahren unter Berücksichtigung der Auswirkung auf den Kokereibetrieb
in Vorbereitung

HEFT 355

Prof. Dr.-Ing. habil. K. Krekeler, Dr.-Ing. H. Peukert und Dipl.-Ing. A. Kleine-Albers, Aachen
Heißgas-Schweißungen von Weich-Polyvinylchlorid mit Zusatzwerkstoff
in Vorbereitung

HEFT 356

Dipl.-Phys. G. Gurke, Aachen
Aufbau einer Meßanlage für Untersuchungen elektrischer Gasentladung im Bereiche großer p. d.-Werte
1956, 38 Seiten, 13 Abb., DM 8,65

HEFT 357

Prof. Dr.-Ing. W. Fucks, Aachen
Mathematische Analyse der Formalstruktur von Musik
in Vorbereitung

HEFT 358

Prof. Dr. rer. nat. W. Weltzien, Dipl.-Chem. P. Ringel und Text.-Ing. H. Kirchhoff, Krefeld
Die Waschechtheit von Färbungen. Vergleichende Untersuchungen auf dem Gebiete der Echtheitsprüfung
in Vorbereitung

HEFT 359

Dr.-Ing. F. J. Meister, Düsseldorf
Veränderung der Hörschärfe, Lautheitsempfindung und Sprachaufnahme während des Arbeitsprozesses bei Lärmarbeitern
in Vorbereitung

HEFT 360

Dr.-Ing. E. Barz, Remscheid
Fertigungsverfahren und Spannungsverlauf bei Kreissägeblättern für Holz
in Vorbereitung

HEFT 361

Dipl.-Ing. H. F. Klein, Aachen
Die nichtstationären Strömungsvorgänge und der Wärmeübergang in einem Schwingfeuergerät
in Vorbereitung

HEFT 362

Prof. Dr. med. G. Lehmann und Dipl.-Phys. D. Dieckmann, Dortmund
Die Wirkung mechanischer Schwingungen (0,5 bis 100 Hertz) auf den Menschen
in Vorbereitung

WESTDEUTSCHER VERLAG · KÖLN UND OPLADEN

HEFT 363

Dr.-Ing. U. Domm, Frankenthal (Pfalz)
Über eine Hypothese, die den Mechanismus der Turbulenz-Entstehung betrifft
28 Seiten, 4 Abb., DM 6,45

HEFT 364

Prof. Dr. Th. Beste, Köln
Die Mehrkosten bei der Herstellung ungängiger Erzeugnisse im Vergleich zur Herstellung vereinheitlichter Erzeugnisse
in Vorbereitung

HEFT 365

Sozialforschungsstelle an der Universität Münster, Dortmund
Standort und Wohnort
in Vorbereitung

HEFT 366

Versuchsanstalt für Binnenschiffbau e.V., Duisburg
Bei Flachwasserfahrten durch die Strömungsverteilung am Boden und an den Seiten stattfindende Beeinflussung des Reibungswiderstandes von Schiffen
in Vorbereitung

HEFT 367

Dr. rer. nat. D. Horstmann, Düsseldorf
Der Angriff eisengesättigter Zinkschmelzen auf kohlenstoff-, schwefel- und phosphorhaltiges Eisen
in Vorbereitung

HEFT 368

Prof. Dr. phil. H. Kaiser, Dortmund
Entwicklung betriebsmäßiger spektrochemischer Analysenverfahren für technische Gläser
in Vorbereitung

HEFT 369

Prof. Dr.-Ing. R. Jaeckel und Dipl.-Phys. F. J. Schittko, Bonn
Gasabgabe von Werkstoffen ins Vakuum
in Vorbereitung

HEFT 370

Dr. phil. habil. F. Schwarz, Köln
Physikochemische Grundlagen der Bildsamkeit von Kalken unter Einbeziehung des Begriffes der aktiven Oberfläche
in Vorbereitung

HEFT 371

Dr. phil. W. Lejeune, Köln
Beitrag zur statistischen Verifikation der Minderheiten-Theorie
in Vorbereitung

HEFT 372

Prof. Dr. phil. M. von Stackelberg, Bonn
Untersuchungen zur Ausarbeitung und Verbesserung von polarographischen Analysenmethoden. 2. Bericht
in Vorbereitung

HEFT 373

Dipl.-Ing. H. J. Koch, Essen
Druckgasfeuerung — ein Verfahren zum Betrieb von Gasfeuerstätten
in Vorbereitung

HEFT 374

Dr. E. Paproth, Krefeld
Paläontologische Bearbeitung der in den devonischen Schichten des Siegerlandes enthaltenen Faunen
in Vorbereitung

HEFT 375

Technischer Überwachungsverein e. V., Essen
Wanddickenmessungen mittels radioaktiver Strahlen und Zählrohrgerät
in Vorbereitung

HEFT 376

Technischer Überwachungsverein e. V., Essen
Wasserumlaufprobleme an Hochdruckkesseln
in Vorbereitung

HEFT 377

Technischer Überwachungsverein e. V., Essen
Versuche an Wanderrostkesseln mit befeuchteter Verbrennungsluft
in Vorbereitung

HEFT 378

Oberingenieur H. Stein, M.-Gladbach
Beobachtung und maßtechnische Erfassung der Vorgänge im Spinn- und Aufwindefeld von Ringspinn- und Ringzwirnmaschinen
in Vorbereitung

HEFT 379

Laboratorium für textile Meßtechnik, M.-Gladbach
Schußfadenspannung beim Weben
in Vorbereitung

HEFT 380

Dipl.-Phys. R. Trappenberg, Karlsruhe
Theoretische und experimentelle Untersuchungen zur Staubverteilung einer Rauchfahne
in Vorbereitung

HEFT 381

Dr. J. Juils, Krefeld
Zur Dichtebestimmung von Fasern. Methoden und Beispiele der praktischen Anwendung
in Vorbereitung

HEFT 382

Dr. phil. habil. P. Hölemann, Ing. R. Hasselmann und Ing. G. Dix, Dortmund
Die Messung von Flammen und Detonationsgeschwindigkeiten bei der explosiven Zersetzung von Acetylen in Rohren
in Vorbereitung

HEFT 383

Dr. phil. habil. P. Hölemann und Ing. R. Hasselmann, Dortmund
Verlauf von Azetylenexplosionen in Rohren bei Gegenwart von porösen Massen
in Vorbereitung

HEFT 384

Prof. Dr.-Ing. H. Opitz, Aachen
Schwingungsuntersuchungen an Werkzeugmaschinen
in Vorbereitung

HEFT 385

Prof. Dr.-Ing. H. Opitz, Aachen
Zerspannbarkeit hochwarmfester und nichtrostender Stähle. Teil II
in Vorbereitung

HEFT 386

Prof. Dr.-Ing. H. Opitz, Aachen
Standzeituntersuchungen und Verschleißmessungen mit radioaktiven Isotopen
in Vorbereitung

HEFT 387

Prof. Dr. med. W. Kikuth und Dozent Dr. med. L. Grün, Düsseldorf
Die Verhütung von Infektion durch Desinfektion des Raumes und der Raumluft
in Vorbereitung

HEFT 388

Prof. Dr. rer. nat. habil. W. Baumeister und Dr. rer. nat. H. Burghardt, Münster
Die Bedeutung der Elemente Zink und Fluor für das Pflanzenwachstum
in Vorbereitung

HEFT 389

Prof. Dr.-Ing. habil. H. Fink und K. W. Hoppenhaus, Köln
Die biologische Eiweiß-Synthese von höheren und niederen Pilzen und die alimentäre Lebernekrose der Ratte
in Vorbereitung

HEFT 390

Dr.-Ing. J. Endres und Dr.-Ing. G. Hiebel, München
Berechnung der optimalen Leistungen, Kraftstoffverbräuche und Wirkungsgrade von Luftfahrt-Gasturbinen-Triebwerken am Boden und in der Höhe bei Fluggeschwindigkeiten von 0—2000 km/h und bei vorgegebenen Düsenausströmgeschwindigkeiten
in Vorbereitung

HEFT 391

Prof. Dr. phil. F. Wever, Dr. phil. W. Koch und Dipl.-Chem. F. Stricker, Düsseldorf
Die quantitative spektrographische Analyse von Gasgemischen aus Kohlenmonoxyd, Wasserstoff und Stickstoff
in Vorbereitung

HEFT 392

Prof. Dr. phil. F. Wever u. a., Düsseldorf
Untersuchungen über den Konverterrauch im Hinblick auf die spektrale Überwachung des Thomasprozesses
in Vorbereitung

HEFT 393

Dr.-Ing. O. Viertel und S. Brückner-Lucas, Krefeld
Arbeitszeitstudien an Haushaltwaschmaschinen
in Vorbereitung

HEFT 394

Privatdozent Dr. med. W. Koch, Münster
Die Ablagerung radioaktiver Substanzen im Knochen
in Vorbereitung

HEFT 395

Dipl.-Ing. L. Hahn, Clausthal-Zellerfeld
Untersuchungen zur Frage des optimalen Bohrloch- und Patronendurchmessers
in Vorbereitung

<u>Berichtigung</u>

Auf Seite 154 des Berichtes ist versehentlich ein Druckfehler stehen geblieben. Es muß in der 9. Zeile von unten

statt	primus <u>in</u> pares
heißen:	primus <u>inter</u> pares

GPSR Compliance

The European Union's (EU) General Product Safety Regulation (GPSR) is a set of rules that requires consumer products to be safe and our obligations to ensure this.

If you have any concerns about our products, you can contact us on ProductSafety@springernature.com

In case Publisher is established outside the EU, the EU authorized representative is:

Springer Nature Customer Service Center GmbH
Europaplatz 3
69115 Heidelberg, Germany

Batch number: 10809874

Printed by Printforce, the Netherlands